国家社科基金项目

反弹琵琶

——全球化背景下的敦煌文化艺术研究

王建疆 等著

中国社会科学出版社

图书在版编目(CIP)数据

反弹琵琶——全球化背景下的敦煌文化艺术研究/王建疆等著. —北京：
中国社会科学出版社，2013.7
ISBN 978 – 7 – 5161 – 2530 – 4

Ⅰ.①反…　Ⅱ.①王…　Ⅲ.①敦煌学—研究　Ⅳ.①K870.6

中国版本图书馆 CIP 数据核字(2013)第 080708 号

出 版 人	赵剑英	
责任编辑	罗　莉	
责任校对	王雪梅	
责任印制	李　建	

出　　版	中国社会科学出版社	
社　　址	北京鼓楼西大街甲 158 号（邮编 100720）	
网　　址	http://www.csspw.com	
	中文域名:中国社科网　　　010 – 64070619	
发 行 部	010 – 84083685	
门 市 部	010 – 84029450	
经　　销	新华书店及其他书店	

印　　刷	北京市大兴区新魏印刷厂	
装　　订	廊坊市广阳区广增装订厂	
版　　次	2013 年 7 月第 1 版	
印　　次	2013 年 7 月第 1 次印刷	

开　　本	710 × 1000　1/16	
印　　张	15.5	
插　　页	2	
字　　数	260 千字	
定　　价	45.00 元	

凡购买中国社会科学出版社图书,如有质量问题请与本社联系调换
电话:010 – 64009791

撰 稿 人

王建疆　第一编第一章、第二编第一章
穆纪光　第一编第二章、第一编第三章、第二编第二章
刘　洁　第一编第五章、第二编第四章
黄怀璞　第二编第三章
胡同庆　第一编第四章、第二编第五章
徐晓军　第二编第六章
马丽娜　第三编第一章、第三编第二章、第三编第三章
王金元　第三编第四章、第三编第五章、第三编第六章

目　录

第三编
敦煌艺术的美学精神与宗教意蕴

图 版 目 录

序

　　在中国甘肃河西走廊西端的敦煌莫高窟中，充满了以传播佛教为主要目的的绘画、雕塑和藻井装饰，被誉为"万国艺术的博物馆"。其中"满壁风动"的飞天，"千手千眼"的观音和"反弹琵琶"的伎乐，更具有神妙和飘逸的审美形态，成为各类艺术创作取之不尽、用之不竭的灵感之源。如今，"反弹琵琶"已不再仅仅是娱佛的手法，而是成了打破常规、新奇创造的代名词，被广泛地运用到了社会生活的各个方面。本书创造性地提出的"美学敦煌"、"敦煌艺术再生"、"再生艺术增值"、"全球化背景下的敦煌文化艺术和美学"的命题，就是在传统敦煌学的考证、认定、保护的基础上提出的旨在再生、增值、创新、利用的新的敦煌学理念。正是这些新的理念所构成的核心支柱，形成了一个被学界称为"窟外新敦煌学"的新的学科。这一新的学科无疑得益于敦煌莫高窟"反弹琵琶"的灵感启迪，因此就成了本书的书名。

　　敦煌艺术始于公元 366 年僧人乐尊开凿莫高窟绘佛、塑佛。历代僧俗信众乐此不疲，形成了规模空前、成就辉煌、无与伦比的古代洞窟艺术，迄今已有 1600 多年的历史。1987 年被联合国教科文组织收入《世界文化遗产名录》。由于敦煌文化极其丰富的宝藏和非凡的魅力，使得它自己成为全世界大国学者考察和研究的对象，从而形成了世界性的显学——敦煌学。敦煌学在敦煌文化研究方面已经取得了举世瞩目的成就，对当代敦煌艺术的再生也具有重要的启迪。

　　随着全球化的进一步扩大，古今敦煌艺术，即原生的敦煌艺术和再生的敦煌艺术一起，日益显示出中华文化的同化力和吸纳、包容、创新、超越的美学精神，这种同化力和美学精神诠释着中华文化的基因图谱，在全球化背景下，在文化的单一性和多样性的矛盾日益凸显的时候，越发具有独特的优势和重要的价值。

本书正是基于全球化背景下敦煌艺术的再生现象，努力挖掘其背后的成因、意义、价值和未来的发展前景，从而为中华文化的伟大复兴寻找一个具有示范意义的个案，同时也为当代艺术的发展，为世界非物质文化遗产的利用和地域经济的发展探索一条有价值的、可行的路径。

与古代敦煌艺术相比，当代敦煌艺术就是与古代原生敦煌洞窟艺术相对的舞台、影视、动漫、数码、仿真布展、文学作品等再生艺术。它以34年前大型乐舞剧《丝路花雨》的成功演出为标志，形成了一个新的被称为"敦煌舞"的舞种和新的艺术流派。敦煌艺术从此从洞窟走向舞台、走向荧屏、走向会展、走进文学、走向世界。目前已形成了具有10多个剧种，100多个节目的庞大家族，影响所及遍布世界。2009年12月文化部"首届优秀保留剧目大奖"的18个获奖作品中，《丝路花雨》、《大梦敦煌》双双获奖，并成为唯一的舞剧类获奖保留剧目。

再生的敦煌艺术不仅带来了敦煌舞派的产生，而且创造了巨大的文化价值和可观的经济效益。《丝路花雨》演出1600多场，遍及欧美亚非拉各国，向全世界展示了中华文化的光辉形象，创造了"演出史上的奇迹"。《大梦敦煌》作为后起之秀，以1∶6.5的投入收益比，在向国内外传播中华审美文化的同时，受到了国内外各大银行和国外演出商的青睐。总之，再生的敦煌艺术在世界非物质文化遗产利用方面，在国家中长期文化发展战略的实施方面，在当代文艺的发展方面，在为地方经济发展和文化建设方面都作出了杰出的贡献，引起了国内外学术界和媒体的高度重视，已成为国家精品艺术，也成为甘肃省打造文化大省的精品示范工程项目。

本书在研究伊始，就提出了"美学敦煌"的理念。这一理念具有打破现有敦煌学学科界限，另辟蹊径的祈求。

"美学敦煌"不是"敦煌美学"的倒装。敦煌美学可能成为敦煌学中的一支，而美学敦煌则指美学视野中的敦煌，即把整个敦煌，不管是地理学上的，考古学上的，文字学上的，文献学上的还是影像学上的敦煌研究都纳入美学的视野进行整体性审视，而不是只进行局部研究。美学敦煌的确立不仅因为敦煌文化以敦煌艺术为其表征，也不仅在于敦煌得天独厚的文化旅游资源，还在于它凸现了敦煌文化的美学价值。

美学敦煌不同于敦煌美学之处就在于它用艺术的眼光看敦煌，用审美的眼光看文化，从而将过去可能只是作为敦煌学之一支的敦煌美学提升到一种超越敦煌学学科界限，但又囊括和穿透一切敦煌学学科的大视野、大美学。

美学敦煌不仅是一种新的视野，是敦煌文化价值必不可少的一环，而且还是文化同化力的表现。在敦煌石窟中，庄严而又俊美的佛像、美丽而又慈悲的观音、让人神思飞扬的飞天、神秘而又狞厉的经变故事、神圣与肉欲交相辉映的宗教变种、充满功德意识的供养人业绩和保留在画幅中的历史记载等无不充满了审美的激情和想象，令人心神向往。敦煌的其他价值如果离开了敦煌的艺术性和审美性，都将是剥离了审美后的单一的实用价值、宗教价值、考古价值和不具全面吸引力的价值。美学敦煌就是要立足于敦煌这块曾经吸纳和同化世界文化和艺术的土地上，用艺术和审美的优势话语，在全球化大背景下担当起"化全球"的历史使命。

在美学敦煌的视域下，一系列过去未曾有过的问题浮出了水面：

古老的、封闭的洞窟艺术为什么会再生？这种再生的价值和意义何在？

当代再生敦煌艺术为何会取得如此巨大的成就？其发展的动力何在？

当代再生敦煌艺术文化意义何在？将朝着什么方向发展？如何进一步增值？

这些源自于美学的问题都与非遗利用，中国文化战略实施，中国文艺繁荣和地域文化产业的关系十分密切，也与当代敦煌艺术学的建设密切相关。

在书中，全球化背景的凸显，美学敦煌新方法的使用，艺术再生理论的提出，艺术增值理论的展开，等等，都以一种全新的理论视角，全新的思想面貌，展示了不同于以往洞窟考古敦煌学的新的学科，这就是当代窟外新敦煌学。为此，国家社科基金规划办公室在对该成果的评语中写道"这是一项不同于以往敦煌学研究的新成果"，并以鲜明的标题宣示这项成果为"敦煌学研究的新拓展"。

当然，美学敦煌的研究只是一种尝试，我们求新和创新的愿望和努力能否变成美学和艺术学上的创建，能否为学术的进步和社会的发展有所助益，还需要时间的检验。我们将视目前这一研究成果为足下之始，继续努力，沿着美学敦煌、再生艺术等自辟蹊径进一步深入下去，为当代敦煌学的建立和发展付出更多的精力。

王建疆

谨记于 2013 年 1 月

第一编

全球化与美学敦煌

　　"美学敦煌"不是"敦煌美学"的倒装。敦煌美学可能成为敦煌学中的一支，而美学敦煌则指美学视野中的敦煌，即把整个敦煌，不管是地理学上的，考古学上的，文字学上的，文献学上的还是影像学上的敦煌研究都纳入美学的视野进行整体性审视，而不是只进行局部研究。美学敦煌的确立不仅因为敦煌文化以敦煌艺术为其表征，也不仅在于敦煌得天独厚的文化旅游资源，还在于它凸现了敦煌文化的美学价值。人们对敦煌的认识主要是通过壁画和雕塑等感性形象的感悟而进入的，是从审美进入的。审美价值一直是敦煌吸引力的取之不尽、用之不竭的源泉。因此，美学敦煌不同于敦煌美学之处就在于它用艺术的眼光看敦煌，用审美的眼光看文化，从而将过去可能只是作为敦煌学之一支的敦煌美学提升到一种超越敦煌学学科界限，但又囊括和穿透一切敦煌学学科的大视野、大美学。

　　不仅如此，美学敦煌还是在全球化背景下的特殊视域，连带着1600多年的历史风云和近代全球化带来的痛苦和欢乐，美学敦煌在现代性与民族性之间形成了强大的张力，在历史与现代的视域融合中积淀了越来越深厚的审美底蕴。美学敦煌不仅是一种新的视野，而且还是一种强势话语。在敦煌石窟中，庄严而又俊美的佛像、美丽而又慈悲的观音、让人神思飞扬的飞天、神秘而又狞厉的经变故事、神圣与肉欲交相辉映的宗教变种、充满功德意识的供养人业绩和保留在画幅中的历史记载等无不充满了审美的激情和想象，令人心神向往。敦煌的其他价值如果离开了敦煌的艺术性和审美性，都将是剥离了审美后的单一的实用价值、宗教价值、考古价值和不具全面吸引力的价值。美学敦煌就是要立足于敦煌这块曾经吸纳和同化世界文化和艺术的土地上，艺术和审美的强势话语，在全球化大背景下担当起"化全球"的历史使命。美学敦煌的巨大包容性和学科整合性将会随着每个研究方向的深入而得到进一步充分的展示。

第 一 章

全球化背景下的敦煌文化、
艺术和美学

　　全球化正在冲击着世界各国的经济、政治、文化、艺术等各个方面。按西方后现代思想家们的说法，全球化是与现代性的占统治地位不可分割地联系着的。正如后现代理论代表之一的鲍得里亚所说："现代性反对传统文化在地域上或符号上的差异，它从西方蔓延开来，将自己作为一个同质化的统一体强加给全世界。"① 因此，伴随资本主义制度而来的全球化就是资本主义现代化或西化。进而言之，全球化就是美国化，或"'美国化'（Americanization）即晚期资本主义的全球化"②，它被视为文化的单一模式化和民族性的消亡。作为美国前总统卡特的国家安全事务助理的布热津斯基首次提出了"全球化社会"概念。他认为："在世界上出现了一个为所有社会效仿的新模式——'地球村模式'或'全球化社会'"，而"美国在 60 年代就成功体现了全球化社会，在历史上第一个接近全球化社会和地球村平台的国家是美国"。与美国的全球化模式相比，"在东方国家只存在着一种使人感到无聊和烦恼的文化，所以美国代表了唯一行得通的人类演变的模式"。③ 总之，若按部分美国政要的说法，全球化就是美国化以及随之而来的民族文化的最终消亡。在当前人们对于全球化的担忧和对现代性的恐惧中，作为中华文化

---

① 鲍得里亚：《遗忘福柯》，道格拉斯·凯尔纳等：《后现代理论》，中央编译局出版社 1999 年版，第 145 页。

② 阿莱斯·艾尔雅维茨：《图像时代》，吉林人民出版社 2003 年版，第 8 页。

③ 阿芒·马特拉：《世界传播与文化霸权》，中央编译局出版社 2001 年版，第 296 页。

中最具民族传统特性的敦煌艺术将处在一个什么样的地位，就是一个十分典型且具有紧迫意义的话题。

一　敦煌石窟艺术既是中华传统艺术的典范，又是全球交往和全球化的产物

敦煌石窟是艺术的海洋，其艺术作品由壁画和雕塑两大部分构成。其中，圆雕立于窟中，影雕与圆雕相配，并与周围和顶部、地砖上的壁画和图案相连。书法、绘品、乐谱、琴谱、曲谱、舞谱和文学作品都保留在敦煌文献当中。

1900 年 6 月 21 日（农历 5 月 25 日），由于偶然的契机，甘肃省敦煌莫高窟第 16 号窟北壁后面隐藏着的一座封闭千年的暗窟被住持道士王圆破壁打开。窟内藏有古代公私文书约 5 万卷，幡绢绘画数百件，还有少量法器杂物。这便是后来蜚声世界的敦煌藏经洞文物，学术界称之为"敦煌文献"。敦煌文献连绵时间之长，书写文字之多，涉及内容之广，范围之大，价值之高，无与伦比，被学术界誉为"古代学术的海洋"，与商周甲骨文，战国、秦、汉、魏、晋简牍及明清满文旧档，并列为我国近代学术史上的四大发现①。敦煌石窟被中外学者称为万国文化和万国艺术的博物馆。

与敦煌文献相映生辉的是莫高窟中存留的 2400 身圆雕塑像和 1000多身影塑，以及 45000 平方米的壁画。"敦煌莫高窟是建筑、彩塑、壁画三者相结合的统一体，主题是彩塑。"② 敦煌石窟艺术的构成无论从题材内容，还是从形式技法以及风格而言，都堪称万国艺术的博览会。这里有古希腊罗马艺术的技巧，佛教艺术的题材，犍陀罗艺术的痕迹，西域艺术的风格，中原艺术的理念，等等，是世界艺术的第一次大融合和民族艺术的世界性蕴涵的见证。如作于西魏（公元 583 年）的 285 窟中，就有印度教中的象鼻子人形象，佛教人物形象，古希腊神话中的月神狄安娜、太阳神阿波罗，中国道教中的伏羲、蟾蜍、女娲、羽人等形象，形象地说明了西方艺术中国化的历史过程。

---

① 李正宇：《敦煌藏经洞：古代学术的海洋》，《文汇报》2000 年 7 月 1 日。
② 段文杰：《敦煌艺术论文集》，甘肃人民出版社 1994 年版，第 136 页。

　　首先要说明的是，敦煌石窟是中华民族优秀传统艺术的宝库。宗白华先生在未去过敦煌，只是在 1948 年看了在内地举办的敦煌艺术展后就情不自禁地惊呼："天佑中国！在西陲敦煌洞窟里，竟替我们保留了那千年艺术的灿烂遗影。我们的艺术史可以重写了！我们如梦初觉，发现先民的伟力、活力、热力、想象力。"①莫高窟艺术虽然是劫后余生，但作为旷世宝藏，无与伦比。亘古至今，在世界范围内没有第二个保留遗迹全面如斯者，艺术的精湛和审美的价值如斯者。敦煌石窟艺术无疑是中华文化的骄傲。

　　就敦煌艺术作为中华民族艺术遗产的再生和传播而言，进入新时期以来我国在乐舞方面之所以能培育出像《丝路花雨》那样的"中国民族舞剧的典范"和"20 世纪经典"，就在于对于敦煌文化艺术传统的继承、发扬和对敦煌美学精神的弘扬。因此，可以说敦煌艺术的民族传统影响着我们今天的创造。敦煌艺术的传播是中华艺术传统和文化传统的传播，是传统的再生。这种传播和再生是中华文化在全球化面前能够保持不被同化的突出见证。

　　就敦煌艺术的特点而言，敦煌艺术全面、集中地体现了中华民族艺术的全息能性质。敦煌艺术（壁画、雕塑、建筑、乐舞、书法、绢画、纸画、纺织品等）虽然只是敦煌学研究四大对象中的一支，除此之外，还有敦煌文书、敦煌文化遗存、敦煌相关史料，但作为敦煌文化中最耀眼、最感人和最具有吸引力的部分，仍非莫高艺术莫属。姜亮夫先生曾说，敦煌石窟是"麻雀虽小，五脏俱全"②。敦煌其实揽括了整个中国文化的全部，从陈寅恪、罗振玉、王国维到季羡林，无不与敦煌有过密切的关系，敦煌集哲学、文学、音乐、舞蹈、宗教等为一体，因而具有文化上的全息能性质。不仅汉文化中有的在敦煌石窟中都能找到其缩影，而且西方文化、西域文化中有的也能在敦煌石窟中找到它的精华。与此类同，敦煌艺术品也为我们提供了中古时代中华文明乃至全球各大文明相互交融的一个缩影。敦煌艺术从内容到形式，从思想到技巧，无不体现着全球各大文明在民族化过程中的精华，展示着丰富多彩的人类

---

　　①　宗白华：《略谈敦煌艺术的意义和价值》，《美学与意境》，人民出版社 1987 年版，第 243 页。

　　②　姜亮夫：《敦煌——伟大的文化宝藏》，上海古典文学出版社 1956 年版。

精神世界。这一丰富的精神世界已经并必将永远丰富着人类的情感、想象和思想，给人类文明以隽永的启迪与昭示。所谓一沙一世界，一尘一佛国，用在对敦煌艺术的全息能性质的评价上是再恰当不过的。

其次，敦煌艺术是中华文化同化和吸收其他民族文化艺术的产物，也是全球交往和东西方艺术交融的典范。从时间上看，中国历史上的各种思想都在敦煌发生过实际影响；从空间上看，世界上不少有代表性的文化也在敦煌起过作用。敦煌的石窟雕塑、壁画、建筑，深深烙有外国文化影响的印记和中外文化碰撞、交融的痕迹。陈垣先生说过，"自汉以来，敦煌文化极盛，其地为西域与京洛出入必经之孔道，实中西文化交流之枢纽"。① 季羡林先生更将其提升到世界文明史的高度加以阐发："世界上历史悠久、地域广阔、自成体系、影响深远的文化体系只有四个：中国、印度、希腊、伊斯兰。……而这四个文化体系汇流的地方只有一个，这就是中国的敦煌和新疆地区。"② 就莫高窟的壁画和雕塑的成就而言，不仅体现了画家本人的艺术造诣，而且也显示了近一千年间中国透视学、色彩学、建筑学所达到的高水准。而这种高水准实际上是中国西部多民族本土文化精神与中国内陆汉文明、印度古代文明、古希腊文明这世界最古老的三大文明在壁画和雕塑上的从内容到形式，再到风格和技法的全方位的多文化渗透和融合的结果。

莫高窟中的菩萨就是古希腊罗马艺术中经印度艺术而后与中原理念和艺术结合后的产物，体现了开放和交流的伟绩，同时也体现了汉文化极强的同化力。作为敦煌美术最高成就的莫高窟菩萨，被称为东方维纳斯，是从印度佛教的男性脱胎为唐代的"男相女身"和唐以后的"女相女身"的，它是希腊艺术与佛教艺术碰撞后产生的犍陀罗艺术，经由于阗、吐鲁番等地的石窟造像，流传到敦煌，与中原信仰和艺术理念的合璧。按有的学者的说法，中国的菩萨兼具佛、母亲、爱神和美神的角色，集中体现了中国人的生活理念和宗教信仰，又体现了西方艺术的审美原则和艺术技巧，如"对偶倒列"即倒S曲线手法的运用等。这是典

①　陈垣：《跋西凉户籍残卷》，沙知、孔祥星编：《敦煌吐鲁番文书研究》，甘肃人民出版社1984年版，第2页。
②　季羡林：《敦煌学、吐鲁番学在中国文化史上的地位和作用》，《红旗》1986年第3期。

型的借西方的技巧表达民族的思想、感情和信仰，因而是一种典型的文化复合体①。

敦煌菩萨如此，敦煌飞天亦如此。敦煌学研究最新研究成果表明，敦煌飞天系由佛经中的乾闼婆（梵语歌神）、伽陵频迦（"神鸟"）、紧那罗（"伎乐"）和迦楼罗（"金翅鸟"）等形象中经中亚的石窟艺术如共命鸟等演变而来。但是，古代美索不达米亚、古埃及和希腊罗马及印度文化中原有的那些有翼的天神并没有随着佛教的传入中国而流行起来，相反，古埃及和希腊罗马的有翼天神、佛教艺术和中亚艺术中的有翼飞鸟、飞人都在敦煌壁画中变成了无翼飞人——"飞天"，就充分显示了中国文化的独立性和创新性②。敦煌飞天，经历了千余年的岁月，展示了不同的时代特色和民族风格，许多优美的形象，欢乐的境界，永恒的艺术生命力至今仍然吸引着人们。

敦煌艺术的演变是早期全球文化交往过程中中华文化既同化吸收又调节顺应各种文化的过程。这不仅表现在敦煌艺术是多国家、多民族文化和多朝代文化在不同时空的碰撞和交融，而且还是宗教与世俗之间的碰撞和交融，更有甚者，是宗教内部各种宗派和不同教义之间碰撞和交融的产物。弘远法师曾指出：敦煌石窟艺术"随着社会变迁和历史进程，千余年间，从最初的'别有天地非人间'的佛国景观逐渐向世俗化社会行进，而且明显而又强烈地感悟到时代人心的变化和转向，直观且又强烈地感受到佛教地位的下降，世俗情感对宗教情感的进逼和取代，以致到最后时，昔日对佛国世界的神秘的精神的追求和神往，被曲解为顺乎自然、悟其智理的性爱快乐成禅（佛）的甚于俗世的欲望的体验和渲染"。③ 这里不仅仅是一个佛教的世俗化问题，而且也是汉传佛教对王权包括外族王权的顺应和艺术家对表现题材的扩大过程，从而在客观上促成了敦煌艺术的绚丽多姿。以菩萨的造型为例，隋以前"神圣佛窟时期"的菩萨造型为男相，头戴宝冠，上半身裸露，显得朴实无

---

① 穆纪光：《敦煌菩萨塑像的文化意蕴》，《甘肃社会科学》1995 年第 4 期。

② 赵声良、久野美树：《十年来日本的中国佛教美术研究综述》，《敦煌研究》2004 年第 4 期。

③ 弘远（心悟）法师：《敦煌莫高窟佛教壁画雕塑之兴起、发展与演变》，《文史杂志》1995 年第 6 期。

华。而到了武周时期，菩萨的造型变化很大：身披璎珞，着彩带长裙，作女性相貌，直观感到雍容华贵，温文典雅，直似宫廷嫔妃、达官贵妇；但却有三条胡须，而胸脯又是初凸，如年华少女状，成为非男非女相。整体看，既有女性的善良与慈爱，又有男性的坚毅与果敢，而这恰恰与武周女皇帝武则天的心态相吻合。它是这个时代人佛一体、人佛共窟特点的最佳表示。再如元代随着佛教藏密的流行，藏式菩萨（度母）和欢喜金刚的占据雕塑和画面等，无不说明敦煌艺术在极强的民族文化同化力背后的顺应能力。正是这种能力的二重性特点，构成了敦煌艺术的民族性和世界性特点。

再次，敦煌艺术是全球化的产物。就敦煌艺术的形成而言，如前所述，它是世界文明碰撞的结果，是全球艺术的交汇。虽然当时并没有全球化的说法，但全球的经济文化交流已经形成，并通过丝绸之路集中地体现了这种交往。再就敦煌艺术的重见天日而言，固然有偶然发现的因素，但文物古迹在商品社会中的日益突出的价值和价值观才是根本的原因之一。敦煌莫高窟藏经洞的被无意发现和随之而来的劫掠，是全球化的消极后果之一。因为在文物没有成为商品之前，人们对于它的兴趣主要在于赏玩方面。而当资本主义逻辑即商品经济规律统治了一切并最终渗透和统摄了社会的意识形态后，历史文物，尤其是弱小民族的历史文物就率先成了帝国主义文化商人劫掠或巧取豪夺的对象。这首先就在硬件方面直接对其他民族的文化造成了不可挽回的破坏。敦煌文物宝库也就不可避免地成了这种全球化冲击下的牺牲品。有些中国学者曾痛心疾首地讲，敦煌是中国学术的伤心史。全球化对中国文化和学术、艺术的消极影响是显而易见的。

但是，从劫后余生的敦煌文物、艺术品来看，敦煌艺术的价值并没有因此而消失或减少，相反，倒是随着全球化的进一步扩大，敦煌学日益凸显，敦煌艺术日益大放光芒。

从1900年敦煌藏经洞被打开到1907年英国人斯坦因首次从王道士手中骗取经卷运往英国，在这7年中，看过王道士手中经卷的高官中，有不少是文化官员，甚至还有金文大师，但他们都没有保护意识。这种现象就足以说明全球化在从西方向东方推进过程中东西方在文物意识和文物价值观上的巨大差距。也从反面说明了敦煌文物包括敦煌艺术的被劫掠恰好是全球化推进的结果。没有资本主义的全球化推进，敦煌艺术和文物也许仍然在洞中作为佛教的典籍而供奉着，或只作为少数文化官员把玩的礼品相互馈赠着，绝对不可能形成今日之世界性显学。

再就敦煌学的国际化和敦煌艺术的蜚声世界而言，也是因应全球化而采取的民族文化保护、传播、交流的结果。在没有意识到全球化威胁的情况下，自觉的民族文化保护、传播和交流是不可能有组织、大规模地进行的。相应而言，敦煌艺术的价值也不会得到充分的挖掘，敦煌学也不会更为鲜亮。现在的敦煌文物保护和壁画维修也成了国际的合作行动。当年美国人华尔纳用胶布盗取敦煌壁画的丑行与当今美国人为敦煌石窟艺术保护提供高科技壁画诊疗和帮助，建立数码壁画、数码雕塑的合作行为形成了鲜明的对比，这些行为都是在全球化背景下发生的。因此可以说，全球化是把双刃剑，它既造成了对民族文化的削弱和破坏，又在客观上促成了民族文化艺术的保护、传播和增值。正是从全球化的这种两面性出发，我们认为，敦煌艺术既是民族传统艺术的典范，同时也是全球交往和全球化的产物。用辩证的眼光看待敦煌艺术的历史和命运，会使我们得到更多的关于传统与现代、民族性与现代性等当前话语的有益启示。

二　敦煌艺术既是继往开来的典范，又是在全球化背景下"化全球"[①] 的先声

如前所述，敦煌莫高窟藏经洞被发现后的盗卖、劫掠，是全球化的消极后果之一。敦煌文物宝库不可避免地成了这种全球化冲击下的牺牲品。敦煌成了中国学术的伤心地。但是，具有讽刺意义的是，帝国主义的文化贩子们并没有像其政治代言人所说的把东方文化视为"无聊和烦恼的文化"，相反，将之奉为至宝，至今也不愿意归还中国。同时，从劫后余生的敦煌文物、艺术品来看，敦煌文物包括艺术品的价值并没有因此而消失或减少，相反，倒是随着全球化的进一步扩大，敦煌学日益

---

① "化全球"一语出自杨守森《"全球化"与"化全球"》一文，载于《全球化语境与民族文化、文学》，中国社会科学出版社 2002 年版。笔者在《一个现代神话》一文中并不认为全球会被单一中国化。但在接受全球化影响的同时，中国文化完全有可能影响世界。因此，这里的"化全球"是借用语。

凸显，敦煌艺术日益大放光芒。敦煌被发现，引起世界注目，敦煌学成为显学，敦煌成为文化旅游胜地，敦煌艺术成为艺术家们的崇拜偶像，《丝路花雨》唱响全球。随之而来的是中华文化观念、审美观念的向世界辐射和渗透。

敦煌艺术的存在和被广泛研究本身就是中华文化具有很强同化力的标志，是在全球化背景下树立民族自信心的依据。季羡林先生说，"敦煌在中国，敦煌学在世界"。这不仅符合敦煌学实际，而且也说明了敦煌文化走向世界的趋势。相同的情况是，"汉语在中国，汉学在世界"。"《红楼梦》在中国，红学在世界"。我们在不可避免地接受全球化带来的标准化和单一化的影响的同时，中华文化也在通过它的优势品牌而吸引世界，同化世界。也就是在全球化的同时，"化全球"。

是被全球化还是在全球化的同时"化全球"，关键在于你的文化是否是强势文化。强势文化不同于强势军事、强势经济和强势政治，它是一种软实力。成吉思汗的马队可以征服世界，现在世界上每200个男子中的一个其基因就有成吉思汗的 Y 染色体①。但在文化上，成吉思汗曾经无与伦比的军事和政治的硬实力最终仍然被汉文化和藏传佛教所征服，其在生理播种方面的成功并不能在文化方面留下更多的识别标志。在某种意义上说，强势文化就是民族的特色文化和民族的优势文化。特色者在于不同于别人，有识别就有身份，因此，越是民族的也就越是世界的。优势者在于在特定的时空中处于世界文化的较高发展水平上，具有明显的结构优势和功能优势，有很强的包容吸纳能力和同化能力。在这方面，敦煌文化和敦煌艺术堪称中华审美文化的典范。

敦煌文化和艺术究竟有没有所谓化全球的能力呢？前述敦煌菩萨和敦煌飞天的创造过程就充分说明了中华文化的吸纳性、同化性和创新性特点。再从当今的敦煌学国际研究现状、敦煌艺术的创作成就看也可以得到肯定的回答。

首先，就敦煌学的发展而言，中国的敦煌学最早开始于清朝末年，起步维艰。经过不到一百年的时间，目前已发展为由 12 个分支学科组成的学科群。自 1983 年以来，中国敦煌吐鲁番学会学术交流日益频繁，在境内境外先后举办的敦煌学国际学术讨论会接连不断。中国敦煌学者

---

① 《人民日报》2004 年 9 月 19 日。

多次去国外进行学术交流和艺术展览，英、法、日、美、俄、印等国家的学者也来中国进行敦煌学的研究、交流和保护，外国学者的研究成果也大量翻译介绍到中国。敦煌学日益显赫。除中国内地外，中国的香港、台湾地区也活跃着一支敦煌学研究队伍。十多年来举办了数次有影响的敦煌学国际学术研究会，进一步推动了港台敦煌学的研究。随着眼下敦煌莫高北窟的发掘，敦煌学的影响会越来越大。

　　就国外情况而言，国际敦煌学的研究始于 20 世纪初，法国在欧美国家中一直居领先地位，在敦煌文献中的民族问题研究方面一枝独秀。英国紧随其后，在敦煌文献中的佛教研究方面有突出成果。法、英两国还出版了大量的图册和研究成果。俄罗斯（前苏联）从 1957 年在列宁格勒东方学研究所设立了敦煌学研究组。近年来，在中国陆续出版了《俄藏敦煌文献》和鄂登堡早年考察敦煌的笔记，这将更进一步推动国际敦煌学研究。日本的敦煌学研究始于 1909 年，在佛教研究、社会经济史研究和法制文书研究等方面形成日本敦煌学的特色。此外，匈牙利、荷兰、挪威、瑞典、意大利、德国、美国、加拿大、澳大利亚、新加坡、韩国、印度等国，都有学者在从事敦煌学研究，在世界范围内形成敦煌学研究热。正如敦煌研究院院长樊锦诗先生所总结的："敦煌学的'国际性'表现为：（1）敦煌出土文物已流散、保存在中、英、法、俄、日、韩、印度、美、丹麦、瑞典等国；（2）世界上不少国家均已建有较稳定的关于敦煌学的研究机构，包括开设相关讲座与系、科，培养新老交替、代代相承的研究人才；（3）关于敦煌学的国际合作与交流相对频繁而且稳固，卓有成效，不少国家建有相应的学术团体；（4）敦煌莫高窟已在 1987 年被联合国教科文组织列入'世界文化遗产名录'，有关敦煌文化及其学术知识的普及化程度越来越高。"①

　　敦煌学在中西方之间架起了一座学术研究方面沟通互补的新通道。敦煌学的材料不仅限于中国和汉民族，还涉及我国境内不少古代民族，如匈奴、乌孙、羌族、楼兰、龟兹、于阗、粟特、突厥、吐蕃、回鹘、龙家、沙陀、黠戛斯、黑车子、哈拉汗、西夏、蒙古等以及印度、巴基斯坦、阿富汗、吉尔吉斯、哈萨克斯坦、波斯、朝鲜、日本等国，具有极大的国际意义。就敦煌艺术的手法、风格、形式而言，其国际的或世

---

① 　樊锦诗：《回眸百年敦煌学，再创千年新辉煌》，《群言》2000 年第 7 期。

界的意义更大，范围更广，它在以上国家和民族之外，又加上了古希腊罗马和古波斯艺术与中华艺术的碰撞和交流。敦煌学涵盖了社会科学、自然科学和艺术学等诸多领域，博大精深，难以穷尽，所以它必然成为东西方学术界共同注目的焦点。从敦煌学研究的学者主体而言，已经难以用国籍来划分，因为它已遍及世界。敦煌学如此的世界性和影响力，无疑会在传播中华文化，在全球化背景下"化全球"方面发挥与日俱增的作用。

其次，进入新时期以来中国在乐舞方面培育出了像《丝路花雨》那样的艺术奇葩及其丝路艺术系列。《丝路花雨》赢得了包括当时在意识形态方面处于对立状态的国家和个人的普遍赞赏，成为世界演出史上的"神话"。并由此而形成了中国"敦煌舞派"，被誉为"中国西部第一品牌"、"中国民族舞剧的典范"、"20 世纪经典"，取得无与伦比的艺术成就。除此之外，还有乐舞《敦煌韵》、《敦煌古乐》和舞剧《大梦敦煌》的蜚声海内外，电影《敦煌》（中日合拍）的成功。每年到敦煌进行文化考察旅游的人数持续增长，这些都说明了敦煌艺术的魅力和同化力。当代敦煌艺术的成就不仅是中华文化魅力的见证，而且是尘封的敦煌艺术、被破坏了的敦煌艺术和作为全球化消极后果的敦煌艺术的生命力延续的见证，是我们在全球化面前能够保持民族性而不被同化的见证，也是唤起民族自尊心和自信心的见证。

当然，仅靠敦煌学和敦煌艺术去完成"化全球"的伟大历史使命是不够的，但敦煌学的繁盛和敦煌艺术的蜚声世界，无疑为我们在全球化背景下如何"化全球"做出了有益的尝试，取得了初步的成果，树立了光辉的典范。总之，敦煌是人类文明的最大磁场，敦煌艺术是在全球化背景下"化全球"的先声。

三　美学敦煌是中华文化伟大复兴的强势话语

"美学敦煌"不同于一般的所谓敦煌美学。敦煌美学可能成为敦煌学中的一支。而美学敦煌则指美学视野中的敦煌，即把整个敦煌，不管是地理上的还是文化上的都纳入美学的视野进行整体性研究，而不是进行局部的研究。美学敦煌的确立不仅在于敦煌文化以敦煌艺术为其表征，也不仅在于敦煌得天独厚的文化旅游和审美旅游资源，还在于它凸显了敦煌文化的美学价值。人们对敦煌的认识主要是通过壁画和雕塑等感性形象的感悟而进入的，是从审美进入的。美学价值一直是敦煌吸引力的取之不尽、用之不竭的源泉。佛教艺术本身就具有很强的艺术性和审美性，它具有宗教、艺术、审美的复合魅力功能。同时，在审美形态上说，它是佛教徒为观想入定而造像的自觉行为，因而具有典型的内审美和感官型审美结合的特点。在敦煌石窟中，庄严而又俊美的佛像、美丽而又慈悲的观音、让人神思飞扬的飞天、神秘而又狞厉的经变故事、神圣与肉欲交相辉映的佛教变种、充满功德意识的供养人业绩和保留在画幅中的历史记载等无不充满了审美的激情和想象，令人心向往之。敦煌的其他价值如果离开了敦煌的艺术性和审美性，都将是剥离了审美后的单一的实用价值、宗教价值、考古价值和不具全面吸引力的价值。敦煌的价值和吸引力首先来自于它的形象，也就是它的艺术和美感。因此，美学敦煌不同于敦煌美学之处就在于它用艺术的眼光看敦煌，用审美的眼光看文化，从而将过去可能只是作为敦煌学之一支的敦煌美学提升到一种超越敦煌学学科界限，但又囊括和穿透一切敦煌学学科的大视野、大美学。

　　以美学敦煌的眼光看敦煌，虽然在全球化背景下，现存敦煌艺术品不能继续被当代人加工、改造，敦煌文化的迫切任务是保存、保护、尽量延长其物理寿命，并供有限的人群观赏、研究，因此，敦煌艺术作为地域性存在，其艺术创造功能已无可奈何地让位于世界性的观赏和学术研究；敦煌艺术在随着全球化而走向全球的同时，其艺术的原创功能却风光不再，这也是所有历史遗迹和器物文化的共同命运。但是，另一方面，敦煌艺术作为中华艺术传统，作为精神文化仍不断地激发人们去进行有关敦煌传说、丝绸之路、大漠故事、民族风情、伎乐飞天、反弹琵琶、千手千眼观音等的艺术想象，从而成为在全球化背景下民族文艺创作的灵感之源。《丝路花雨》、《大梦敦煌》、《敦煌韵》、《敦煌古乐》、电影《敦煌》、敦煌艺术动画、作为城市象征和著名品牌标志的飞天和菩萨的雕塑、敦煌艺术工艺品，以及无数中外艺术大师和创作者从这个大漠石窟的灵感之源获得赏赐的事实却说明，敦煌艺术没有死亡，而且也不可能死亡；不但不会死亡，而且还会随着全球化的进程进一步发扬光大。正是在这个意义上我们说，敦煌艺术绝不是莫高石窟中的几尊泥雕和几幅壁画，而是在全球化背景下，在现代性中不断生成的中华艺术传统，是不尽的中华文艺之流，是一部打开的艺术宝藏，同时，也是一部永远读不完的艺术巨著和不尽的文化之旅。这部宝藏和巨著中的至宝不是它的作为物理存在的历史遗迹，而是作为灵思之源的精神启迪，是一个不断生成新的艺术创作的生命体。这种生命体的强大功能就在于它不受作为物理存在的敦煌石窟艺术品的时空有限性的制约，甚至在未来的有一天，因了不可抗拒的历史和自然原因，石窟艺术品终于会在荒漠中消失的时候，敦煌艺术作为中华文化传统的现代生成，其艺术的启迪作用仍然会长存人间。我想，这就是在全球化背景下美学敦煌的真正价值所在。

有多篇报道说，占有地利优势的甘肃省《丝路花雨》剧组，在学者、专家的帮助下，经过深入研究，从累积了两千多身彩塑、4 万多平方米壁画的莫高窟里保存着的历代舞姿图绘，选取、提炼出典型化的静态舞姿，探讨其动作流程态势——使其复活，在此基础上建立起这部舞剧自成体系的舞蹈语汇，由此而引发了"敦煌舞派"的兴起，丰富、拓展了中国古典舞的园地。这种创作精神令人赞叹。但同时我认为，《丝路花雨》不仅使敦煌艺术复活，而且使得整个中华传统艺术复活，并且继往开来，创造了我们时代的民族艺术的强势话语，在全球化背景下走向世界，传播中华文化，扩大中华影响。强势话语之所以为强势话语，就在于它的民族性、独立性、同化性和创新性。敦煌艺术，不论它的原始形态还是它的复原形式，甚或它的再创造形态，都具有同化别人而不被别人所同化，具有永远创新而不停滞的特点。这些特点正是借全球化便利而又消解全球化威胁的基因，是中华文化长盛不衰的秘密地。美学敦煌的使命之一就是要绘制这一基因图，开垦这一秘密地。

如果说"敦煌是人类文明最大的磁场"，那么，美学敦煌就是这磁场中的磁力线。不满足于只做一个作家的作家冯骥才说："对敦煌除了常见的飞天和《丝路花雨》，我几乎毫无了解，我不能确切地知道敦煌对中华文化意味着什么，但至少我知道，它对冯骥才来说意味着他的知识分子的文化责任感。"[①] 我想，美学敦煌在当今全球化与化全球的话语之间也许就隐藏着这种朦胧的然而又是确定无疑的意蕴。

---

① 陈洁：《我不愿只做个作家——访知识分子冯骥才》，《光明日报》2003 年 8 月 27 日。

第 二 章

感悟敦煌艺术

用图像学、宗教学、考古学等方法研究敦煌艺术，已取得了丰硕的成果，这种研究带有实证研究的性质。用哲学方法研究（或感悟）敦煌艺术，是要把敦煌艺术同人的生存状态联系起来，诘问在这种艺术背后，中国人是如何在诸多文化价值观的矛盾中，作往复徘徊和艰难选择的。

一　艺术哲学，对人的存在状态的理性触摸

艺术是人表达自己存在的一种普遍的方式。人通过艺术对时空进行自由地切割，由此构造一个同人的现实存在相对应，但又同人的现实存在性质不同的虚拟世界。人需要这个世界，因为人不满意，甚至厌恶自己的现实世界，人希望在自己创造的这个虚拟世界里，改变自己的角色，体验自由，寻找公正、尊严和价值，虚构并欣赏另一个自己。人自己构造的这个虚拟的世界，是很脆弱的，往往只是在瞬间体验到这个世界的存在，大部分时间是对这种稍纵即逝的体验的回忆和流连。因为，人为了生存，无法抛弃衣、食、住、行这些现实需要，也无法拒绝对自己周围的各种人事关系的处理，无法违抗既定的政治的、法律的、伦理的诸多戒规和限制。人的大部分时间是生活在现实世界里的。同时，还应该看到，人为自己构造的这个虚拟世界，又是很强大的。因为，人一旦创造了自己的虚拟的世界，人的一切现实的经验都会经受一种复杂的、超验的洗礼，现存世界的各种物质的和精神的关系，全呈现出新的形态，幻化出新的光彩。人的真正的精神能力，就在于自己所创造的那个虚拟世界对自己的无法回避甚至是无法改造的现实世界的关照。这是一种"虚体"对实在体的作用，这个"虚体"是人自己创造的；是一

种人自己创造的"虚"的东西对人的实在存在的无意识的作用。即是说，这种活动，第一，它是"虚"的。这里所说的虚，是相对人们已习惯了的、被政治主流思想和社会主流意识所肯定着的那些现实关系而言的。但它不是虚无。它能够借助某些媒介，确确实实存在于人们的生活之中，构成与现实的关系相区别，甚至相对立的另一重关系。在这种情况下，这个"虚"实际也是一种"实"了。第二，一般情况下它不是主动地、自觉地、有意识地起作用的。人创造的虚拟的艺术世界的这种性质，这种作用，构造了人的精神活动中最精华的部分。人的政治生活、经济生活、社会生活、伦理生活等都不具备人的艺术生活的这种性质。如果说人的艺术生活以外的其他功利生活带有了这种性质，那不过是人的艺术生活对这些功利生活的关照，使它们染上了艺术色彩罢了。

基于对艺术本质的上述看法，笔者对艺术哲学的界定就可以这样表述：它是对人在现实世界中的困惑处境的一种思考，是对人创造虚拟艺术世界的动机的一种解释，是对人往返于现实世界与虚拟世界之间这种本能的、主动的，但又是无奈的活动的一种精神探索。简言之，艺术哲学是以艺术作品作蓝本，对人的存在状态的理性触摸。说繁一点，艺术哲学，是以艺术作整体蓝本，通过对这一蓝本的整体特性的剖析，对人的存在所面临的困惑、选择、徘徊以及人最终走向迷茫与和谐的思考。所谓"整体蓝本"和"整体特性"，都强调了"整体"二字，即艺术哲学不太拘泥对艺术分门别类的叙述，不止于对艺术创作中的背景、风格、题材、人物性格、结构、布局、色彩、表现手法等的个别分析。这些分析有时在艺术哲学中也会出现，但这不是目的，目的是要通过这些分析，追溯创造者和欣赏者的存在意识。它同一般文艺理论的区别在于，一般文艺理论是用某种哲学方法作指导，体贴入微地、分门别类地、逐一地、对某一特定的艺术创作所进行的具体分析；而艺术哲学则是通过个别分析，对艺术整体作为人的存在状态的表达这种性质，作出哲学的思考。可以说，文艺理论是依虚论实的理论，艺术哲学则是由实而虚的理论。

二　现代哲学趋向，艺术哲学研究的新视域

现当代哲学有一个革命性的转向，即由纵向探索事物的抽象本原，

转向横向沟通事物之间的错纵联系。由此，艺术哲学在研究方向上也起了变化：它的触觉已不再是通过艺术现象探索其背后纵深根底的"理念"、"绝对实在"、"道"、"太一"，等等，而是把它放在大视域中，横向地为它的出现寻找各种未出场的、隐蔽的联系。

哲学领域的上述转向同20世纪初的哲学思想和科学思想上的变化遥相呼应。尼采的"上帝死了"，在人文领域把人们的眼光从纵深的根源那里引开来，胡塞尔的现象学开始从思辨角度宣告了旧形而上学追求绝对实在的终结。此后，海德格尔更鲜明地树起了丢弃追求纵深抽象本源的旗帜。海德格尔从"存在本自的视域问题"上绕开来，专注于对人的存在的分析。人的意识构成，不仅表现在思想、感知这些认知活动中，而且首先表现在人的劳动、人对工具的使用、人对世界的效果关系以及与他人的共在关系中。因此，他认为人的最基本活动并不是对象性的认识活动，而是解释性的理解活动，说到底，乃是对存在自身的理解问题。他以为，人的本质乃是对诸在者之在的理解，而这个存在问题在以往的哲学史中被埋没和遗忘了。① 数千年来，从柏拉图、亚里士多德到黑格尔，把哲学本体论引向最后总要设置一个抽象的概念化的本源的传统，被无可挽回地动摇了。这种思想领域里的大潮流在科学领域也掀起了波澜。爱因斯坦与玻尔誓不两立的争论就是一例。爱因斯坦感叹宇宙的和谐，相信"上帝不是在掷骰子"，相信宇宙的最深处有一个"上帝"（非人格化的力量）——一个被他称作"宇宙理性"的东西，正是这个"理性"左右着宇宙，把宇宙安排得如此和谐与完美。为此，爱因斯坦在发明（发现）狭义相对论、广义相对论之后，为发明（发现）宇宙的"统一场论"几乎耗尽40余年的心血，最后无果而终。与爱因斯坦同时代的玻尔，是量子论哥本哈根学派的代表人物。玻尔不认同什么宇宙理性，不认同"上帝不是在掷骰子"的信条。他（们）认为宇宙背后没有一个深刻的操纵力量，宇宙就是宇宙。宇宙的现象、规则是不可重复的，事物运动的轨迹严格说是测不准的。宇宙的运动由几率波决定，而几率波是无法重复的。这样的理论，从根本上否定了事物的纵深背后的超然本质，事物是事物相互联系和作用的结果，他（们）的

---

① 泰奥多·德·布尔：《胡塞尔思想的发展》中文版序言，生活·读书·新知三联书店1995年版。

所谓"规律"也不是预设的，既定的，而是现定的。这种思想也从一个很重要的侧面加深了哲学从"横的"方面探索根源的趋势。哲学不再注重为最终的一个概念化的终极实在作艰难的论证；哲学回到具体的事物本身，回到由人引起或关注的事物运动本身，回到人本身，回到对人与人之间的联系、沟通、对话作探讨，语言哲学也是在这样的大背景下产生的。

把哲学的这种变化说得非常通俗、非常深刻的是张世英的《哲学的新方向》。他认为，哲学的最高任务不应仅停留于达到同一性或相同，而是要达到天地万物（包括在场的与不在场的，显现的与隐蔽的）之相通相融；要达到这样的目的，不能单靠思维，而要靠想象，即要靠把未出场的东西与出场的东西综合为一个整体的能力。把人生限制在主体对客体的认识，限制在思维领域，限制在满足于对抽象概念的追求，只能使生活枯燥乏味，使哲学苍白无力。"因为单纯依靠思维进行抽象再抽象，最终只不过是撇开差异性、多样性而得到永恒在场的同一性，而不能越出在场的东西，达到不在场的东西，不能越出同一性以达到不同一性，黑格尔的'具体抽象'，归根结底，亦复如此。"①

张世英从上述哲学新方向体认出发，对艺术观的演变也作了相应的反思。传统的艺术观是以模仿论为基础的，而这个模仿论的哲学根源正是旧形而上学的以在场物为前提的，是旧形而上学的"主体—客体"公式在艺术创作上的反映，这一形而上学的哲学在艺术上此后曾演化出典型论。典型论固然主张想象，对艺术作品影像式地反映自然物有所发展，但它也只是把反映在场自然物推演到想象个别自然物的"类"，而推演不到冲破"类"的樊篱，去想象到不同类的事物。他举例，莫里哀的《伪君子》固然写出了典型人物，但也只写出了同类人物带有普遍性的特点。但中国元稹的诗"白头宫女在，闲坐说玄宗"，一个"在"字，不仅点出了宫女的白头的"在"场，而且点化出宫女们在想象中显现出，也诱使阅读者在想象中显现出昔日宫女青丝如波的"不在"场，显现出昔日宫廷繁华景象的"不在"场……因此，哲学的横向转向，在艺术观上要推崇想象，通过想象，不仅要把对个别事物的描摹推及同类的其他事物，而且要冲破同类事物的界限，及于不同类的事

① 张世英：《哲学的新方向》，《北京大学学报》1998 年第 2 期。

物，使艺术创作、艺术批评的空间无限地扩展，使它的根底成为"无底"，体味艺术品中的词外之情、言外之意，使人的想象在横向的、隐蔽的、未出场的事物之间，在古与今、今与来之间自由地驰骋。

三 敦煌艺术哲学——对敦煌艺术"无底之底"的探索

专家们呕心沥血，从考古学、图像学、宗教学、社会学多方面研究窟内敦煌艺术，取得的成绩举世瞩目。但在研究方法上，受"主体—客体"方式的影响，敦煌艺术基本上是被当成一个外在于人的精神，甚至是外在于人的想象的客体而用实证的方法加以研究的。虽然这是研究敦煌艺术的基础，因为，不弄清（或基本弄清）某一雕像、某一绘画制作于何年；受何种画风的影响；讲述某一佛经的要义；同当时的经济、社会状况的关系，等等，是难于进入敦煌艺术殿堂，难于在这个殿堂里体会敦煌艺术这个复杂的机体传输的意义的。但是，事实之上还有意义。当代解释学家伽达默尔在论述历史研究的要旨时认为，历史理解的真正对象不是事件，而是事件的"意义"。这就把历史上的事件（客体）同对这事件的理解者（主体）联系并融合起来了。他认为作为被理解的本文的真正意义，并不是本文作者的原意或当初的读者（观众、听众）对它的理解，而是本文在历史上不断地被历史地理解，不断地被不同历史时期的理解者赋予新的意义，因而是一个不断地生成的过程。伽达默尔把这个过程叫做"效果历史"，他说："真正的历史对象不是客体，而是自身和他者的统一物，是一种关系，在此关系中同时存在着历史的真实和历史理解的真实。一种正当的解释学必须在理解本身中显示历史的真实。因此，我把所需要的这样一种历史叫做'效果历史'。"① 伽达默尔的这一思想，并不是要人们对历史事件本身不作最基本的考证。他认为在自身和他者的统一物即一种两者相互交融的关系中同时存在着"历史的真实"和"历史理解的真实"。所以，要了解历史的意义，对历史真实的了解应是一种基本的要求，不过，这种历史真实是同理解缠绕在一起罢了。

---

① 伽达默尔：《真理与方法》第二部，王才勇译，辽宁人民出版社1987年版，第39页。

正是基于上述观点，我们应该高度肯定中国敦煌艺术研究至今做出的辉煌成绩，高度赞扬这种用几代人的心血和智慧积累起来的成绩，是它为今天和以后的新的"大视域"的研究奠定了必要的基础。不仅如此，如果将敦煌艺术研究一宗宗个别的成果（如一篇论文或一部著作）独立去看，其中确有一些是实证性的考证，是"客体—主体"式的研究方法的结果。但如果把它们综合起来，从整体上看，它们确实从不同角度为敦煌艺术这个综合艺术现象，勾勒了极为复杂的横向联系，把敦煌艺术的整体形象，或敦煌艺术诸个别形象所隐含的、内在的"意义"叙述出来了，或者说，使敦煌艺术这个今天"在场"的事物背后的诸多"不在场"的事物给显现出来了。

敦煌艺术永远是在现时显现于人的视觉（及触觉）面前的实体。从相传公元366年（前秦建元二年）莫高窟第一个洞窟开凿造像开始，经历代不断的演化（增加或减损），至今仍保有雕像2100余身，壁画45000余平方米。要追寻和叙述在1600余年中她的不断生成的历史，是一件非常浩繁，甚至是某一个人无法完成的工作。我们只有站在现时，面对她当今呈现于我们面前的形象，叙述她现时的意义，而这个"意义"，既包含着我们现时对她的理解，也包含着她作为对象在逝去的岁月中人们（创作者和欣赏者）对她的理解。这两种理解相互包含，相互渗透，水乳交融：过去的理解影响着今天的理解，今天的理解又消解着过去的理解。如果说这就是敦煌艺术的根底，那么，这个根底是无法穷尽的。我们只能在探底的过程中，设置一些向"下"深入，实际是向"四方"延伸的阶梯和路径，使我们对她的蕴含有最基本的了解，把敦煌艺术今天呈现于我们面前的"在场"东西背后未出场的一些东西尽可能叙述出来。

笔者曾为此罗列出一些假设的路径，以便沿着它们曲折地走向我要寻求的目标：

戈壁沙漠包围中的清泉——人类的精神家园就在这里？

莫高窟，是一座雕塑艺术的宝库？是一座僧人举行佛事的庙堂？是一所引导人体验生命形上意义的学校？

佛陀，是人回归永生的样板？是人精神无着的神话？是人后现代思索中深感后悔的光点？

菩萨是苦海中渡人达到彼岸的善人？是永世献身的英雄？是人在生

存奋斗和挣扎中一张舒适的靠椅？

潜入敦煌艺术的儒家和道家是如何借佛表达他们的看法，又如何用他们的看法影响佛的？

古希腊观念的冷静和理智，同东方的热情和奔放在这里是怎样交融和对话的？

天国景象的描绘和尘世生活的写实，代表了人的怎样的理想？对权势的尊崇和对平等自由的憧憬，怎样在这里寻求平衡？

归根结底，我问自己：这里是尘世，还是天国？是朝廷，还是庙宇？是焚香朝拜的地方，还是观光游览的场所？是一处欣赏艺术的圣殿，还是一部永远也读不完的隐藏着生命奥义的"天书"？

通过研究笔者将敦煌艺术看成这样一种艺术：她是中国人民融会中原艺术和古希腊艺术的审美形式，用她来表现中国人的生活激情的艺术；是中国人改造印度佛典，用它来表现中国人靠近神、触摸神，消解人与神的界限，把对神的崇拜变成对神的欣赏，把对神的敬畏变成对神的爱恋，从而把神当成自己的母亲、朋友和恋人的艺术；是中国人把佛的符号还原成世俗的符号，把世俗的符号创造为艺术的符号，在这种不断转换的过程中体验生命的形而上意义的艺术；是表现中国人在对现世的留恋和对来世的向往之间做往复徘徊，在儒、释、道的生存价值观之间作艰难选择，借助伟大的想象力，构造生命，寻求终极依托的天国境界的艺术；亦是能够置于21世纪审美视觉中，透视其历史内涵和当代意义，建立起研究它的美学话语的艺术。

四　全球化背景下敦煌艺术的魅力

敦煌艺术是一种宗教具像艺术，但是它触及人们心灵的却是一个幻想的世界，它吸引观赏者的却是一个虚拟的世界。在这个虚拟的世界里，人们把自己在现实世界里得不到的东西，全部据为己有了，人们在其中休息自己疲敝的身体，抽空自己在现实世界充满烦恼和焦虑的感性欲望，体验一种回到自我的宁静和愉悦。人们为自己创造了一个不同于现实生活的精神乐园。

但是，能够享受这种生活的仅仅是笃信佛教理义的信徒吗？

在全球化背景下，科学也在紧张地为人创造新的生活。一个网络世界正在把触角伸向人的工作、生活乃至整个生存的各角落。人们是否已经意识到，除过自己现存的现实生活，自己还拥有、还可能拥有另一个世界，即另一个把自己重新塑造的世界？在这个世界中，自己有可能随心所欲地给自己创造另一副面孔、另一个名号、另一种身份、另一种对话的方式、另一种自信自尊自由、另一种逃逸现实生活的纷扰而使自己获得愉悦的心境？在这个世界中，自己是自己的艺术家，在这个世界中，艺术于自己已是一种真正的自由？当年（包括现在）佛教徒需要抛弃造化给予自己的全部感性生活，才能享受到的如敦煌艺术所给予人的那种虚拟的、幻想的自由境界，在当今，不需如此便可以得到了。人可以自由地来往于被限定的现实世界与自己创造的虚拟世界之间，既拥有现实世界给予自己的感性享受，又在虚拟的艺术化的世界里体验自由的意味。

也许，敦煌艺术在新世纪给予我们的启发正在于此。我们来到敦煌，投入佛的虚拟世界的氤氲之中，我们并不需赞美佛的伟大，而只要感受到她的思想的历久弥新的温暖就行了。她温暖我们，能使我们在心里坚信，我们可以创造另一个自己，仅此就足够足够了。至于借助什么手段，并不重要。

韩国有位当代画家画了一幅很简单的画：一个和尚盘膝（双盘）坐在一块白色的台面上，在他的视线可及的远处放着一台小小的、用图案形式绘制的电视机。和尚在想什么？不知道。电视机在播映什么？亦不知道。我想，这个和尚，也许正是现代人的一个虚拟的符号，而那个"电视机"也许正是现代人面临的一个虚拟世界的符号。和尚不需同佛对话、交流了。和尚，这个在佛的理义中寻找般若智慧的出家人，已经变成了一个现代人，而由高科技创造的电视机（网络、电脑、基因研究、干细胞研究诸成果）所蕴含的超越性的智慧却成了现代的"佛"，它所传达的信息，正是佛在幻想中预言的智慧。现实世界与虚拟世界的界限在此已难以确定。

法国一位皈依佛教的叫马蒂厄·里卡尔的和尚，同他的父亲让－弗朗索瓦·勒维尔（哲学家、法兰西院士）有过一段刻骨铭心的对话。他们为此写过一本书《和尚与哲学家——佛教与西方思想的对话》。和尚说：科学能够改善我们的生活条件，可以使我们在寒冷时得到温暖，得病时被治愈。科学可以实现我们健康地活几百年的理想。但是不论活多久，生存质量的问题依然如故，而要过一种有质量的生存的唯一方法，就是要给予生存一种内在意义。我们可以利用佛教的那些真理，将人本身所具有的完善的潜能变为现实。他的哲学家父亲，没有被他说服。父亲钦佩作为智慧的佛教的说教，但对作为形而上学的佛教表示怀疑。他认为，西方所以在目前对佛教感兴趣，是因为佛教在生活艺术和道德领域，填充了由西方哲学的逃脱而造成的真空。因为在 17 世纪中期之后，西方哲学不再关心对人类生活的探讨和引导，同时，把对自然科学的认识交由科学担当起来，哲学则主要去研究超越自然之物的形而上学问题，而这方面的研究至今是一笔莫衷一是的糊涂账。父亲的结论是："……如果人们想要从已经变得可证实的知识中提取出一种道德和生活艺术，这也是徒劳的。智慧不建立在任何科学的可靠性之上，而科学的可靠性也不导致任何的智慧。但是，智慧与科学可靠性这两者都永远相互不可缺少、永远相互分离、永远相互补充地存在着。"①

　　这是典型的西方哲学传统下的思想对话。生存是被分割成生理存在与精神存在两个领域来叙述的。科学的、哲学的、宗教的、艺术的意义是被当成"永远相互分离、永远相互补充"的独立领域来看待的。但是，在当代，当科学这个原来仅靠实验支撑的领域无情地闯进人的精神领域，使人的道德生活、艺术生活、宗教情绪很难固守原有的诸多规范时，科学将如何为它的大厦找寻新的支柱？

　　科学必定会在改造人们原有的道德规范、宗教观念、哲学观念的过程中，艺术地为人构造另一重生活，从而，它也将自己存在的支柱由原来的单一的实证化，扩充为艺术化、哲学化。21 世纪的科学，将是一种超越所有宗教的精神信仰。它既从宗教幻想中吸收创造新人类的信心，又从根本上否定宗教所宣传的达到美好天国的方法和途径。

　　敦煌艺术在当代的魅力，说到底，可用下面这段话表述：它启迪着人们对科学的期盼。一百年、一千年后，如果人在生活中还有烦恼，敦煌艺术就仍会令她的朝拜者感动。但是，当人们寄希望被莫高窟极尽渲染的那个弥勒菩萨下生时，弥勒在他们心中已经不是一个佛，而是一个符号，这符号所蕴含的内容非常复杂，现实与理想，科学与艺术，宗教与神话在这里已经难分彼此了。

---

　　① 《和尚与哲学家——佛教与西方思想的对话》，江苏人民出版社 2000 年版，第 302—308 页。

第三章

敦煌艺术史论要

敦煌艺术史，是敦煌学研究中一个非常重要的课题。一部敦煌艺术史，是中国文化以博大的胸怀吸纳外来文化，把儒、释、道的精髓在甘肃河西这片神奇的土地上加以融合，创造出亘古罕见的艺术奇葩的历史。这样一部艺术史，对于演绎中西文化交流的动人故事，了解中国人如何在儒、释、道的价值观之间作艰难选择，在留恋现世和向往来世之间作往复徘徊，都是非常有趣而有意义的。但至今没有整体的系统研究成果问世，不啻是一个很大的缺憾。敦煌艺术史论要，正是从这一情况出发，想为敦煌艺术史的研究做一些必要的理论准备工作。

一 对敦煌艺术史研究已有成绩的看法

敦煌艺术史研究的已有成绩，可分为四类。

第一类，从整体上，对敦煌艺术的风格、特征进行研究。

常书鸿先生的《敦煌艺术特点》（《常书鸿文集》，敦煌研究院编，甘肃民族出版社 2004 年版）、《敦煌艺术的源流与内容》（《常书鸿文集》）等论著，谢稚柳先生的《敦煌艺术叙录》（古典文学出版社 1957年版）等论著，潘兹先生的《敦煌莫高窟艺术》（上海人民出版社 1957年），段文杰先生的《敦煌壁画概述》、《敦煌早期壁画的风格特点和艺术成就》（《中国美术全集·敦煌壁画（上）》，上海人民美术出版社 1985 年版）等论著，史苇湘先生的《珍贵的敦煌彩塑》（《中国美术全集·敦煌彩塑》，上海人民美术出版社 1987 年版）等论著，大体都可视为这类研究。（以上所举论著，仅是列举，并非著作目录。下同。）

第二类，从各别图像、各别洞窟入手，对敦煌石窟艺术的某一洞窟、某一塑像、某一经变等，进行具体考证和研究。

这是敦煌艺术研究的基础部分，亦是敦煌艺术史研究的最基本的资料。它构成了敦煌艺术及敦煌艺术史研究的主体，触角所及，达于敦煌艺术文本的各个细部。这类研究，基本上都是严密而科学的实证研究。此类成果非常多，不胜枚举。

第三类，对敦煌艺术作史的分期研究。

结集在《段文杰敦煌艺术论文选》（甘肃人民出版社 1994 年版）中，段文杰先生对十六国北朝时期敦煌石窟艺术、唐前期莫高窟艺术、唐后期莫高窟艺术，以及莫高窟晚期艺术等的研究；结集在《敦煌历史与莫高窟艺术研究》（甘肃教育出版社 2002 年版）中，史苇湘先生对莫高窟和榆林窟的唐、五代、宋、西夏、元壁画等的研究；马德先生所著《敦煌莫高窟史研究》（甘肃教育出版社 1996 年版）等，即属于此类研究。

第四类，从哲学、美学方面，对敦煌艺术本质的研究。

宗白华先生所写《略谈敦煌艺术的意义与价值》（《美学散步》，上海人民出版社 1981 年版），史苇湘先生所写《产生敦煌佛教艺术审美的社会因素》（《1987 敦煌石窟研究国际讨论会文集·石窟艺术编》），洪毅然先生所写《敦煌石窟艺术中有待探讨的美学艺术学的几个问题》（同上），姜伯勤先生所著《敦煌艺术宗教与礼乐文明：敦煌心史散论》（中国社会科学出版社 1996 年版）等论著，穆纪光所著《敦煌艺术哲学》（商务印书馆 2006 年版）等论著，即属于此类研究。

二　对敦煌艺术史研究已有成绩逻辑结构的分析

从以上论述看，敦煌艺术研究已形成一种逻辑结构：从敦煌艺术的图像学研究（对敦煌艺术的各图像进行直观的考察）→敦煌艺术的考古学研究（对敦煌艺术各图像产生的年代、对应的佛经内容进行考证）→敦煌艺术的社会学研究（对敦煌艺术的社会、历史、文化条件和背景进行分析和概括）→敦煌艺术的哲学、美学研究（以图像学、考古学、社会学的研究作基础，对敦煌艺术的本质和审美取向进行研究）。

第一，图像学研究和考古学研究，基本属于实证性的研究，类似于用科学主义的方法对敦煌艺术的实体进行严密的审视和考证。

它不借助想象，不回应人文诉求，主要在于考察、研究"是什么"的问题。这类研究，侧重于考究成画、成像的年代，从图像的表象及结构，考究某画某像某经变，同浩如烟海的佛经的联系。这是基础性的研究。离开这种研究，敦煌艺术的其他研究都会成为无本之木、空中楼阁。

第二，敦煌艺术的社会学研究，具有从实证研究向人文研究过渡的性质

这种研究已经把敦煌艺术从佛经的束缚中"解放"出来，为敦煌艺术建立一种社会学的、历史学的乃至文化学的话语。从社会学的层面，把敦煌艺术表现人的社会生活的性质讲出来。佛的故事在这里开始还原成人的故事。这种研究把敦煌艺术研究从实证研究走向哲学与美学研究，作了引导。

第三，敦煌艺术的哲学与美学研究，是对敦煌艺术的本质的抽象性的研究

敦煌艺术从表象上看，似是对佛经的图解，是对佛的本生、讲经、传记及其思想和学说的形象绘制。但佛的本生画、经变画和佛传画等所表达的佛的思想，归根结底，都是人的思想。都是通过佛的说教和活动，对人的生存状态、生存惶惑和生存理想的价值性解释。尤其是佛教传入中国后，在本土化的过程中不断与中国的儒教及道教相结合，成为中国人生存境遇和生存理想的依托。敦煌艺术，究其本质，就是要对这种情况进行探讨。

以上关于敦煌艺术研究已有成绩的叙述中，对不同研究倾向的方法、内容的概括，只是一个基本的界说。实际的情况要比这复杂得多。在不同的研究者那里，往往是将各种研究方法相参照运用的。只不过各有其基本倾向而已。

敦煌艺术史的研究，以及这种研究所呈现的可谓完整的逻辑结构，为敦煌艺术史的进一步深入研究，打下了很好的基础。

三 对有关史的研究方法的思考

凡史的研究，都有一个主线贯穿其中。历史是一个多层面事件的复杂的集合体，要想将它全部叙述出来，是任何史的研究都无法做到的。

它必须有一根线，一根体现着研究者对该历史的总体把握的线，用这根线将相关的历史材料"吸引"到一起，并将它们串联起来。我们有时把我这里所说的"线"叫做"方法"。所谓"贯穿全书的主线"，所谓"方法"，决定着对材料的取舍，决定着面对材料时的视点和主观态度。从这种意义上说，任何历史（书写的、叙说的）都是研究者的思想史。这么说，并不意味着研究者可以随意裁定历史，只是表明不同的研究者所关注的历史的侧面不同罢了。

比如，冯友兰写中国哲学史。他曾于1931年、1934年完成了《中国哲学史》（上、下册）的著述。这是他以新实在主义同程朱理学相结合的思想作为视点，对中国哲学史的建树。但是新中国成立后，他逐渐接受了马克思主义，便有了用新的方法，采取新的视点再写中国哲学史的强烈愿望。到20世纪80年代至90年代，他终于向中国，乃至世界贡献了七卷本的《中国哲学史新编》。他通过自己的学习、生活以及历次政治斗争的实践，对马克思主义的精髓有了的切身体会。他用融入自己灵魂的马克思主义的立场和方法，将中国哲学史写成一部"人类精神的反思"的历史。可以说，《中国哲学史新编》也是冯友兰的精神反思。①

再如，黄仁宇②写中国大历史。他显然没有以阶级斗争作线索连缀中国历史，亦没有自觉地从历史唯物主义的视角来观察中国历史。他自称是从技术角度来看历史的。他以在西安、临潼所看到的黄褐色的土壤为例，指出：易于耕种的纤细黄土，能带来丰沛雨量的季候风和时而润泽的大地，以及时而泛滥成灾的黄河，是影响中国命运的三大因素。它直接或间接地促使中国要采取中央集权式的、农业形态的官僚体系。而纷扰的战国能为秦所统一，无疑的，它们也是幕后的重要功臣。他认

①　参见冯友兰《中国哲学史新编》（1980年修订本）第一册"自序"和"全书绪论"，人民出版社1982年版，第1—2、1—16页。

②　黄仁宇（1918—2000），生于湖南长沙，1936年入天津南开大学电机工程系就读。抗战爆发后，先在长沙《抗日战报》工作，后进入国民党成都中央军校，1950年退伍。后赴美攻读历史，先后获学士、硕士、博士学位。曾任哥伦比亚大学访问副教授、哈佛大学东亚研究所研究员。参与《明代名人传》及《剑桥中国史》的研究工作。其"中国大历史"的研究方法及理念，在中国及海外皆引起广泛影响。

为，研究历史，不一定非要去写李斯如何鼓励秦始皇焚书坑儒，后又如何为赵高所杀等；而应当用归纳法，将现有的史料高度压缩，"先构成一个简明而前后连贯的纲领"，和西欧史与美国史有一个互相比较的幅度与层次，才算有了进一步研究的基础。①

又如，法国的热尔曼·巴赞（罗浮宫博物馆馆长）写艺术史。其所著《艺术史（史前至现代）》的最后一句话是这么说的："因此艺术史证实了现代心理学的诸发现，现代心理学倾向于探讨隐藏在各别人的全部表现中的矛盾心理之本原。"② 应该说，他正是以这根线来贯穿其对艺术史的研究的。固然，这在我们看来是一种唯心的观点，但它确是一种视角，一种不无道理的视角。热尔曼·巴赞对艺术发展的历史作了这样的勾勒：最早，人们认为艺术作品比人类的其他创造更能说明个人（艺术创造的个体性）。渐渐地人们了解到艺术品的产生同人们生活的物质、道德和智力条件相联系。以同样的观点，温克尔曼写了《古代艺术史》，巴特·兰齐（Abbat Lanzi）写了《意大利绘画史》，雅各布·比尔克阿特写了《文艺复兴时期的文化》。在巴赞看来，上述作品，都运用了艺术作品受制于人的物质条件的观念。他认为，这是不错的。但可惜的是，伊波利特·丹纳写了《艺术哲学》后，这种观点变成了体系性的方法，成为了一种权威观点。巴赞的意思大概在说明，一种好的观点、概念，一旦成为"权威"，就可能造成千篇一律，万人一腔，甚而阻塞了其他观点的出现和表达。

巴赞并不反对丹纳的观点。后者的观点带有法国实证主义的色彩，但巴赞更倾向德国的强调心理作用（即他所谓的"理想主义"）的观点，认为作品中包含着一个特定时期的思想。他举1893年阿洛伊斯·里格尔（Alois Riegl）在其著作《风格论》的论点为例，说明"艺术意志"（kunstwollen）是潜藏在艺术品背后的主观动力（idéeforce）。巴赞正是用这样的倾向性，叙述了艺术风格的历史演变，似在表明这样一种意见：表现人的不宁静的情绪和渴望自由的欲望的艺术，描绘"人的激

---

① 以上引文和叙述，参见黄仁宇《中国大历史》第一章及中文版自序，生活·读书·新知三联书店1997年版（2004年第18次印刷），第1—16、1—7页。

② 热尔曼·巴赞《艺术史（史前至现代）》，上海人民美术出版社1989年版，第648页。

情、悲伤和痛苦、爱和死、男女老小"的艺术（如巴罗克艺术），总是在历史的不同时期，或隐或显的出现。[①]

四　敦煌艺术精神：贯穿敦煌艺术史研究的主线

一般史的研究都有主线贯穿其中，它是治史者裁剪史料、评判史实的尺子，是决定史的整体面貌的灵魂性东西。敦煌艺术史可从不同视角切入，写成绘画史、交流史、佛教史、儒释道碰撞史等。那么，我体认的贯穿敦煌艺术史研究的主线是什么？这就需要谈谈我对作为宗教艺术的敦煌艺术精神的看法。

艺术是人为自己创造的一个虚拟的世界，宗教也是人为自己创造的一个虚拟的世界。宗教用它创造的虚拟的世界来表达人在现实世界实现不了的理想和意愿，借助虚幻的形式或关系，将人在现实世界充满冲突的物质的和精神的关系予以重构，使它变得和谐。比如，在宗教所构造的"天国"里，物质供应总是非常丰富的，那里的人和人（神和神）相处得竟那么"和谐"，固然等级仍然是挺森严的。但是，宗教创造的虚拟的世界同艺术创造的虚拟的世界，具有本质的不同。宗教对于它的膜拜者来讲，具有自由与不自由的二重性。就不自由而言，它有一种从外部强加于人的性质，所宣布的秩序多是凝固的，对规定的教义的自由解释，多半是不允许的。但艺术创造的虚拟的世界，对人并没有强制性，进入这个世界后，你无须以任何教条作准则，可以对这个世界作新的自由的创造。因此，就艺术世界对不同个体的宽容态度而言，它是超时空的存在，是无规范、无边际的存在，是充满着选择性的存在。

但是，"宗教艺术"同"宗教"则是两个概念。宗教艺术是把宗教的虚拟世界同艺术的虚拟世界组合起来的一种奇特的虚拟世界。神的世界于人是很陌生、很遥远、很异己的，它只是一种崇拜的对象。而它一旦与艺术结缘，它的神性就会被人性的光晕所衍射，于是成为一种审美的对象。作为佛教艺术的敦煌艺术，在这方面的特点最为典型。佛教最初是不允许把佛陀（释迦牟尼）绘成具象形象的，教徒只能面对一根柱子对佛顶礼膜拜，这时，那柱子（释迦牟尼的象征物）仅仅是崇拜

---

① 以上叙述参见热尔曼·巴赞《艺术史（史前至现代）》，第629—642页。

的对象；后来，教徒们很不满意这种不能倾注全部感情的办法，于是离经叛道，自作主张，为佛绘出了具体的人的形象。这时，佛的神秘莫测的性质，在人的心里不知不觉间发生了变化。佛人化了，画佛近似画人了，在敦煌佛教艺术中，佛啊、菩萨啊等被绘塑得越来越美，人有多美，他们就有多美，甚至比人还美——崇拜的对象，同时变成了审美的对象。

佛教的宗义，归根结底，是围绕着人的生与死的困惑而展开的关于生存价值的学说。佛教艺术的根本精神离不开这个宗义。佛教及佛教艺术，传入中国后经历了本土化、世俗化的复杂过程，经历了同中国的儒教、道教相融合的复杂过程，成为中国人的一种生存依赖，这种心理的、精神的依赖感，非常强烈地表现在敦煌艺术的创造中。

所以，敦煌艺术精神，我把它界定为：是中国人融会中原艺术和希腊艺术的审美形式，用它来表现中国人的生活激情的艺术；是中国人改造印度佛典，用它来表现中国人靠近神、触摸神，消解人与神的界限，把对神的崇拜变成对神的欣赏，把对神的敬畏变成对神的爱恋，从而把神当成自己的母亲、朋友和恋人的艺术；是中国人把佛的符号还原成世俗的符号，把世俗的符号创造为艺术的符号，在这种不断转换的过程中体验生命的形而上意义的艺术；是表现中国人在对现世的留恋和对来世的向往间作往复徘徊，在儒、释、道的生存价值观间作艰难选择，借助伟大的想象力，构造生命寻求终极依托的天国境界的艺术；是能够放在21世纪审美视角中，透视其历史内涵和当代意义的艺术。

五 敦煌艺术史研究中的涅槃、菩萨、天国及飞天

敦煌艺术是一个艺术门类多样、表现手法特殊、艺术风格迥异，同一般艺术相比特点极为鲜明的艺术系统。研究敦煌艺术史，不可能对敦煌艺术作为整体文本的各个细部，在不同时期的制作背景、题材、结构、布局、色彩、风格、表现手法等，逐一地进行分门别类的、体贴入微的叙述和分析。

但是，我们可以根据上述对敦煌艺术精神的体认，对不同发展阶段表现在艺术制作中的中国人的生存态度和理想进行分析和叙述。期间，特别要给予关注的分析对象，应该是：佛涅槃相→菩萨像→天国景象→

飞天壁画等。

所以选出上述分析对象，是因为它涵盖了敦煌绘画和雕塑的几乎所有画种，它内含的中国人的生存态度和理想非常鲜明，而且，其中还包含着一个很重要的逻辑构造。

第一，佛涅槃相，是隐含着全部敦煌艺术之"意义"的宝藏，是研究敦煌艺术、敦煌艺术史的一个绝好的逻辑出发点。

按照佛的"经历"顺序，应包括佛的本生、降生、出走、悟道、法轮初转、传经……直至最后涅槃。但这种历时性的常规顺序，并非佛义的真谛所在。涅槃是佛"悟道"后就已达到了的存在状态（有余涅槃——肉身尚在的涅槃）。实际上，涅槃是佛之为佛的代名词，是佛的象征性符号——是佛向众生展现的一种进入"自由境界"的价值样态，一种在人的实际生活中并不存在的、超越生死的境界，一种精神，一种向往，一种幻想，一种企图摆脱生存的苦恼和烦闷的情感。

佛涅槃，是全部敦煌艺术的一个纲领性的"事件"，是隐含着全部敦煌艺术的"意义"的宝藏。也是我们能够假定的，研究敦煌艺术、敦煌艺术史的一个绝好的逻辑出发点！

佛涅槃了（即我们所说的"死了"），表示他已进入一种特殊的境界。在敦煌艺术中，他被塑绘成安详地睡着了的样子，似乎他还会起来再向众生说法。然而这是不可能的事了。

于是——有了菩萨的绘画和塑像。

第二，菩萨的绘画和塑像，作为艺术符号，是佛涅槃的实践过程的象征。

敦煌艺术中的菩萨亦是一个象征性的符号，象征着涅槃的实践过程。佛的本生是在践行菩萨的意愿；悟道（得有余涅槃——肉身尚在的涅槃）后，至最后涅槃（得无余涅槃——肉身已灭的涅槃）的过程，亦是在践行菩萨的意愿；涅槃了，死了，动不了了，不能济度众生了，怎么办？有菩萨在啊，她会代表佛继续做佛没做完的事。敦煌艺术中的各种菩萨的塑像、画像，以她们的美的形态、形式吸引我们的视觉。她们总是被塑成最美的，为什么？因为在这些美的形象中蕴藏着一种"行动"的力量。她是佛，亦不是佛；她"涅槃"（有余涅槃）了，亦没有涅槃（她永远保持着自由的肉身，不进入无余涅槃）；她胁侍于佛的身边，但更多地还是活动于世间……因为，她曾发誓要救度众生达于彼岸，只要世间还有人经受苦难的煎熬，她就永不成佛。所以，她是永远无法成佛的，是要永远留在世间的。因此我们可以说，菩萨的精神，是一种奉献的精神，爱的精神，是体现涅槃的"行动"意义的精神。她是沟通佛与人的使者，是交流"天国"的和世俗的信息的全能的媒体。

第三，天国景象，满足了众生对涅槃的另一境界的追求，给了人们选择"涅槃"（不生不死的神秘境界）或"极乐世界"（趋向长生的美妙境界）的自由。

佛教教诲人修行的终极结果是达于涅槃。涅槃是一种不生不死的境界。为什么要"不生"？因为"生"（活着）就要经受生的苦恼和折磨；为什么要"不死"？因为死了，就会或变畜生、饿鬼、（下）地狱，或托生为人，或上升为"天人"。变畜生、饿鬼、下地狱，其痛苦自不待说；托生为人，或上升为"天人"，最后还得经历生的磨难。所以，人"不生不死"的境界最"自由"，就像莫高窟第158窟所塑佛涅槃那样安详美妙。这似乎太神秘、太难以理解了。一般人是不愿接受这种结果的，于是有了关于"天国"的描绘。

天国是世人向往的极乐世界。敦煌莫高窟艺术中，是通过"净土变"的壁画向人们描绘天国的极乐境界的。在莫高窟，描绘佛涅槃的经变画和雕塑，相对净土变要少得多，而描绘天国景象的净土变竟有410幅。可见艺术家对人们，也是对他们自己的心理需求的了解，是多么深切。

释迦牟尼毕竟真有其人，毕竟要逝去，要"涅槃"，对一般的修行者而言，这实在难以满足他们"往生"乐土的愿望，于是，释氏、或假释氏说法之名的徒弟，便演绎净土佛国，以满足众生对涅槃的另一境界的追求。净土变描绘的境界正是适应众生这一心理，补充了涅槃境界的"不足"，给了人们选择"涅槃"（不生不死的神秘境界）或"极乐世界"（趋向长生的美妙境界）的自由。在这种选择中，追求"涅槃"者寡，念"阿弥陀佛"幻想往生"极乐世界"者众。其实，净土，实际是佛教创造的一幅幅对人们梦想不死，梦想过上世界上最幸福生活这一世俗愿望的最大妥协。

第四，飞天是最具中国风韵的绘画，她升华了中国人对"飞"的情缘神话中的瑶姬、姑获鸟、嫦娥，负载着中国女性追求爱情的破碎的梦在飞；在庄子、屈原、李白的诗文中，负载着中国人欲求挣脱沉重的社会压力、渴望自由和解放的精神在飞……中国人对"飞"有着难解的情结。

敦煌的飞天林林总总，仅以莫高窟为例，若算及其他伎乐天和自鸣天乐，她们飞翔的洞窟就有209窟。从十六国始，至元代终，历经十个朝代，在有限的洞窟无限的空间飞舞了千余年，现存仍有六千余身之多。当今，她们竟飞出了洞窟，飞向中华大地，飞向全世界。在世界上，任何一个地区的艺术形式中，对"飞"的表现，都不及中国的石窟艺术，尤其是敦煌石窟艺术那么执著，那么宏大，那么热烈，那么轻灵，那么美丽。敦煌石窟借用佛教题材，又疏离佛教题材，通过对飞天的描绘，制造了一种独特的艺术氛围，这是任何其他地方的佛教艺术所没有的现象。为什么？

因为，中国人太想飞了，中国人对飞有着太深的情缘了。

因为，中国人有着那么强烈的想脱离地球重力、脱离社会重负的梦想。

因为，中国人（尤其是中国女性）在"飞"中，表达和寄托了那么多对令人窒息的传统伦理的反叛，对社会不公的抗议，对美好的自由生活的憧憬。

佛说法的严肃、持重被飞天中和了。

佛涅槃那种极神圣的话语，被飞天扇起的满壁风动，给世俗化了。

菩萨救度众生的誓言被飞天艺术化了。

飞天用自己作为"人"的飞舞，造成一种欢快的气氛，把佛教的神秘在敦煌石窟里、在中国人的心里，作了轻快的、人性的诠释。

第 四 章

论敦煌壁画中的格式塔优化现象

格式塔心理学同艺术有密切关系。"格式塔"是德文 Gestalt 的译音，中文一般将其译为"完形"，它既不是一般人所说的外物的形状，也不是一般艺术理论中笼统指的形式，它是经由知觉活动组织成的经验中的整体，是视知觉经验中的一种组织或结构。真正优秀的艺术作品是一个有机的整体，改动任何部分都会影响它的性质，破坏它的完美和统一。优秀艺术作品的这一性质，称之为"优格式塔"。所谓"优格式塔"，就是完美的格式塔或好的格式塔。下面根据格式塔心理学的有关原理，着重考察一下敦煌壁画中的格式塔优化现象。

一 敦煌壁画中的"视觉中心"优化现象

视觉中心即具有突出特征并能够左右人们对画面认识的核心元素。对"视觉中心"的优化就是要协调画面整体与部分的关系。按照"格式塔"的观点，部分越是自我完善，其特征就越容易参与到整体中去。换句话说，"视觉中心"越明显，越强势，越有利于实现整体的传播效果。如莫高窟五代第 61 窟北壁的药师经变，图中全部建筑都架立在水上，前有三门和廊庑，然后是乐舞场面。中部一宽大平台上，药师琉璃光佛居中，日光遍照、月光遍照二菩萨为左右胁侍。平台后部起一座高大的二层六角塔楼，造型奇特，多用弧形柱子，顶部向内收缩，可能是通常药师经变中的灯楼。灯楼两侧立一对龙首蟠竿。中心平台后为正殿，两侧有配殿，均为双层。殿后还有廊庑、角楼等建筑。此幅经变构图严整而又精巧。其中画面有药师琉璃光佛和日光遍照、月光遍照二菩萨的中心平台，便显然是全图的视觉中心，而平台、廊庑、殿堂、角楼之间的虹桥，则将大大小小的各类建筑统一为一个和谐的整体。虹桥，在这里则起到优化视觉中心的作用。

敦煌莫高窟中心塔柱一般正面空间较大，左、右两侧及后面空间较小，信徒在前面跪下作礼拜或在后面绕行时，跪着与站着在视觉上自然产生不同的距离，故前面空间给人多一些敬仰感，后面空间给人多一些交流感，虽然都有一种"此身说法"的意味，但同时又有一种讲台上下的师生关系之感觉。根据布洛的距离学说，当我们观看空间中某一事物时，如果距它太近，就会只及一点，不及其余，看不到事物的整体和全貌；如果距它太远，事物的轮廓就变得模糊，甚至消失，只有在离它不太远和不太近的地方，我们才能够看清它的全貌和各部分之间的关系。因此，不管是覆斗顶式殿堂窟，还是平顶式殿堂窟，不管是在正壁开龛，还是在正壁前设屏，其最重要的是，礼拜的空间增大，观者与造像的距离变得遥远了，信徒只能面对正壁的佛、菩萨像叩头礼拜，只有敬仰甚至敬畏的机会，而再也没有在佛像四周绕行、接近佛并且与佛交流的机会了。距离和角度，在这里起到优化视觉中心的作用，然后产生种种不同的感觉。

隋代第 305 窟则明显有两个视觉中心，一是窟内中心佛坛，二是西壁圆券形龛。中心佛坛上的佛、菩萨像，显然给信徒一种亲近感，而西壁龛内的佛、菩萨像，则给信徒一种距离感。特别是当信徒略为侧身时，南、北壁的圆券形龛也会成为视觉中心，更增添了神像和观者之间若即若离的感觉。因为没有中心柱遮挡，人们往窟内中心观看时，其注意点或许落在佛坛上的佛、菩萨像身上，也或许会将视线穿过中心佛坛，而将注意点落在西壁龛内的佛、菩萨像身上。两种不同的或然性，必然会产生不同的优化视觉中心的作用。

视觉中心也会随着洞窟的形状结构逐渐转移，如莫高窟隋代第 303 窟室内的须弥山中心柱，因该中心柱形状特殊，其下半部仍然保留方形四面龛早期模样，其柱顶也连通窟顶，但中心柱的上半部却改作成须弥山状，为上大下小的圆形七级倒塔，上六级有影塑千佛，最下一级塑仰莲即四龙环绕，观者可能首先将注意点落在中心柱正面龛内佛像身上，但很快就会将注意点落在佛龛上部的盘龙身上，然后注意点又会随着一级一级的倒塔，逐渐往窟顶转移，产生进入天国世界的感觉。这里，引导和优化视觉中心的，是连接佛龛和须弥山之间的盘龙和那一级一级的阶梯。因为"隋初的这种须弥山形中心柱窟，虽然也有可'绕行''礼拜'的殿堂式空间意味，但更多的是在展示一种宇宙观念，即展示以须弥山为中心的宇宙观"①。

　　从人类眼球的生理构造看，瞬间只能产生一个焦点。人的视线不可能同时停留在两处以上，欣赏作品的过程就是视觉焦点移动的过程。这一理论运用于画面构图实践，就是要善于安排画面的视觉中心。以整体洞窟而言，早期洞窟一般是以中心塔柱东向面的佛龛为视觉中心；隋唐以后的殿堂窟一般是以西壁佛龛或中心佛坛为视觉中心；涅槃窟由于其佛坛离观者很近，因此观者的视觉焦点只能顾及涅槃佛的一部分，很难看到涅槃佛的整体和全貌，一般是从头到脚或从脚到头逐渐移动视线，如现代摄影画面一般只摄头部或半身或从脚部斜着摄全身，故其视觉中心实际上是移动的；大佛窟应该是以佛像头部为视觉中心，人在窟底仰视大佛，更显得佛的庄严伟大而感到自身的渺小。

　　单就某一壁面而论，视觉中心也会随着观者的位置或角度而改变，如站在北魏第254窟室内，在观看南、北壁的前部时，南壁的《降魔变》和北壁的《难陀出家因缘》就会成为观者的视觉中心；而当观看南、北壁的后部时，南壁的《萨埵太子本生》和北壁的《尸毗王本生》就可能成为观者的视觉中心；但如果通观整个南壁或整个北壁，则一下子很难把握住视觉中心究竟在哪里，这时只能根据观者的视线游移情况而判断。如中唐第154窟南壁也是类似情况，南壁上部绘《药师经变》和《金光明经变》，下部绘《弥勒经变》和《法华经变》，西侧绘毗沙门天王，那么南壁的视觉中心在哪里呢？显然，有可能是《药师经变》，也有可能是《金光明经变》或《弥勒经变》、《法华经变》，甚至是西侧的毗沙门天王，这要根据观者的位置、角度和视线移动情况来判断。

　　就单幅壁画而言，大多是以主体佛、菩萨像为视觉中心；但也有两个视觉中心的，如初唐第335窟、晚唐第9窟和第196窟等窟中的《劳度叉斗圣变》，图中的舍利佛和劳度叉便分别是两个视觉中心；也有多个视觉中心的，如五代第61窟西壁的《五台山图》，图中的城池、寺

---

　　①　胡同庆：《敦煌石窟艺术·莫高窟第303、304、305窟（隋）》，江苏美术出版社1996年版，第11页。

院、村落、行旅等均分别是不同的视觉中心。在图中起优化作用的，或许是某些图像的大小、位置，也可能是图中的自然景物，但更多的是图中书有文字说明的榜题。如此等等，需要根据具体情况作具体分析。

二 敦煌壁画中的"视觉平衡"优化现象

画面的均衡是指画面的上与下、左与右取得面积、色彩、重量等量上的大体平衡，这种画面结构自由生动，具有不规则性和运动感。从格式塔心理学观点来看，对该对象的知觉更严格地受到其平衡的"外观"影响。控制着这一模式平衡的法则，同控制着表象之平衡的法则并不一样。在艺术中，平衡被用来说明块面的分布，以及空间中和画幅中所呈现出的诸种方向，借助平衡，客体结构的复杂性整体就被视为一个有意义的组织，这就是样式之意义的本质。

让较有趣的对象处在中心位置上的内心要求，在确定其位置方面，比任何力学平衡感影响都大。但是，要求空间均衡充实的倾向也在明显起作用。如北魏第254窟南壁的《萨埵太子本生》，第一个情节太子三兄弟出游遇虎被安排在画面的中上部，然后沿一条旋形结构线依次描绘了萨埵刺颈、跳崖、饲虎、二兄发现尸体、父母哭尸、起塔供养等画面。其中首先以形体较大的三兄弟出游遇虎为视觉中心，两侧分别是形式上一动一静的"跳崖"和"造塔供养"；画面左下部的"饲虎"因其场面很大，占了近三分之一的画面，加上情节极具悲剧性，故又形成一个视觉中心。重要的是，画面无形中引射出两条对角线，一条是西上角的"跳崖"和东下角的"二兄发现尸体"，另一条是东上角的"起塔供养"和西下部的"饲虎"。这两条对角线在构图上很好地起到了稳定平衡画面的作用。特别值得注意的是在东上角，尖塔之顶冲出矩形画面，造成一种上升感，而该对角线的两端则显示萨埵"饲虎"与"起塔供养"之间有一种因果关系，在内容上也隐喻萨埵灵魂由此升天，给观者在心理上也造成得失互补之平衡感。全图结构严谨，空间均衡充实，情节交错呼应，动静有致，突出了其悲剧性主题。"通常说，一个视觉式样的底部应'重'一些。这种说法实际上包含着两种不同的意思：一是说，要在底部加上足够的重力，以便使整个构图达到平衡。二是说，使底部达到'超重'的程度，以便使底部看上去比顶部更重要一些。"① 隋代第 303 窟是一个有趣的例子，该窟四壁上、下方各有绕窟一圈的装饰带，上方的一圈飞天装饰带具有很强的节奏感和动感，特别是飞舞的长巾，在空中显得轻柔飘逸；而下方的一圈山水画装饰带，虽然在山林间觅食的动物以及正在狩猎或采果的人物，也都表现出一定的动感，但是总的来说还是以静为主，尤其是山石树木质地显得厚重坚实，与虚空相比，坚实的大地自然会给人一种稳重感。这里，两条分别代表天空和地界的装饰带，起到了优化整个洞窟平衡的作用。

如果说第 303 窟四壁上下方两条装饰带只是在潜意识中给我们以稳重感，那该窟中心塔柱下方台座四面所绘的力士和狮子，则是从显意识中给我们以稳重感。单从形状比例上看，力士、狮子的形象都大得多，加上力士那粗壮的体形和发达有力的肌肉，特别是那正曲身坐地，双手用力向上撑，双脚用力向下蹬的造型姿态，都给人一种力量感，一种安全感，而从洞窟整体的艺术构思来看，即是通过使底部达到"超重"程度而获得的一种平衡感。

敦煌壁画中的"视觉平衡"优化现象与运动感、节奏感紧密联系在一起，当节奏作为一个构图原则把相似的物体组织起来以达到统一协调的目的时，它就同时产生了一种运动或流动的特性。通过节奏，观众的注意力从画面上的一个物体被很自然地引向另外一个物体。如我们在观看北凉第 275 窟北壁的佛本生故事画时，视线从《毗楞竭梨王本生》转到《虔阇尼婆梨王本生》，然后又转到《尸毗王本生》、《月光王本生》、《快目王本生》，或随着上方的一身身飞天从东往西看（或从西往东），或随着下方的一身身供养人从东往西看（或从西往东），都会感觉到画面上的飞天或供养人正在向前方运动。特别是将视线从青年劳度叉右手高举的铁锤，转向其毗楞竭梨王的胸部，再转向其左膝下侧的眷属；或是将视线从老年劳度叉右手掌中正在燃烧的脂柱，转向其左手，再转向虔阇尼婆梨王及其眷属；或是将视线从青壮年劳度叉右手高举的长刀，转向将头发系在树上的月光王，如此等等，不仅使人感觉到画面中的劳度叉正在行凶，国王正在忍受痛苦，眷属们正在号啕痛哭，同时观者也随着心跳、叹息、震撼。重要的是，观众的注意力从画面上的一个物体

---

① 鲁道夫·阿恩海姆：《艺术与视知觉》，中国社会科学出版社 1984 年版，第 28 页。

被引向另外一个物体时，一切都感觉到很自然，这就是视觉平衡，而在其中起优化视觉平衡作用的，主要是穿插在画面间的飞天和人物的飘带以及相似的人物形象。

根据格式塔心理规律，我们在一幅画中所要求的"平衡"，并不是一般所说的对称，即画面两侧物体的对等、相同。兴趣、注意力和暗示性运动的微妙影响，在构成一幅画的平衡方面是举足轻重的。一幅画中某个因素的重量或平衡力，归之于它唤起我们注意力的程度。当我们的注意力不只是被画面某一侧所吸引，而较少注意另一侧时，这幅画就是平衡的。就好像天平两侧的秤盘中，一侧是一个较大的物体，另一侧是相当于这个物体重量的几个小的物体；对称则是指两侧的物体形状相同、大小相同、重量相同。例如北凉第 275 窟《尸毗王本生》中两侧秤盘显示的是平衡或不平衡，而不是对称或不对称。"大多数调皮的构图，是由非对称平衡（有时叫不规则平衡或隐性平衡）构成的。……把一端的物体，换上两个或两个以上较轻的物体，使它们在总重量仍和原物相等，这时候便产生了非对称平衡。"① 在北魏第 431 窟西壁下方南侧的供养人行列中，有一幅初唐绘的"马夫与马"的画面。这是一幅努力追求平衡的画面：困倦的马夫紧握缰绳蹲在地上，俯首抱膝；三匹膘肥体壮的赭色骏马分立两侧，马夫右侧的一匹马位置较低，感觉离观者较近，而左侧的两匹马位置绘得稍高，感觉离观者稍远，左右两侧的马不在一条平行线上，如两侧均安排一匹马，显然会令观者感觉不平衡，但在位置稍高处（视觉感觉较远处）安排为紧挨着的两匹马，画面一下子就变得平衡了，并且变得丰富起来。更有趣的是，在造型上右侧的一条马尾是长长下垂，而左侧是两条马尾短短上翘；特别是马夫手中与左侧前面骏马之间那一条细长的缰绳，既有追求平衡的意味，又有故意破坏画面平衡格局意味，使画面变得非常的活跃和有情趣。这条缰绳在调整马夫与两侧马匹之间的平衡关系上具有微妙的暗示性作用。

"方向同重力一样，也能影响平衡。"② 所以题材内容和物体的朝向

---

① 本·克莱门茨、大卫·罗森菲尔德：《摄影构图学》，姜雯等译，长城出版社 1983 年版，第 227 页。

② 鲁道夫·阿恩海姆：《艺术与视知觉》，中国社会科学出版社 1984 年版，第 23 页。

也能调节平衡。在敦煌壁画中，画面左侧的城池或院落，大门都朝向右方，而画面右侧的城池或院落，大门则朝着左方，也就是说，所有的寺院都对着中央方向。特别是北魏第 257 窟南、北两壁的《沙弥守戒自杀缘品》和《须摩提女缘品》，画面中的情节发展和主体人物均由东往西，西壁的《九色鹿本生》将最后一个情节，即故事的高潮"王鹿对话"置于中轴的黄金线上，南侧是第一至第五个情节，北侧是第六至第八个情节，均由两侧向中心发展，其物体的朝向也是两侧面向中心，由此整个洞窟具有很和谐的平衡效果。

"平衡为什么是绘画所不可缺少的？我们必须记住，不管是视觉平衡，还是物理平衡，都是指其中包含的每一件事物都达到了一种停顿状态时所构成的一种分布状态。在一件平衡的构图中，形状、方向、位置诸因素之间的关系，都达到了如此确定的程度，以至于不允许这些因素有任何些微的改变。……它的部分与部分之间结合得是如此稳定和合理，以至所有的组成部分都显得各得其所、不可缺少和不可改动。"[1]如莫高窟西魏第 249 窟南、北两壁中的说法图，均以立佛为中心轴，佛光上方为饰兽头和双龙（双凤）的华盖；两侧上方各二身飞天，上面的一对是穿大袖长袍的中原式飞天，下面的一对为半裸、披巾长裙的西域式飞天；两侧下方各二身着右袒袈裟或半裸着裙的菩萨。这两幅图的构图、造型、色彩等均极为巧妙、精细，南壁立佛着通肩大衣，北壁则为右袒袈裟；南壁华盖饰双龙，北壁则饰双凤；南壁上方飞天着红色大袖长袍，北壁则均为赭黑色；更值得注意的是，南、北壁以及两侧菩萨、飞天虽然数量相同、形象相似，但菩萨、飞天的衣裙、身姿、朝向等却均有所变化。故两幅说法图既显得庄严肃穆，又令人感到活泼灵动。特别是南壁图中华盖两侧的龙饰，构图形式甚为奇特精妙：龙体从华盖两侧悬垂而下，然后腹部猛曲伸出，有力地踏向正下前方，一足曲折紧随，后两足往后上方蹬直；龙鬣从弯曲的腰部升腾而上。华盖左侧的龙尾超过后两足再回旋而下，华盖右侧的龙尾则从后两足处弯曲向下，然后又回身向上。两条不同构图的龙尾起到了优化视觉平衡的作用，在不破坏龙的装饰性效果的前提下，打乱了由对称带来的过于稳

---

[1]　鲁道夫·阿恩海姆：《艺术与视知觉》，中国社会科学出版社 1984 年版，第 16、17 页。

定的形式，令人感觉到龙的威猛、凌厉、生气勃勃的气势，并配合华盖增添了祥瑞由天而降之热烈气氛。因此，可以说西魏第249窟这两壁说法图中的"形状、方向、位置诸因素"，都达到了确定的程度，"以至于不允许这些因素有任何些微的改变"，亦如宋玉《登徒子好色赋》所云："增之一分则太长，减之一分则太短；着粉则太白，施朱则太赤。"①

三 敦煌壁画中的"视觉组合"优化现象

对画面视觉元素进行组合的目的在于，为观赏者预先设置最佳的观赏板块和路径，尽量减轻观赏者观赏时的生理和心理压力，从而获得更好的阅读效果。画面设计者常使用的方法是"模块式排版，相似性组合"。这一做法从格式塔心理学的角度讲是十分有效的。格式塔学派认为，如果两个视觉元素相似，在时间或空间中彼此接近，就容易被看作是同一个整体的两个部分。

如莫高窟的千佛画中，每个千佛的造型基本上都是一个样：佛像一般都是身着披肩式或双领下垂式袈裟、结跏趺坐于莲座上，身后有背光、头光，头顶饰华盖。虽然在色彩上将头光、背光、袈裟等分别以四身或八身一组排列，刻意造成差异，但组与组之间这一身和那一身，仍然相同或相似，再加上图像中的袈裟的颜色起着主导作用，可以说是各单幅千佛画的中心色，而且每种颜色的袈裟又配有相对固定的头光和背光，使各单幅千佛画都有一个不同的基调。同时由于错位的排列组合，即上下层千佛画的关系是每段错一位排列，在总体上又构成无数根斜向色带，尽管由于各窟色带倾斜的方向不同，产生的效果也不一样，故出现中心放射式、一向倾斜式和多向倾斜式三种类型，但不管怎样，从视觉上都被看成是一个整体。这里，优化视觉组合的重要因素是色彩。

格式塔心理学认为，如果一幅构图的所有色彩要成为相互关联的，它们就必须在一个统一的整体中配合起来，但是也不能只依靠色彩的匀称一致而不去运用那些可以造成使人注目的重点的方式。就是说，画面

---

① 刘勰著，范文澜注：《文心雕龙》（上），人民文学出版社1958年版，第273页。

的色彩运用应该有取舍，有重点，有所为，有所不为。画面上不能缺少重心和主色调，否则极易造成观赏者的视觉疲劳。一般最重的（即深暗的）色彩处于底部，最轻的色彩则在顶部。

北凉壁画均以土红为地色，色调质朴淳厚，气氛庄重热烈。人体画法主要采用"凹凸法"即画史上所谓"天竺遗法"，也就是从印度、西域传来的绘画技法，即以一种颜色的不同色度，由浅入深或由深入浅、层次分明地形成明显的色阶，用色阶的浓淡形成明暗而使物体具有主体感。"人体多涂肉红色，然后沿躯体轮廓线内、头、脚、耳、颈、胸、腹、膝、手掌、手背、脚踝、趾，以深朱与浅朱色叠晕成两层色阶。为了突出人体受光部位，如面部、眼、胸、腹、手背、足背等处，都叠晕成圆形。有的还在鼻梁、眼睑和下颏等受光部位，画上白粉以加强凸出感。"[1] 如北凉第 275 窟本生故事画中的劳度叉形象，其眼眶、胸部、腹部、膝部等处因晕染形成的黑色圆圈，以及眼珠、鼻梁上的白粉高光，都鲜明地体现了这一艺术特色。这是利用色彩进行视觉组合的优化，使人物形象具有一定的立体感。

盛唐以后，色彩异常丰富而绚烂，反映了莫高窟画家们驾驭色彩的能力。但在故事画中，画家并不滥用颜色，而总是遵循着和谐、统一的原则，服从全窟壁画的需要。如盛唐第 323 窟佛教史迹故事画中，在大幅青绿山水的背景中，人物衣饰多采用赭红、朱砂等颜色染出，具有明朗、绚丽效果，又与壁面上部排列整齐、以红色为主的千佛和下部身躯高大、棕红色躯体、青绿色裙褥的菩萨互相协调，构成色彩上的均衡。又如盛唐第 171 窟的未生怨故事画，以冷色的石青、石绿色为主调，与壁面中间净土图的热烈，绚丽形成对比和谐，具有典雅、明净的风格。如此等等，均可看到色彩是敦煌壁画中优化视觉组合的重要因素。

内容的相似或相对或逻辑上的关联也是优化视觉组合的方式，如盛唐第 45 窟西壁龛内的七身塑像，佛像居中，两侧相对各有一弟子、一菩萨、一天王。尽管两弟子的形象有较大差异，佛像左侧的迦叶老成持重，脸上刻满深陷的皱纹，是一个不辞辛劳、饱经风霜的苦行僧形象，而佛像右侧的阿难像，身披红色袈裟，内穿绿色僧祇支，体态修长而潇洒，双手抱于胸前，是一个充满青春活力且不甘于现状的英俊青年形

---

① 万庚育：《敦煌壁画中的技法之———晕染》，《敦煌研究》1985 年第 3 期。

象。显然，从造像特征上，便可以看出迦叶代表了主张忠实传统、坚持苦行的上座部，阿难代表了要求顺应现实变革戒律的大众部。两个对立派别的领袖，位于佛陀的左右，竟是那么的和谐，不禁让人联想到王勃《滕王阁诗并序》中所描写的意境："落霞与孤鹜齐飞，秋水共长天一色。"从形象上看，两侧的天王、菩萨相似，弟子则既相似也相对，彼此与中间的佛陀也有逻辑上的关联，所以第45窟西龛内的塑像给观者的视觉印象是一个非常统一和谐的整体。

又如北凉第275窟北壁，该壁的内容可以分为三层，上层开两个阙形龛和一个圆券形龛，内塑交脚菩萨和思维菩萨；中层绘《毗楞竭梨王本生》、《虔阇尼婆梨王本生》等佛本生故事画，本生故事画下面绘一排供养人；下层绘三角形垂帐纹饰。从内容上看，上层意味着天界，中层意味着人间，下层的三角形垂帐纹饰从感觉上支撑着地面，从视觉心理上也具有明显的统一性。当然，中层的本生故事画从视觉和内容上都处于最为引人注目的重要位置①。所以说，第275窟北壁从视觉组合上看是很合理的，而其中起优化作用的要素是内容中的逻辑关联。

再以单幅经变画而论，中唐第231窟北壁的《华严经变》的排列组合更令人赞叹不已。画面中，"华严九会"以上下三排、每排三会的形式排列。有趣的是说法会的所在地点及在画面中上的位置：下一排是表示地界的菩提场和普光明殿；中间一排是表示半空中的须弥山顶居中，而表示地界的逝多林和普光明殿分列两侧；上一排则是表示天界的夜摩天宫、兜率天宫和他化自在天宫。"华严九会"下方绘莲花庄严世界海。这里从内容和视觉上都令观者有一种往上升腾的节奏感和形象感。

经变画中还有一种特殊的排列组合，古代画工为了避免由于相同结构而产生的单调和千篇一律，便尽可能在一定范围内搞一些变化。例如中唐第154窟南壁西侧《法华经变》中佛像头顶的华盖边缘朝下，是从仰视角度描绘的，两侧胁侍菩萨头顶的华盖边缘则是朝上，是从平视角度描绘的；而在同壁东侧的《弥勒经变》和中唐第231窟南壁《法华经变》中，佛与菩萨的华盖正好与此相反。又如中唐第154窟东壁门南《金光明经变》中佛的背光图案，与南壁《金光明经变》中佛的头光图

---

① 胡同庆、张元林：《莫高窟第275窟外道人物及相关画面的艺术特色与美学特征》，《敦煌研究》2005年第1期。

案，完全一样，令人感觉既相异又相似，颇为有趣。将相同的纹样、色彩，改换绘在不同的位置，或变换角度描绘，由此使同一经变产生不同的视觉效果，真可谓匠心独运。

"构图是一个思维过程，它从自然存在的混乱事物之中找出秩序；构图是一个组织过程，它把大量散乱的构图要素组织成为一个可以理解的整体。"①　一个洞窟之中往往绘制有多幅经变画，由于各部佛经所反映的思想内容不一样，因此就需要从混乱中找出秩序，并给予恰当的排列组合，使其成为一个容易理解的整体。古代敦煌画工对此非常重视，如 P. 4638《大番故敦煌郡莫高窟阴处士修功德记》所云："龛内素（塑）释迦牟［尼］像并声闻菩萨神等共七躯。帐门两面画文殊、普贤菩萨并侍从。南墙画西方净土、法花（华）、天请问、宝（报）恩变各一铺。北墙［画］药师净土、花（华）严、弥勒、维摩变各一铺。门外护法善神。"②"东方净土"与"西方净土"相对，"华严"与"法华"相对，"报恩"与"天请问"相对，其内容上都有一定的照应关系。特别是从通窟来看，首先是西壁龛内的释迦牟尼佛及弟子、菩萨，然后是龛外帐门两侧的文殊、普贤，接着是南、北壁的东方和西方净土、法华和华严、天请问和报恩，最后是护法门神，如此井然有序的排列组合，显示了古代画工对视觉组合的重视，并努力通过种种方法对其优化。

四　小结

以上，我们从"视觉中心"、"视觉平衡"、"视觉组合"三个角度探讨了敦煌壁画中的格式塔优化现象，但这并不是说在当时的敦煌画工的思想中，就有格式塔和视觉中心之类的概念。而是探讨并证明早在一千多年前，画工们竭尽己力，采用了多种多样的方法、手段，尽可能地把壁画描绘得更生动形象、更美好感人，使人们走进洞窟犹如走进佛

---

① 本·克莱门茨、大卫·罗森菲尔德：《摄影构图学》，姜雯等译，长城出版社 1983 年版，第 16 页。

② 郑炳林：《敦煌碑铭赞辑释》，甘肃教育出版社 1992 年版，第 240 页。

国，"人天交接，两得相见"①，让观者在艺术美感的潜移默化中，动人心志，更热诚地信奉佛教。画工们在绘制敦煌壁画的过程中，或有意，或无意，遵循并创造了许多美学规律。这些规律，或许符合古代传统画论（如谢赫所云的"六法"），或许与现代的某些美学理论相通（如格式塔心理学），或许尚无任何理论涉及。但，无论什么情况，古人留下的这个艺术宝库，都值得我们从多角度，并运用多种方法、手段去探寻其中的奥秘。

---

① 鸠摩罗什译：《妙法莲华经·五百弟子授记品》。

第五章

从《敦煌歌辞》中乐妓形象看中古时期
中国文化审美价值体系的多元化态势

　　1900 年 6 月 21 日，随着敦煌莫高窟第 16 号窟内的暗窟被打开，大量文化瑰宝浮出水面，巨大的"文化冰箱"被开启。经过专家校勘、辑录，其中多姿多彩、意蕴丰厚的敦煌歌辞备受后人瞩目。解读当代著名学者任半塘先生考校汇录的《敦煌歌辞总编》，敦煌宝窟的"文化冰箱"效应令人惊叹！《敦煌歌辞总编》收辑七卷词曲，第一卷《云谣曲辞》是各类版本辑录敦煌歌辞相对完善，异议较少的部分，收词曲 33首，除一首《拜新月·国泰时清》属应制之作外，其余 32 首曲词都是以女性形象作为抒情主人公的，占总数的 97%，其中描绘乐妓形象的有 18 首，占其总数的 56%。第二卷表现"怨思"内容的 7 首，以女性为抒情主人公的 6 首，"恋情" 20 首，均与女性有关。其余各卷与女性生活关系密切的"征妇怨"、"女人"、"五陵儿女"、"夫妻生活"等词曲还有不少。种种迹象表明，这些文本创作的时代，社会的文化审美价值观念与后代有极大差异！在封建时代被士大夫蔑视的妇女，尤其是地位低贱的乐妓，竟是歌辞中的主体形象，不是偶然一首，而是多首！无疑，在暗窟中密封的岁月，这些作品侥幸地避开了带有男权话语倾向的辑录、淘洗，得以保持原貌，为后人保存了一条了解中古时期文化发展状况的历史通道。本章拟在前人研究的基础上，从《敦煌歌辞》中出现的大量乐妓形象来探究中古时期中国文化审美价值体系的特点，以就教于大方。

一　乐妓行业的兴盛为作者提供了多样的审美思维

　　文学艺术创作受作家审美理想支配，而作家的"审美理想不是凭空产生的，不是作家艺术家头脑中的固有物和臆造物，而是一定时代的物质条件的产物。审美理想同样属于历史范畴。因此，审美理想带有社会的印记，打上了时代的烙痕"①。据此我们可大体推断，歌辞作者所处时代的文化思想比较开放，文化审美价值观念是多变的、宽泛的，其体系呈多元化态势，作者可以放手表现包括乐妓在内的各色人物。为证实我们的推断，我们首先要弄清两个问题：这些以乐妓为抒情主人公的曲辞出现于何时和何人之手？有怎样的社会背景？学者们普遍认为，敦煌歌辞的作者庞杂，有"边客游子之呻吟，忠臣义士之壮语，隐君子之怡情悦志，少年学子之热望与失望，以及佛子之赞颂，医生之歌诀"②，"基本上是民间作品"③，其中有些甚至出自乐妓之手。因为绝大多数歌辞没有留下作者姓名，故敦煌歌辞的创作年代无法一一考证。据任半塘先生考证，其中表现"征人厌战、征妇怨思和纨绔追欢、乐妓卖笑"之类的一部分歌辞，可能是盛唐时期的作品。其根据便是，敦煌曲辞调名 69 个，其中 45 个见于崔令钦《教坊记》，"达百分之六十五"，而《教坊记》著录的都是天宝年间流行的曲调，这个结论是可信的。与此相吻合的是，中国盛唐时代具备乐妓行业发展的社会条件：其一，经济的繁荣，工商业的发达促进了文化消费的增长。中国盛唐时代不仅民富国强，而且门户开放，广泛开展对外通商贸易，"工商业发展呈空前状况"，在京城汇集了西域各国商人，这样的状况无疑促进了欣赏乐妓演唱的文化消费。有资料记载，唐代"冶游之风最盛"，"坊曲艳史最多"，乐妓种类繁多，有宫妓、营妓、家妓、民妓数种。其二，统治阶层的喜好宴乐助长了乐妓行业的发展。盛唐时从皇上到各级官吏多喜好宴乐，有资料记载："明皇与贵妃每至酒酣，使妃子统宫妓百余人，帝统小中贵百余人，排两阵于掖庭中，名为风流阵，互相攻斗，以为笑乐"④。而各级官吏也将狎妓、蓄妓作为常事，朝廷对此"无法律为之限制"，因此"士大夫游宴之风为近古所未有"⑤。这无疑对乐妓行业的发展起着推波助澜的作用。

---

① 陆贵山：《审美主客体》，中国人民大学出版社 1989 年版，第 54 页。
② 《中国大百科全书·中国文学》，中国大百科全书出版社 1986 年版，第 134 页。
③ 颜廷亮：《敦煌文学概论》，甘肃人民出版社 1993 年版，第 407 页。
④ 王书奴：《中国娼妓史》，上海三联书店 1988 年版，第 71 页。
⑤ 同上。

其三，据研究者考证，古代与"伎"并称的"倡"字原不分男女，指从事戏剧歌舞表演之艺人，汉以来"文人著书皆写作'倡'"，"到了唐朝著述上始见'娼'字"。"妓"的出现始于汉魏六朝，所指为"女乐"。"近代式的娼妓实始于唐，而且自唐以后，倡伎俱以女性为大宗了"①。这一研究结论对我们解读敦煌歌辞甚为关键。须知，只有当乐妓在从事歌舞表演之外有可能兼任娼妓之职之后，有关乐妓的丰富多彩的情爱故事才有可能大量产生。

其四，从现存唐代涉及乐妓的诗歌来看，作者笔调坦率，并不惧怕自我"曝光"的情形足以证实其时的社会风尚——"唐代文人官员不仅需要女妓来抬高自己在文坛的地位，而且还依靠她们来满足自己对女性美的渴望"②。如初唐时卢照邻《长安古意》："娼家日暮紫罗裙，清歌一啭口氛氲……"白居易《江南喜逢崔九彻，因话长安旧游，戏赠五十韵》："忆昔嬉游伴，多陪欢宴场。寓居同永乐，幽会共平康……结伴归深院，分头入洞房……"③

既然唐代乐妓队伍空前活跃，文人与乐妓的关系又如此密切，那么，我们也就获知了敦煌歌辞中产生大量乐妓形象的原因——是社会生活实际给予人们创作的灵感，为歌辞创作提供了多样的文化审美思维。因为，"艺术就其性质来说只能是一种以体验的方式所表达出来的艺术家对于审美对象的一种态度和评价，如同黑格尔所说'艺术家之所以抓住这个形式，既不是由于他碰巧在那里，也不是由于除它之外，就没有别的形式可用，而是由于具体的内容本身就包含有外在的、实在的也就是感性的表现形式作为它的一个因素'。"④

二　乐妓形象的生动显现了审美观念的多样性

解析敦煌歌辞有关乐妓的篇章，可印证我们的推断，透视时人的文化审美价值观念。这些歌辞一反古代诗歌表现女性所依据的"柔顺"、

---

①　王书奴：《中国娼妓史》，上海三联书店 1988 年版，第 2 页。
②　姚平：《唐代妇女的生命历程》，上海古籍出版社 2004 年版，第 201 页。
③　同上书，第 211 页。
④　王元骧：《审美反映与艺术创造》，杭州大学出版社 1992 年版，第 55 页。

"含蓄"的基本审美标准，塑造了一批鲜活、生动的乐妓形象，不仅表现了对乐妓的充分理解、同情，而且还将她们职业性的广告，以及她们央媒思嫁的千娇百媚、男女相悦的火爆场面等，都纳入写作内容，可谓情节丰富、别开生面。特别是在描绘乐妓情感时所表现出的那种真切、自然、生动、大胆，在后代一般诗词选本中很难看到，可算是一种奇特的文学现象。这证实了我们的推断，这些鲜活、生动的乐妓形象显现了盛唐—中古时期的中国文化审美价值观念体系的多元化态势。当然，精细的分析是维系我们论断的依据。按内容，我们可将这些作品归纳为四部分。

（一）与良家妇女相似的闺怨情结

由于封建礼教对人欲的束缚，普遍造成人们婚姻的诸多痛苦与无奈。这样，处于霸权地位的男性在酒酣耳热之际难免与乐妓产生一些情感纠葛，以弥补婚姻的不足。不过，产生情感的男女对这些情感的态度有着天壤之别：男人逢场作戏，女性倾注全部热情，故许多歌辞便含有闺怨情结，这是表现乐妓生活的敦煌歌辞的主体内容。细究这些歌辞，除了乐妓的情感表现更为坦荡和直露以外，其幽怨和哀叹的内在精神与良家妇女并无本质区别，它们都是中国农业文明时代女性依附于男性的生存状态的真实反映。良家妇女"和普通妓女不同之处，只在于她们不是像雇佣女工计件出卖劳动那样出租自己的身体，而是一次永远出卖为奴隶"①，二者都是男性霸权主义的社会体制与文化思想背景之下的弱势群体。乐妓迎来送往，似乎比良家妇女获得了较多的恋爱自由。而实质上，她们的情爱没有法律的保障，也得不到道义的支持，屡屡受骗上当，最终落得茫茫人海不知"谁是主"和倚门相望"珠泪纷纷湿绮罗"的结果。《天仙子·谁是主》其一便属这两种情形："燕语莺啼惊觉梦，羞见鸾台双舞凤。思君别后信难通，无人共，花满洞，羞把同心千遍弄。"其二云："叵耐不知何处去，正值花开谁是主？满楼明月夜三更，无人语，泪如雨，便是思君肠断处。"《抛球乐·五陵负恩》写道："珠泪纷纷湿绮罗，少年公子负恩多。当初姐妹分明道：莫把真心过于他。子细思量着，淡薄知闻解好么。"其中乐坊姐妹互相提醒的经验之谈甚

---

① 恩格斯：《家庭、私有制和国家的起源》，《马克思恩格斯选集》第 4 卷，人民出版社 1972 年版，第 67 页。

为生动、传神，是同类题材作品中最精彩、传神的部分。《渔歌子·玉郎至》则属另一种情形。情人中途移情别恋，又一次上门时，自然受到乐妓的盘诘和抱怨："绣帘前，美人睡，庭前猧子声声吠。雅奴白，玉郎至，扶下骅骝沉醉。出屏帏，整云鬟，莺啼湿尽相思泪。共别人好，说我不是，得莫辜天负地。"抱怨归抱怨，贵客上门，还得好好服侍，这是乐妓的职业和身份所决定的。《破阵子·人去潇湘》、《喜秋天·相思破》等也描绘了类似的情景。抒情女主人公寂寞不安，焚香祈祷，希望求得神灵的保佑："寂寞长垂珠泪，焚香祷尽灵神"。原因在于情人远去，"不念当初罗帐恩，抛儿虚度春"。如今只有哀怨伤心，"卷帘恨去人"（《破阵子·人去潇湘》）；难眠之夜，女主人公"更深独弄琴"，"泪滴炉烟翠"，也是受了男儿的耍弄——"潘郎妄语多，夜夜道来过"。实际上他并没有来，害得女子痴等。从女子所弹的曲调"相思破"可以看出，女子还在爱他，而他却不知"何处贪杯醉不归"（《喜秋天·相思破》）。

（二）夸耀美色与央媒思嫁的女儿姿态

无论乐妓多么盼望与爱人长相厮守，但她们的身份却决定了这种愿望很难实现，她们只能作为备用情人，随时听命于男性，不仅无法实现爱情理想，若想顾客盈门，还要使尽浑身解数。在敦煌歌辞中，替乐妓夸耀美色，广作宣传，以吸引王孙公子，五陵少年，或是为乐妓传递信息，描绘她们央媒思嫁、千娇百媚的姿态，便成为敦煌歌辞的又一特殊内容。这种对乐妓露骨的、大胆的描写显然很难被一般封建士大夫认可，如若不是"文化冰箱"的保存，这类作品我们今天很难见到。《抛毬乐·上阳家》就以描述一位乐妓美丽的容颜为全部内容，从发髻、五官、姿容都进行了详尽的描绘，不惜借用朝霞、莲花这样至纯至美的事物来进行比喻，可谓用心至诚："宝髻钗横缀鬓斜，殊容绝胜上阳家。蛾眉不扫天生绿，莲脸能匀似早霞。无端略入后园看，羞煞庭中数树花。"《倾杯乐·五陵堪聘》则在描述一位乐妓美好容颜的同时，又为央媒思嫁的该乐妓广作宣传，大事渲染："窈窕逶迤，体貌超群，倾国应难比。浑身挂绮罗，装束□□，未省从天得至。脸如花自然多娇媚，翠柳画娥眉，横波如同秋水，裙生石榴，血染罗衫子。观艳质语软言轻，玉钗缀素绾乌云髻。年二八久锁香闺；爱引猧儿鹦鹉戏。十指如玉如葱，凝酥体雪透罗裳裹。堪聘与公子王孙，五陵年少风流婿。"如果说前两首只是夸耀乐妓美色，为她们招揽顾客或从良嫁人做努力的话，《南歌子·奖美人》则是更露骨地描述乐妓的媚态、性感，很具蛊惑人心的广告效应，这样的宣传广告，恐怕在现代社会里也不多："翠柳眉间绿，桃花脸上红，薄罗衫子掩酥胸。一段风流难比，像白莲出水中。"这类歌辞为我们了解当时复杂的社会风气和大众文化审美观念的多元化态势提供了参照依据。

（三）情书或男女相恋火爆场面的生动展现

与一般诗词选本不同的是，敦煌歌辞还保存了许多乐妓与男性相恋的描写。有的通篇是情感炽烈的情书，而且难得的是以女性的口吻写出。有的写出了男女一见钟情，激动到无法迈步的情境，这在禁欲主义的封建社会里是少有的。这种歌辞的出现是时人文学审美观念与后世迥异的突出表现。

《南歌子·心自偏》通篇类似一位乐妓表达爱情的书信。她虽然能在娱乐活动场合与情人相见，但情人回到家里，她就无缘与之相守了。她难以忍受相思的折磨，也嫉妒情人的妻子，埋怨情人心偏。终日心意悬悬，夜夜梦魂游走，只盼自己如一条合欢裙带，缠绕在情人的身边："争不教人忆，怕郎心自偏。近来闻道不多安，夜夜梦魂间错，往往到君边。白日长相见，夜头各自眠。终朝尽日意悬悬，愿作合欢裙带，长绕在你胸前。"

另一首《渔歌子·五陵儿女》前后转换了三种叙述视角，来描绘一对一见钟情的男女。起首一句："睹颜多，思梦误，花枝一见恨无门路"，写一位青年男子被面前的女子所深深吸引，只恨自己没有门路，无法达到立即与之交好的目的。由此可见其女魅力。接着，用"声哽噎，泪如雨，见便不能移步"来描绘那位女子的状态。那位女子也已动情，而且爱得很深，激动得不舍离去。接下来是第三者的视角和话语，劝他们大胆结合，白首偕老："五陵儿，恋娇态女，莫阻来情从过与。畅平生，两风醋，若得丘山不负。"当然，其中女子的身份也可能是良家女儿，但能与青年男子在外边自由相见的，似乎乐坊女子的可能性更大些。

《竹枝子·萧娘轻许》则是用讽刺、警告的口吻描绘一个挑逗玩弄男性的乐妓，如何略施颜色，便使她的恋爱对象焦头烂额，牵肠挂肚。这说明敦煌歌辞内容与手法的丰富："高卷竹帘垂玉牖，公子王孙女。颜容二八小娘，满头珠翠影争光，百步惟闻兰麝香。口含红豆相思语，几度遥相许。修书传与萧娘，倘若有意嫁潘郎，休遣潘郎争断肠。"

（四）爱恨交加的情绪和对乐妓命运的慨叹

事实证明，身份低贱的乐妓，无论自身如何美丽、多才，也无论其怎样使出浑身解数，最终都无法改变被耍笑、被玩弄的命运。因而，有的敦煌歌辞便反复地抒写乐妓们对负心汉子爱恨交加的情绪。《再相逢·情恨切》："与君别后，何日再相逢？关山阻隔信难通。情恨切，气填胸，连襟泪落重重。　世通荣贵寿如松，寒雁来过附书踪。谓君憔悴损形容，教儿泪落千重。"《柳青娘·倚栏人》："碧罗冠子结初成，肉红衫子石榴裙。故著胭脂轻轻染，淡施檀色注歌唇，□□含情唤小莺。只问玉郎何处去，才言不觉到朱门。扶入锦帷□□□，□殷勤，因何辜负倚阑人？"《望江南·负心人》："天上月，望似一团银，夜久更阑风渐紧。与奴吹散月边云，照见负心人。"更激烈的，则是对乐妓身份的慨叹、抱怨：《红娘子·秋水似天仙》："□□□□宜，美人秋水似天仙。红娘子本住□□，蝶儿终日绕花间。举头聚落秋□□，悔上采莲船。杨柳枝柔，堕落西番。"

三　开放的文化土壤是审美价值体系形成的基础

就以上分析来看，敦煌歌辞中乐妓形象的鲜活、生动、坦荡、热烈十分突出，反映出中古时期中国文化审美价值体系的多元化态势。同时，也连带表现出诸多的社会现象，最引人注目的莫过于妇女地位问题。对这一问题的思考可使我们寻找到破解敦煌歌辞对妇女，尤其是对乐妓形象格外关注的社会因素，这也就是中国盛唐时代文化审美价值观念形成的文化土壤，因为妇女问题是解析一切社会问题的最捷通道。这正如恩格斯所强调的："在任何社会中，妇女解放的程度是衡量整个社会解放的天然尺度。"[①] 离开了社会背景，我们所说的文化审美价值观念就成了无源之水，无本之木。

一般说来，中国唐代妇女的社会地位给人一种相对乐观的印象，因为唐代关于夫妻关系的法律条文给予妇女比历代较多的权利。例如单方

---

①　恩格斯：《家庭、私有制和国家的起源》，《马克思恩格斯选集》第 4 卷，人民出版社 1972 年版，第 70 页。

面休弃妇女的"七出"条律是汉以后各代都执行的，唐代又加上了针对夫妻双方的"义绝"与"和离"条律。"义绝"即男女任何一方违犯法律，对方都可提出离婚要求。"和离"意指"若夫妻不相安谐而和离者，不坐"①，充分表现了对男女双方私人感情的尊重和妇女权利的被重视。这样的社会条件自然使妇女得到一定程度的解放，所以唐代出现的名女人比哪一个朝代都多。唐代有中国唯一的女皇——则天皇帝、"三千宠爱在一身"的贵妃娘娘、以爱梅出名的后宫才女江彩蘋、为皇帝充当秘书的上官婉儿、创造红色诗笺的艺妓薛涛、以诗歌名世的女道士李季兰与鱼玄机……还不算太平公主、安乐公主、韦皇后……注意：这里没有一个是人们寻常审美思维中的贤妻良母形象！就拿武则天来说，实乃巾帼奇人，千古一帝。她以强有力的政治手腕整顿吏治，开通平民向中央谏事的通道，提升了民众的社会地位。有学者考证，则天皇权统治时期，"府兵制负担较轻"，农村比较"安定和繁荣"，（武则天）是"得人心的"②。更为难得的是，武则天还开宗明义地规定，"延长服母丧的时间使之同于服父丧的时间以提高妇女的地位"③，这说明她具有较明确的女性独立意识。更突出的例证是武则天为苏蕙"弃妇诗"所作的评论。苏蕙是前秦苻坚时人，秦州刺史窦滔之妻。因窦滔偏宠姬妾赵阳台，苏蕙寂寞自伤，以幽怨的《璇玑图》诗寄往丈夫任所。该诗由840字组成一个方图，织在锦缎上，"从中可以读出数千首诗来"④。则天皇帝著文称赞该诗"才情之妙，超古迈今"，"是近代闺怨之宗旨"。作为一代天子，她的文化审美观念不能不产生社会影响。

　　杨玉环因《长恨歌》得到后人同情，但在唐代民间则是一个介于褒贬之间的形象。《敦煌歌辞》第一卷就收有两首"内家娇"词，颇含讽喻意蕴，据学者考证内容为"杨妃本事"⑤。前首《内家娇·长降仙宫》描绘了一位"两眼如刀，浑身似玉。风流第一佳人"的形象，并特注

① 姚平：《唐代妇女的生命历程》，上海古籍出版社2004年版，第125页。
② 《剑桥中国隋唐史》，中国社会科学出版社1996年版，第337页。
③ 同上书，第336页。
④ 赵逵夫：《苏蕙〈回文璇玑图〉的文化蕴含和社会认识价值》，《西北成人教育学报》1999年第1期，第19页。
⑤ 任半塘：《敦煌歌辞总编》，上海古籍出版社1987年版，第239页。

"应长降王母仙宫"，不应为人间"祸水"①。后首《内家娇·应奉君王》在口气上更为含蓄，在夸耀某佳人姿容过人之外，肯定她"应奉君王，时人未可趋颜"。由此可见杨妃在民间之印象。不过，客观地说，杨贵妃非比弄权女性，她无子嗣，没有觊觎皇位之野心，更多的是对情感专注的渴望。野史记载，杨玉环因与江彩蘋争宠而惹恼玄宗，曾被废黜。由此来看，杨玉环多少具有一点类似我们今天所说的女性自觉意识。

薛涛身为艺妓能以诗歌传世，证实了大唐盛世文化审美观念的多元化特点，也证明了敦煌歌辞中的乐妓形象具有丰厚的生活基础。有记载说，薛涛"以诗受知"，历事韦皋、袁滋、刘辟、高崇文、武元衡、李夷简、王播、段文昌、杜元颖、郭钊、李德裕等十一任西川节度使，与不少诗人保持诗友关系，作诗相传有五百首，今存近百首。今人对唐代墓志铭的考证研究结果是《敦煌歌辞》中乐妓形象文化背景的又一旁证。唐人墓志铭中有 18 篇属于作过乐妓的人！其中竟有对她们的歌舞技能的盛赞："岂独清音响亮，空号双城之笙；长袖翩翩，唯许娇娆之舞而已哉！……皇帝念其恩旧，奖以伎能……""彩袖香裾，频升桂殿；清歌妙舞，常踏花筵"②。

李冶与鱼玄机能够诗史留名，同样可证明其时开放的社会风气。李季兰有"女中诗豪"之称，她四处游历，与文士交游，晚岁曾被皇上召入宫中，最终还是被皇上寻隙处死了。鱼玄机也交游甚广，有记载说，她"出为女冠之后，无羁无绊，尽情风月。诗作渐渐播于士林，于是风流之士争与之交"③。鱼玄机的诗歌今天保留下来的还有不少，我们可从《游崇真观南楼睹新及第题名处》这首诗体会她渴望男女平等的叛逆精神："云峰满目放春晴，历历银钩指下生。自恨罗衣掩诗句，举头空羡榜中名！"不过，鱼玄机最终也因犯法被杀。两位女道士虽未能善终，诗歌却能传世，可见时人并不因人废文，对文化的重视胜过今人。

---

① 任半塘：《敦煌歌辞总编》，上海古籍出版社 1987 年版，第 222 页。
② 姚平：《唐代妇女的生命历程》，上海古籍出版社 2004 年版，第 206—207 页。
③ 陈文华：《唐女诗人集三种》，上海古籍出版社 1984 年版，第 13 页。

　　当然，名女人的出现只是现象，起决定作用的是其时的政治、经济、文化背景。人所共知，盛唐时期中国国力雄厚，经济、军事力量的强大自不必说，细究起来，唐代受教育的人数比例之大，是前所未有的，因而文化氛围相对浓厚，学术思想活跃而开放。从隋文帝开皇七年开始的科举制度，至唐朝才真正全面推开。唐朝历代君王普遍主张通过科举方式选拔人才，科举制遂成为读书人跻身官场的通道，自然会"普遍地刺激文学和教育"，"准备考试的人远远多于通过考试的人"①。唐代从上层到下层，人们对学习文化知识有了普遍的自觉性。有记载，武则天首创"君主亲自策试贡士的做法"②，并被后世许多皇帝效法。这自然使科举制度更为严肃、公正和增加影响力。由此来看，中国唐代的文化土壤之开放、丰厚便可想而知，这正是社会审美价值体系形成的基础，它不仅使表现各类人群生活的敦煌歌辞根深叶茂，也自然是唐代诗歌得以繁荣的重要原因。

---

① 《剑桥中国隋唐史》，中国社会科学出版社 1996 年版，第 336 页。
② 同上书，第 316 页。

第二编

全球化背景下的敦煌艺术
再生问题研究

　　敦煌艺术再生现象的价值和意义不仅仅在艺术领域，而且还表现在其艺术再生理论和增值理论在思想境界和学科建设两个方面对传统敦煌学的突破，已从敦煌再生艺术的价值研究转到了敦煌艺术再生研究本身的价值研究，无疑会对传统敦煌学提出增容、转换和升级的问题。敦煌艺术的再生引起了敦煌学在研究思路、研究方法等方面的创新，即美学敦煌的视界正在武装着考古敦煌，从传承走向创新，从静态走向动态，从保护走向利用，从自在走向自为，从价值被遮蔽到价值增值，从而极大地拓展了敦煌学的领域。

　　敦煌艺术的再生已被视为敦煌艺术史研究的一个重要命题。从艺术史的角度，对艺术再生问题进行理论阐述，把艺术再生问题提到了艺术复兴、美学复兴，甚至提到了文化复兴的高度加以认识，把艺术再生作为一个艺术发展的连续体系统来看待，从而使敦煌艺术的再生问题不仅有了可靠的历史事实的支撑，而且在理论上拓展了艺术再生的思想。

　　敦煌艺术的再生是一个系统工程，从舞台到影视，再到建筑装饰、城市雕塑、日常用品、工艺制作、广告冠名等，无不渗透着敦煌元素，体现出敦煌的文化精神。敦煌艺术的再生其增值和创新就首先体现在各类再生艺术的突出成就中。敦煌艺术的再生实质上是在塑造着中国形象，传播着中华理念，助推着中华文化走向世界。

第 一 章

全球化背景下的敦煌
艺术再生问题研究

一 敦煌艺术再生的意义

两位仙女在画匠们神奇的妙笔下，从壁画中飞出，翩翩起舞，展示出中国敦煌莫高窟壁画的神奇。

——摘自《大型乐舞〈敦煌韵〉节目介绍》

艺术的再生源自于经典艺术品作为灵感之源启发新的艺术生成，或派生出新的艺术品种，产生新的艺术流派，或使这种经典艺术在新的时代背景下出现价值增值。如曾被黄沙掩埋在敦煌三危山莫高窟中的壁画、雕像和保存于纸质中的古乐谱、书法、文学作品等，从 20 世纪 70 年代末起，经过甘肃省歌舞剧团的加工创造，就从静止的画面中再生出了如今享誉全球的敦煌艺术系列品牌，塑造了"伎乐飞天"、"反弹琵琶"、"千手观音"等充满审美情韵的艺术形象，在音乐、舞蹈、戏剧、影视、雕塑、广告、工艺等诸多方面开启了一个令全世界瞩目的伟大的艺术时代，从而不仅使尘封的敦煌壁画艺术在全球化背景下从墙壁走上了舞台，获得了新生，充分彰显了民族艺术的文化力，而且还取得了出人预料的艺术价值增值。

敦煌洞窟艺术自 4 世纪（前秦建元二年，即 366 年）建窟以来，历朝历代的画家在有限的洞窟空间中不断地创绘、摹画，在 1600 多年中国封建社会的封闭世界中呈现出有限的宗教、文化、艺术的价值。1900 年敦煌莫高窟被打开，敦煌艺术被西方人骗取、贩卖到欧洲后，敦煌艺术的价值陡然上升。但从此直到 1944 年国立敦煌艺术研究所成立之前的相当长一段时间里，敦煌莫高窟一直是当地农民圈养牲口的地方。更有甚者，"民国十一年（一九二二年），当地政府安置白俄逃亡者五百多人到莫高窟居住，每天提供食物，任他们在洞内支床、安炉、生火做饭、刻划涂抹、敲取唐宋窟檐、唐宋栈道的木结构当柴烧。把大批壁画，包括著名的二一七窟《法华经变》和《观无量经变》大面积熏成乌黑。许多塑像上的贴金被刮去，只留下密密麻麻一条条的刮痕。后来（一九三九年）国民党马步芳军队驻扎在莫高窟，乱挖乱掘，损失更无法统计"。① 可以说，敦煌艺术价值在这段时间里已被黄沙遮蔽。从"文化大革命"结束的1976年开始，敦煌被纳入商业化旅游区管理，莫高窟卖门票开放参观，不过当时知晓者和参观者并不多。只有当1979年底以敦煌文化和莫高窟壁画舞乐艺术为题材的舞剧《丝路花雨》在香港首次演出成功并开始向全世界传播时，敦煌艺术才开始家喻户晓，因此，真正意义上的敦煌艺术再生是从甘肃省歌舞剧团排演《丝路花雨》开始的。

全球化在带来各国经济一体化的同时，也带来了民族文化、民族艺术、民族审美的趋同化，这种趋同化趋势以逐渐消除民族差异性为特征。敦煌艺术作为特定地域中民族审美文化的结晶，在1600多年中历经数次再生后已成凝聚状态，但如果不能在经济一体化的背景下以全新的形式再生，而只是作为遗迹和古董残存，那么，它将在十分有限的价值空间中被文化趋同的浪潮淹没。好在现实中的敦煌艺术经过甘肃艺术界持续不断的发掘，已经创造了蜚声海内外的艺术珍品，打造了无数的文化艺术乃至商业传媒的品牌，并培植了敦煌艺术的再生能力。现在的问题是，应该如何从理论的高度进一步认识这种再生现象历史的和现实的意义，建立健全这种再生的机制，为今后更加自觉的、更大规模的艺术再生工程寻找思想和理论上的支持。

敦煌艺术再生问题，既是艺术的再创造和文化的自我增殖，是民族文化在全球化背景下"化全球"的先声②，同时也是经济文化发展的新的增长点。因此，本书的研究不仅具有重大的理论意义，而且具有重大

---

① 高尔泰：《寻找家园》，花城出版社2004年版，第193页。

② 参见王建疆《全球化背景下的敦煌文化、艺术和美学》，《西北师范大学学报》2004年第6期，《人大复印资料·美学》2005年第1期。

的现实意义。伴随敦煌学日益成为显学的现实，敦煌艺术再生问题迟早会引起人们的重视。只有捷足先登者，才有可能引领新世纪敦煌学的新潮。

自 1900 年敦煌莫高窟被打开以来，伴随着全球化背景下的文化掠夺和文化保守，敦煌学直到 20 世纪 80—90 年代起才从西方列强的地盘逐渐东移至中国。尽管国内外对敦煌学的研究日益精奥，但对敦煌艺术的美学研究却起步较晚。与 20 世纪 30 年代起常书鸿、段文杰、史苇湘等人对敦煌壁画的临摹和探讨相比，或与《丝路花雨》等著名歌舞剧在 20 世纪 70 年代末就开始蜚声中外的艺术实践相比，以及与汗牛充栋的对敦煌某一门类艺术的专门探讨相比，带有整合性和系统性的关于敦煌艺术的美学研究相对滞后。甘肃社会科学院的穆纪光先生从 1996 年起，从哲学的高度对敦煌艺术进行系统研究，并第一个获得国家社科基金项目立项，发表了敦煌艺术哲学方面的系列论文，并有《敦煌艺术哲学》一书出版。这些可以说是最早试图全面地研究敦煌壁画艺术美学的学术成果。但就目前国内的研究焦点而言，大都集中在敦煌壁画的艺术和美学、哲学问题上，对敦煌艺术的再生问题并未涉及。国外学者，包括欧美、日本、俄罗斯的敦煌学专家亦对敦煌艺术的价值再生问题未尝问津。近年来，虽然兰州市区的一些报纸，如《兰州晨报》和《兰州晚报》以及中央电视台上偶尔有些关于敦煌艺术再生过程和敦煌艺术演出团体如何经营演出，获得社会效益和经济效益的报道，但也只是一鳞半爪，更谈不上从理论高度进行学术探讨，而且，截至目前，笔者尚未发现有人在用"敦煌艺术再生"这一术语。因此可以说，本书在此领域具有创新性。本书的研究不仅可以提高人们对艺术再生问题的理论认识，为国家的文化战略提供新的参照，而且还可以为地方政府提供有关敦煌艺术新的经济文化增长点的新思路、新点子，直接服务于地方经济发展和文化建设。

二 敦煌艺术再生的机制

敦煌艺术再生的机制表现在民族性价值的认同，艺术品种从壁画向舞蹈的转换，艺商结合的运营和弘扬民族精神的愿望四个方面。

先就艺术价值的认同而言，敦煌艺术再生是指通过将敦煌艺术和文化题材搬上舞台和银幕,引起国内外广泛的关注。敦煌舞乐中的民族色彩、异域风光、丝路花絮、天国魅力、菩萨情怀、飞天奇想等,在尘封数百年后重见天日,在全球化背景下具有独特的民族艺术的魅力,不仅吸引本民族的观众,而且也吸引其他民族的观众。全球化的推进逾深,敦煌艺术的魅力就会逾强。《丝路花雨》自诞生的 1979 年开始,至今已在国内外演出 1600 多场,取得世界演出史上辉煌的成就,被誉为"演出史上的奇迹",并形成了独具特色的"敦煌舞派",充分说明敦煌艺术无比巨大的魅力和敦煌艺术的价值增值、价值重生。试想,如果敦煌艺术不是作为一种新创的、闪耀的、动态的舞台艺术而广泛传播,而仍然是一种原初的、尘封的、静态的洞窟艺术,或者敦煌艺术仅仅是一种为了防止被损坏而另行模仿建造的仿古洞窟艺术,那么,不仅敦煌的影响力将大打折扣,而且敦煌艺术的价值也将大打折扣,它在全球化背景下的民族文化影响力也就十分有限。

敦煌艺术再生的背后,实质上是民族性价值的全球认同。马克思主义认为,越是民族的就越是世界的。艺术价值的沉浮来自于艺术接受主体的认可与否。而民族艺术的被普遍认可又离不开其他民族的自补心理。正是自己缺乏,才有好奇,才有观赏,才有接纳。这是文化认同过程的心理学原理。另外,民族艺术也有高端与低端之分。敦煌艺术是中原汉文化艺术与西域胡地少数民族文化艺术,中华文化艺术与古希腊、古印度文化艺术,中原儒释道文化与藏传佛教文化艺术等异教文化艺术的合璧,因而是一种海纳百川、涵盖六宇的高度发达、占据高端的艺术。欣赏敦煌艺术,不仅仅是在欣赏民族艺术,而且还是在世界艺术的海洋中徜徉,因而其魅力自有一般的民族艺术所无法比拟之处。就敦煌艺术而言,也正是其己有人无、高端成就的独特民族性,才激发了其他民族观众的自补心理,从而在全球化背景下表现出了关注民族艺术的价值倾向。这种价值倾向是敦煌艺术价值再生的不可或缺的一个重要方面。因此,敦煌艺术价值再生表面上看是艺术形式蜕变的结果,但实质上却属于全球性与民族性对立统一中的张力所致,往往具有大势所趋、自然而然、非人力所能掌控的特点。

再就艺术形式的转换生成而言。首先是对古乐谱的破译,接着是对壁画舞姿的提炼和加工,从这两个方面进入,最终编导出新的舞蹈艺术和影视艺术作品。中央电视台 4 频道从 2006 年 4 月 2 日至 6 日播出的专题片《敦煌的诱惑》，通过再现已故的原甘肃敦煌艺术剧院院长席臻贯破解敦煌古谱的历程，和国家一级编导、甘肃省艺术学校名誉校长高金荣复活敦煌舞派的来龙去脉，为观众揭示了敦煌艺术的无穷魅力以及这种魅力的再生过程。现代敦煌艺术的再生就直接得益于席臻贯先生的《敦煌古乐解译》和高金荣先生编写的第一部敦煌舞教材。莫高窟中雕塑和壁画上的故事和舞姿成为敦煌艺术再生的灵感之源。就舞蹈舞姿而言，莫高窟第 3 窟的《千手眼，观音变》启迪了《千手观音》乐舞的诞生；第 112 窟《观无量寿经变》中的《反弹琵琶》启迪了《丝路花雨》。第 285、390、321 窟的《飞天》启迪了众多敦煌乐舞的舞姿和剧情。2005 年春晚上引起国内外巨大反响的舞蹈《千手观音》，其最早原型就是由高金荣根据敦煌莫高窟第 3 窟"千手眼，观音变"创作的。从 1979 年开始高金荣多次进入莫高窟临摹壁画，潜心研究出版了《敦煌舞训练》教材，并形成了"敦煌舞流派"。1991 年他创作出了教学剧目《敦煌手姿》，其后该剧多次演出，1998 年在北京演出时更名为《千手观音》。舞蹈中的"佛手指"、"兰花指"、"弯三指"、"翘三指"等手势，都直接受到"千手眼，观音变"的启发。高金荣创作的《千手观音》已在海内外演出 200 多场，2003 年这一舞蹈在全国第 7 届"桃李杯"舞蹈大赛中获群舞比赛三等奖①。

除了艺术价值与艺术品种的再生之外，还有艺商结合的演出运营方式，使敦煌艺术再生和敦煌文化传播成为可能。在全球化背景下，艺术的排演走艺商结合之路，具有历史必然性。它是敦煌艺术再生的物质前提。为此，甘肃省的文化产业管理部门和演出团体已作了一些有益的尝试。

首先，品牌敦煌乐舞剧在艺商结合方面取得了成功经验。已经取得巨大成就、蜚声海内外的舞剧《丝路花雨》剧组仍在积极探索文企联营的市场化道路，目的在于把《丝路花雨》进一步做强做大。《大梦敦煌》排名第一入选国家第二届舞台艺术精品工程，截至 2005 年上半年，其演出收入已超过 3300 万元。另外，大型乐舞《敦煌韵》、《敦煌古乐》、《敦煌乐舞》等也已形成敦煌舞这一著名表演艺术品牌，敦煌乐舞系列的艺商结合道路正越走越宽。据 2005 年 8 月 24 日《兰州晚报》

---

① 　陈宗立：《舞蹈千手观音引发版权之争》，《光明日报》2005 年 3 月 20 日。

报道①：《敦煌韵》投入 90 余万元，在广东演出半年，收益 130 余万元，成为甘肃省为数不多的在市场运作中取得成功的艺术作品之一。《丝路花雨》、《敦煌古乐》、《大梦敦煌》、《敦煌韵》这些取得巨大成功的艺术作品都取材于敦煌文化。尤其是《大梦敦煌》、《敦煌韵》，都是市场运作的成功典型。《敦煌韵》的成功在于从创排之始就锁定了自己的市场定位，并在剧目尚未排练的情况下就选好了有艺术眼光和市场眼光的合作者。另外，不仅邀请国内一流的艺术家参加创排，确保剧目的质量，而且还在演职人员自愿的情况下实行资金入股，以确保演出顺利进行。同时，在演出过程中，进一步注重媒体的宣传作用，为进一步寻找市场搭桥铺路，从而实现了找准市场、走进市场、拓展市场的良性循环之路。

其次，兰州市成立了敦煌舞艺术生产培训基地。据 2005 年 11 月《甘肃省"十一五"文化产业发展专项规划》（征求意见稿）提供的信息，尽管甘肃省歌舞剧团和甘肃省艺术学校这些当代敦煌艺术孵化基地走过了近 30 年的历程，并已取得了重大成就，但是为了因应世界性的文化产业化趋势，甘肃省兰州市又专门成立了敦煌舞艺术生产培训基地，意在打造敦煌艺术方面的精品，开拓新的文化市场。这一基地的建立和投入使用，将进一步推动敦煌艺术的再生。当今世界正在进行广泛而深刻的产业结构转型升级。欧美、日等发达国家文化产业在国民经济中的比重也越来越大。发展文化产业不仅是世界经济结构调整的重大趋势，也是中国经济结构转型升级的战略选择。在全球化的大背景下，兰州市建立敦煌舞艺术生产培训基地，对敦煌艺术的再生，进而增强民族艺术在全球化背景下的张力，寻求新的经济文化增长点都具有十分重大的现实意义。

目前，甘肃演艺界正在围绕敦煌文化，积极打造以"甘肃敦煌"为品牌的艺术作品"航母"，走真正意义上的文化产业化道路，为弘扬民族艺术开拓前进。

敦煌艺术再生机制的第四个方面是复兴民族艺术、弘扬民族精神的愿望，形成敦煌艺术再生的持久动力。而且应该成为敦煌艺术再生的经

---

① 见《〈敦煌韵〉演出半年多，收入 130 余万元，专家建议——集体打造敦煌艺术"航母"》一文。

久不息的内在动力。

总之，敦煌艺术的再生机制，就表现在以上四个方面。这四个方面既有非人力掌控的自然而然的方面，如民族艺术的张力，又有人为努力，发掘提炼，积极传播，市场运营的方面。无为与有无共同构成了敦煌艺术的再生。

三　敦煌艺术再生问题研究的视域和焦点

敦煌艺术再生问题的研究目标在于揭示敦煌艺术再生的机制和敦煌艺术再生后的价值增值方式与全球化背景下我国文化影响力增强之间的关系，在探寻敦煌艺术从非自觉再生到自觉再生的基础上，寻求新的经济文化增长点，为国家文化战略提供新的参照，为地方经济文化建设服务。

本编的内容在于解剖作为敦煌艺术再生重要因子的敦煌歌舞剧的形成原因，在此基础上探讨敦煌艺术自觉再生的机制，进而研究敦煌艺术再生与我国文化影响力的关系问题，研究艺商结合的途径，找到经济文化新的增长点。为此，本编将从以下几个方面入手。

第一，敦煌艺术价值再生的哲学研究。这一研究也就是本书的总体研究。旨在从敦煌艺术再生问题入手，探讨在全球化背景下民族文化和民族艺术生成流变的规律，揭示全球化与化全球的辩证关系，评估民族艺术再生对抵制全球化消极影响的意义，寻求敦煌艺术再生对文化力生成和对经济文化增长的价值，为中央和地方进一步制定文化发展战略提供理论指导和智力支持。

第二，敦煌音乐再生的人类学研究。旨在从敦煌古乐谱的发现、破译及其生成为现代敦煌舞乐入手，探讨敦煌音乐再生的机制，揭示敦煌音乐发现和再生对整个敦煌艺术文化力生成的意义。

第三，敦煌舞蹈再生的美学研究。旨在从敦煌舞蹈的生成入手，探讨现代敦煌艺术的合成力和凝聚力，破译敦煌艺术的技术密码，为揭示敦煌艺术生成机制奠定坚实的基础。

第四，敦煌壁画价值再生的美学研究。旨在从作为敦煌艺术底本的莫高窟壁画研究入手，探讨敦煌壁画再生的机制，从而为敦煌舞蹈、雕塑、广告、工艺的生成寻找其蓝本。

　　第五，敦煌艺术再生的宗教学研究。敦煌艺术只是佛教副产品的性质决定了敦煌艺术再生无法摆脱宗教学影响的特点，如何在宗教与世俗之间保持必要的张力，这是敦煌艺术再生和全球化问题研究不可回避的问题。通过对这一问题的研究可以发现艺术再生背后的文化底蕴。

　　第六，敦煌艺术再生的传播学研究。旨在用传播学的方法，揭示敦煌艺术再生后迅速产生国际效应的机制，从而能够从正反两个方面对全球化和化全球作出客观的评价。

　　第七，敦煌艺术再生的经济学研究。关注在全球化背景下敦煌艺术借助经济手段传播而又反过来促进经济文化增长的方式，探讨艺商结合的道路。

　　第八，他者眼中的敦煌艺术价值研究。这是敦煌艺术再生问题或艺术价值实现问题的影响研究。主要聚焦于国际上对于敦煌艺术再生现象的反映和接受，从而能够为本书提供必要的国内国际两个方面的参照，进一步深化对全球化背景下敦煌艺术再生问题的意义的认识，为本书在思想深度上提供必要的支持。

　　通过以上八个方面的研究，揭示敦煌艺术再生与我国文化力生成战略之间的关系，进而揭示在全球化背景下民族艺术文化力生成的意义和途径，无疑应该成为重中之重。而对于敦煌艺术再生机制和民族艺术文化力生成机制的揭示，应该成为本研究的难点所在。

　　由于敦煌艺术作品种类和内容十分繁复，不可能面面俱到地进行研究，因此选用典型事例解剖法就势在必行。我们聚焦于飞天、伎乐、千手观音等典型形象及所产生的全球性影响，解剖其形成原因，并从小到大，由点及面，进一步探讨敦煌艺术再生的原因、机制、路径等，以实现研究目标。敦煌艺术典型解剖法的运用，不仅可以更有效地解决敦煌艺术的再生问题，而且更容易把握敦煌艺术再生的路径。事实上，敦煌艺术的再生是通过飞天、千手观音的典型形象而获得全球性的普遍价值认同的。而这些价值认同又总是联系着利益的乃至司法的（如《千手观音舞》所引起的）种种纠葛，因而更具有全息能的性质。依靠解剖典型的方法，一般不会设计实验方案，但对敦煌舞乐艺术家在演出前期所进行的试验、排演过程中形成的原始方案和试验过程却必须予以高度的重视，因为正是在这些原始的方案和过程中包含着敦煌艺术再生的重要因子。除此之外，由于敦煌艺术再生问题，说到底是在全球化背景下的民族性文化传播问题，而这种传播又必然经历由单纯的友谊传播到借助文化市场传播的历史过程，而且后者更具有全球化背景下文化传播的性质和特点，因此，运用市场调研的方法，即可对敦煌艺术再生的现状和价值进行量化的分析。

　　总之，敦煌艺术再生问题是一个具有重要学术价值和重大社会意义的战略性课题。同时，敦煌艺术再生问题既是理论问题，也是现实问题。只有在学术意义和社会价值、理论研究和应用研究两个方面同时着力，才能比较完整地把握敦煌艺术再生的规律，预计它的前景，发掘它的潜力，达到新的更高的学科境界。

第 二 章

艺术的再生:敦煌艺术史研究的
一个重要命题

艺术史研究中有许多重要命题,如艺术起源、艺术流变、艺术终结、艺术复兴,等等。我们这里提出艺术再生,目的在于用它连接艺术史中如上述的许多经典命题,使艺术史的诸多命题不至于被误读为标示艺术发展中的各种断裂的概念,而是把它们看成表达艺术再生的连绵过程中的概念,使艺术史研究成为对艺术再生的连绵过程的研究和叙述。

敦煌艺术历经千年至今不衰,它的经历就是一部艺术的再生史。下面,让我们先从希腊艺术的再生说起。

一 希腊艺术:自由和理性精神的"再生"

希腊艺术是西方艺术的母本。整个西方艺术史,可以看作是希腊艺术的精神,面对社会文化、政治、哲学的发展变化,不断改变自己,不断再生、重生、新生的历史。

希腊艺术的产生,固然有很复杂的社会历史背景,但综言之,与三种情况有着血肉关联。其一,定居在小亚细亚沿岸及附近岛屿的爱奥尼亚人,生活在面对大海的自然环境中,由一种自由的禀赋使然,建立了同海洋航行有关的由商人出面领导的民主制度,他们对自然对象和经验事物充满好奇和洞察力。其二,希腊的神话传说,通过荷马史诗《伊利亚特》、《奥德赛》逐渐演变成奥林波斯宗教(Olympic religion)中神的系统。这种宗教,同源于东方的宣扬魔法、鬼神和神秘感的宗教(俄尔甫斯宗教和对狄俄尼索斯的祭祀)不同,传达着一种光明的、生机盎然的,甚至是平等理念的自然精神。其三,希腊的古典哲学有一个主流,就是对自然的崇尚,对理性的彰显和膜拜。受这种理念的左右,他们不把自然当成混沌的对象予以感知，而是把它看成一个结构，企图寻找构成它的原本物质，理性地对它加以分析。

上述三种情况是希腊文化的精髓，也是希腊艺术的精髓。这种精髓构成了希腊艺术精神开放、自由和理性的独特气质。在西方艺术的发展史上，这种精神气质时隐时现，以不同的形式不断"再生"着、"重生"着。

鉴于本章的论述主旨和篇幅限制，我们不拟以西方艺术的整体来说明这一问题，仅以希腊美神阿芙洛蒂忒的演化为例做一简略说明。

阿芙洛蒂忒原是神话传说中的女神。最初，她是作为庇护航海的海神，在塞浦路斯岛受人爱戴的。后来，又受亚细亚畜牧业和农业等图腾崇拜的影响，成为司爱情和丰收的女神流行于塞浦路斯岛、小亚细亚及其他海岛。继而，她又步入罗马，同罗马人崇拜的植物和丰产神、尤里乌斯皇族的女始祖维纳斯融合在一起，阿芙洛蒂忒从此与维纳斯成为不可分的了，阿芙洛蒂忒—维纳斯成了希腊罗马美神、爱神的象征，被很多艺术家雕塑。有普拉克西特创作的尼多斯的阿芙洛蒂忒，表现一个即将入浴的全裸的女性人体；还有卡普亚的阿芙洛蒂忒；以及公元前 2 世纪后半期的米洛的阿芙洛蒂忒，即那个断臂的、被后人奉为美的典型的维纳斯塑像。

这些美的女性人体，在雕塑形式上都采用了"对偶倒列"（contrapposto）的原则。所谓"对偶倒列"是希腊艺术家坡力克利特约公元前440 年制作《持矛者像》时创造的一个表现人体活力的经典原则。"对偶倒列"，就是将人体置于运动中，使人体对称两侧的躯体互呈反向姿态的表现方式，具体表现为倒"S"形曲线（有时也表现为正"S"形曲线）。这种表现形式，作为一种抽象的纯形式符号，它概括了人体乃至宇宙万物在运动中的动态对称、相反相成、对立统一、阴阳互补、周而复始、否定肯定等性质。阿芙洛蒂忒的各种雕像正是按照这种经典形式被塑造出来的，她的裸体两侧的张与弛、直与曲、虚与实、丰满与羸弱、静止与摇荡完美地结合在一起。她是一个纯美的象征，是希腊文化自然、开放和理性的气氛烘托出来的美的符号。她是女性自然人体的典型，无论是用几何学、透视学、人体构造学，还是用运动物理学等自然科学对她进行分析，都无可挑剔。唯其如此，她没有一点点羞怯的样子，像一棵自然生长的树、一股潺潺流动的溪水。她极其朴素、纯真、静谧，充满着成熟的年轻女性的青春活力，但却没有表露出一点点性的诱惑。艺术家用其表现自然的素养和分析方法把她塑成一个用自己的身体赞美自然造化功绩的作品。这就是希腊的阿芙洛蒂忒的特质。

然而，及至中世纪，整整千余年，希腊艺术风光不再。从普鲁提诺（Plotinus，204—270）创立新柏拉图学派，提出艺术美不在于物质而在于物质表达的艺术家的构思和心灵，不在于眼和手而在于艺术家的心灵的观点后，希腊艺术所秉持的模仿论由此失色了。

这便是被有些艺术史家认为的希腊艺术"终结"的标志。从4世纪至13世纪，中世纪神学思想统治着欧洲，阿芙洛蒂忒的身影变得暗淡无光，取而代之的是对王后，尤其是对圣母的雕塑和绘画。表现人体活力的"对偶倒列"经典形式羞答答地隐退了。王后是尊贵的，她的身体被雕成木头柱子一样修长和直挺，活像站立着的僵尸（见夏特尔主教堂王室大门中央入口左手门侧柱上《圣经·旧约》中的国王和王后的圆柱雕像）①。圣母更是庄重且神圣，她是不能"阿芙洛蒂忒"的，固然有一些塑像想把她的慈祥和伟大表现得灵动一些，稍稍"阿芙洛蒂忒"了一点，"对偶倒列"了一点，人性了一点，但整体还是要不失圣母的庄重和神圣。有时，她怀抱的基督，手中不忘握着一个被称为"权标头"的、象征人间权力的小球，这时，圣母虽然被刻画出微露一种接近凡人的甜蜜微笑，但看起来却令人觉得别扭，貌似"优美而事实上却是矫揉造作的"。②

希腊艺术"终结"了？表现阿芙洛蒂忒的"对偶倒列"的原则终结了？没有。它以一种特殊的形式，一种被压抑的形式存在着，不妨称之为以一种扭曲的形式"再生"着。它本来就赋有的理性的一面，被夸大了，被扭曲地用来表现神的尊严了；同时，不可否认，它同时获得了一种新的素质：在表现人体的同时，更注重表达创作者的思想和心灵。如果真是这样，说它"再生"了（获得了某种新的生命特质），也不为过了。

15、16世纪，欧洲兴起了文艺复兴运动。这时的学者、艺术家热

---

① 图参见苏珊·伍德福特等《剑桥艺术史·希腊和罗马、中世纪、文艺复兴》，中国青年出版社1994年版，第1卷，第254页。

② 图参见《剑桥艺术史》第1卷，第332—333页。

衷于古希腊、罗马文献的研究，其中古希腊人对自然和人体的价值的重视使他们大为感动，中世纪受压抑的思想和情绪终于爆发。一种被称作"人文学科"、"人文主义"的思潮兴起。"人文主义者就是对受过这种教育（古希腊文化教育）的人的称呼，人文主义则是历史学家给15世纪这种整体现象所起的名称，文化的'再生'或'文艺复兴'就是它们引起的运动，它使湮没了数百年之久的文化和价值观念获得新生。"①所谓"文艺复兴"，在剑桥艺术史作者看来，也可以称作文化的、艺术的"再生"！

在这种形势下，阿芙洛蒂忒，作为表达了"对偶倒列"这一雕塑形式的经典代表，从中世纪被压抑的漫长岁月里走出来，获得了"再生"，展现了其生命的新的活力。文艺复兴时期的"阿芙洛蒂忒"们，无一例外地重复着"对偶倒列"的雕塑形式，就此而言，她们是古希腊美神的再现。但她们已不再是受当时模仿论影响，只是对人体几何学、结构学的形式性的描绘。就其普遍性而言，她们要表现创作者的思想和灵魂，如中世纪那样；但就其特殊性面言，她们要表现文艺复兴时期艺术家对中世纪禁欲主义的反抗，她们是有情绪的，她们的倒"S"形或正"S"形的身躯是很丰腴的，很性感的，很具有挑逗性、挑战性的，她们用自己的肢体表达对人的情欲的赞扬，对宗教禁欲的诅咒。达·芬奇的《利达》，描绘了希腊神话中的故事：宙斯爱上了斯巴达王之妻利达，化为天鹅与她偷情，利达生下两个蛋，化生出一男一女。画面上的利达的倒"S"形身躯非常丰满，富有韵律，天鹅斜睨着的眼充满情爱地看着她，用他洁白柔软的翅膀搂着她的腰，利达则靠着他，露出羞怯而幸福的微笑。这个"阿芙洛蒂忒"不再是理性的符号，而是一个活生生的对爱情充满幸福感的青年女子。高雷琪奥也创作了《利达》，利达虽然坐着，但身体依然表现出对偶倒列的优美形式，王子化成的天鹅扑在她的怀里，利达则在放纵的性爱中销魂荡神，陶醉了。②丹纳在论述这一时期的画家如鲁本斯时写道："在他手里，希腊的神明变为法兰德斯人的淋巴质的与多血质的肉身……白皙肥胖的维纳斯牵着情人的手势象荡妇一般放肆……海中的女妖弯着身子，露出颤动的多肉

---

① 《剑桥艺术史》第 1 卷，第 381 页。
② 丹纳：《艺术哲学》，人民文学出版社 1983 年版，第 343 页。

的脊背；鲜剥活跳，重重折叠的肉，构成柔软曲折的线条，此外还有强烈的冲力，顽强的欲望，总之把放纵与高涨的肉欲尽量铺陈。"① 文艺复兴时期"再生"的"阿芙洛蒂忒"禀赋的新元素，被丹纳描述得非常精到。即便是总以甜美、柔和、静谧的画风见长的拉斐尔，以及他新画的圣母像，也很难同当时的上述思潮切割得利利落落。在拉斐尔所画的《阿尔巴圣母》② 中，圣母是一个年轻美丽的少妇（同样是对偶倒列的形式），她的性感和风韵使人无法相信她就是传说中的救世主耶稣的至高无上的母亲。当时也有人画了很多形态各异的维纳斯的画，但这些美神都是被情欲笼罩着的人的形象。美术史学家在论述提香所创作的《乌尔比诺的维纳斯》时写道："提香采用了乔尔乔涅高雅的《风景中入睡的维纳斯》的姿势，稍微加以变化，她不仅醒来了，而且睁大眼睛十分坦然地邀请她的情人（观众）。提香还把她从草地上移进卧室……这女性形象尽情施展出热情与她肉体的妖娆柔媚，是情欲体验和放荡不羁的赞美，并将它提升到伟大爱情诗篇的画板上了。"③

　　18 世纪，欧洲兴起的浪漫主义画风，也继承了这种思潮。但是，当它走到极致时，安格尔不满了，什么"草地上的午餐"，什么"巴厘岛上的屠杀"，什么"自由领导人民"，等等，深深刺激了安格尔们的学院派绘画思想。安格尔创作的《泉》，为阿芙洛蒂忒（维纳斯）再次构造了"再生"。他以自己青年时期的一幅作品《维纳斯的诞生》为原本，经过几十年的苦心琢磨，于 1856 年完成了《泉》的创作。这幅画似乎又回到了古希腊的阿芙洛蒂忒，恢复了那个被希腊分析方法抽掉人的情欲的阿芙洛蒂忒的情态。这是安格尔的艺术理想宣言式的制作，表达了他对"清高绝俗和庄严肃穆的美"以及"要把美隐藏在真实之中"画风的推崇。但是，《泉》中的少女，毕竟从文艺复兴的喧嚣中走来，毕竟受了那时的自由与放纵的濡染，她的身体比古希腊用数字尺子量出来的身子要丰满多了，夸张多了，她洋溢着的青春之美，实在"隐藏"不住，难以自制。

---

　　① 　丹纳：《艺术哲学》，人民文学出版社 1983 年版，第 341 页。

　　② 　休·昂纳、约翰·弗莱明：《世界艺术史》，国际文化出版公司 1989 年版，第 369 页。

　　③ 　同上。

总之，从希腊的阿芙洛蒂忒始，到中世纪的圣母，再到文艺复兴的诸美神，再到安格尔的《泉》，美神们不断地被"终结"，又在终结后不断"再生"。这是艺术史上不断演绎着的故事，真实的故事。

二 敦煌艺术："佛"，作为艺术符号的"再生"

作为佛教艺术的敦煌艺术，建立了一整套象征性的艺术语汇系统。"佛"的形象，在这一语言系统中占据中心的位置。敦煌艺术的所有部分都在讲"佛"，阐释"佛"的理念，颂扬"佛"的学说和这一学说的实践。

敦煌艺术的文本来源是浩如烟海的各种佛经及佛传。就此而言，佛是一个不移的概念，固然"他"也有自己成佛的历史。但是，佛经和佛传是在人当中、在不同的国度中、在人的不同的观念及不同国度的文化差异中传播的。所以，我们由此可以引出这样一个看法："佛"的形象，即佛被人们用艺术方式、用象征语言予以认知和叙述的过程，是一个不断"再生"的过程。

佛的真实原型就是释迦牟尼。他是抛弃了世俗生活的一个真实的人。他曾有过反对印度种姓等级制度的进步思想，他通过思辨的努力，悟出了一整套克服人的生存惶惑、消解由于生老病死给人带来无边苦难的生存技巧，并通过不懈的传教实践，企图用"大船"（大乘）将所有在痛苦中煎熬的"有情"、"众生"渡到自由、快乐的彼岸。实际上，释氏是一个思想家、哲学家。但是，由于他的无私和博大的胸怀，也由于他的学说对在没有解答的生存困境中挣扎的人是一副精神安慰剂，他受到了人们的爱戴，尤其是受到了他的众多信徒的尊敬和崇拜。大概在生前他就被神化，而死（涅槃，即无余涅槃）后，他更被神化了。

死了就是死了，但却被说成是"涅槃"了，说成是进入了一种不再生（不会因为活着再去经历生的诸种苦难），亦不再死（不再生了，当然就不再死了，不再为死而忧恐了）的境界。据说这种境界是唯一自由的境界、唯一非言语可以描述的美的境界。这太不可思议，似乎太伟大了。

一个活的人，变成了不可思议的象征性的东西。于是，就艺术语汇而言，释氏的艺术形象经历了第一次的"再生"：他由一个有形体的人，变成一个被人膜拜的符号。他不被理解为一个人，而被当成不具人的肉体的一种思想、理想。就是在佛传故事中，他也不是曾经"姓乔答摩，名悉达多"的真人，充其量是教徒尊称的"释迦牟尼"①。教徒为了对他进行膜拜，曾把他塑成一根根石柱（或用树象征）。早期印度佛教的艺术家（相对后来的犍陀罗佛教艺术家）用莲花、足迹象征他的降诞，用菩提树象征他悟觉成道，用法轮象征他初次说法，用堵波（放置佛的圣体骨灰舍利子的墓冢）象征他的涅槃，等等。这是被佛教认作佛一生中最具代表性的四件大事。比如在印度的桑奇大塔（堵波）北门顶部的装饰物中，就雕有"三宝"② 这样的象征物，其中，由莲花装饰的轮子代表"法"，三股叉代表"佛"，盾状物代表"僧"③。好像唯有这样，佛的伟大才能与常人区别开来。艺术家在塑佛时的不能随心所欲，可能也令他们不快和沮丧。这种情况经历了一个很长的时期，随后便是犍陀罗艺术的出现。

犍陀罗是印度河西岸地区的古代名称，属古印度地名。具体方位在今巴基斯坦的白沙瓦及其毗连的阿富汗东部一带。公元前 4 世纪末，马其顿亚历山大人入侵此处，将希腊文化艺术传入。公元前 3 世纪摩揭陀国（孔雀王朝）的阿育王遣僧人来此传播佛教，经反复的文化碰撞与磨合，遂产生了著名的犍陀罗艺术。

犍陀罗艺术的最大功绩，就在于它把希腊艺术写实的、模仿的做法注入了佛教艺术，东方艺术神秘的象征性语言，被希腊艺术赞美人、赞美人体的语言所融会和贯通了。据福色尔所著《犍陀罗希腊式佛教美术》考证，有一件小型浮雕板上雕塑着"舍卫城给孤独长者奉施园"的佛传故事，其中的佛，已经颠覆了同类题材故事把佛用"树"象征的做法。佛堂堂正正地作为人的形象出现了。约翰·马歇尔在提起此事时，不无激动地说："在犍陀罗艺术史上这件浮雕品具有无与伦比的价

---

① 释迦牟尼：释迦，种族名，其意是"能"；牟尼，其意是"仁"、"儒"、"忍"、"寂"。含义为"能仁"、"能儒"、"能忍"，可通俗地理解为"释迦族的圣人"。

② 三宝：佛教宣称的三位一体物：佛（释氏、或一切佛）、法（佛教教义）、僧（继承和宣扬佛教教义的僧众）。

③ 见约翰·马歇尔：《犍陀罗佛教艺术》，甘肃教育出版社1989年版，书后的插图1。

值，它是我们迄今所知最早的一件由犍陀罗艺术家雕刻的出现佛陀形象的作品。……这种亲身出现的佛像取代了佛教规定的老一套的佛陀象征物，成为后来无数代的佛徒们膜拜的对象。"①

我把这个佛像的产生，当成关于佛像艺术雕塑的又一次"再生"，而且毫不夸张地说，这确是一次伟大的"再生"！佛由被异化了的神秘象征物，还原为人的形象，而且从此一直以人的样子在艺术史上露脸，因此，说这一雕塑在佛教艺术史上是破天荒的壮举毫不过分。谁有如此大的胆子竟敢与佛教规定的规矩对抗？受佛教教规严格约束的印度教艺术家是干不出这般壮举的。唯有受希腊文化影响的艺术家才会有这种创新意识。希腊文化中的神，没有神秘感，他们都是开明、阳光和同人平等的。这种文化风度才使犍陀罗地区被希腊文化熏陶的艺术家敢于把佛完全雕塑成一个希腊人。该浮雕板上和佛一起共有六人，他们都穿着希腊式的衣裳（如索福克里斯雕像的服饰那样），都有健硕但很修长的身躯，都有优美而略尖的鼻子、突出的颧骨。六个人一字排开地站立着，显得很平等，毫无区分伯仲的意思。佛并未显示出多么伟大，仅仅为了故事情节的需要在他身后塑了一个希腊人发明的"背后圆光"②

这幅雕塑把佛完全塑成一个希腊人，其开创性毋庸置疑。但是，佛毕竟不是希腊人，佛教毕竟是东方人信仰的有神秘色彩的宗教。这是犍陀罗艺术家需要使佛再"再生"的文化诉求。佛挣脱了象征物的形式锁链，变成"希腊人"，他还需要艺术家还原他、赋予他东方宗教的气氛。在此后不久，人们从斯瓦特堵波遗址出土土著居民的两件浮雕作品上就看到了"希腊人"的佛的变化。这两件作品是《托胎图》和《初生佛陀七步》。以后一幅为例，初生佛陀站在伞盖下的中央，身后立一侍从，左手执伞，右手执拂尘。佛左侧是因陀罗神（帝释天），手执金刚杵（雷火）。右侧是婆罗摩（大焚天），手执净瓶。在左右这两神背后，立着六个天神，左右各三个。这一浮雕的塑造形式仍然是希腊化的，但围绕着佛展开的气氛已经完全同《舍卫城给孤独长者奉施园》

---

① 见约翰·马歇尔：《犍陀罗佛教艺术》，甘肃教育出版社 1989 年版，第 43 页。

② 以上所述《舍卫城给孤独长者奉施园》图，见《犍陀罗佛教艺术》书后 53 图《给孤独长者奉献园图》。

图不一样了。约翰·马歇尔对这两幅画是这么描述的："作者仍然持着希腊式观点，依旧是追求着希腊式的完美，继续使用着希腊式技巧，用希腊式习惯手法表达自己的内心情感。但是他现在已经坠入一种新的气氛中，一种佛教的神圣的气氛当中，深深地沉浸在宗教的传说里，尽他所有的艺术才智来表现这种神圣的故事。……我们看着这两件作品，可以说是和真正的犍陀罗希腊式佛教艺术面对面相遇了，这种艺术的生命（我们不妨把这个'生命'理解为'再生'——引者加语），不但是依靠着当地希腊文化的传统和刺激来维持的，而且同样程度地是依靠佛教的传统和刺激来维持的，这种艺术在亚洲其他任何地方都不能产生，而只能出现在犍陀罗的土地上。"①

至此，我们终于要说到敦煌佛教艺术中佛的"再生"了。套用约翰·马歇尔上面说犍陀罗艺术的话，敦煌佛教艺术是一种在亚洲其他任何地方都不可能产生，而只能出现在敦煌这块土地上的艺术。

敦煌佛教艺术中的佛，受犍陀罗艺术的影响是毋庸置疑的，但它没有也不可能重复犍陀罗艺术。敦煌佛教艺术，也受中国中原艺术的影响，但它也不是中国中原艺术的翻版。所以说，敦煌佛教艺术，既是犍陀罗的，又是中原的，是这两者复杂的交融。

在世界佛教艺术史上，敦煌佛教艺术达到了登峰造极的水平。敦煌佛教艺术中的中心元素——对佛的塑像和绘画（包括对菩萨的塑像和绘画②）有许多非常优秀的作品，它们一脉相承，但又风采各异，所反映的正是佛在历史长河中的不断"再生"。

犍陀罗的佛变成敦煌的佛，这是佛的艺术形象的又一次伟大的再生。敦煌艺术落生在敦煌，本身就是它承袭犍陀罗艺术元素的最好说明。公元 1 世纪左右，大月氏迦腻色迦王弘布佛教，中国新疆南北两路，都沉浸于佛教崇拜的氛围中。③ "丝绸之路"的南北两道都是西域

---

① 《犍陀罗佛教艺术》，第 45 页。两幅浮雕，可见该书后图 54、图 55。

② 在敦煌艺术中，佛与菩萨是一体之两面。佛即菩萨，是完成式的菩萨。菩萨即佛，是正在完成式的佛。这一思想可见穆纪光著《敦煌艺术哲学》，商务印书馆 2008 年版。下面说起敦煌艺术中佛与菩萨时的许多论述都源自该书的看法，不再一一作注。

③ 参见贺昌群《敦煌佛教艺术之系统》，载《东方杂志》1931 年第 28 卷第 17 期。

诸国的沙门等接踵来中国弘佛、中国僧徒西去求法的通途。北道龟兹、南道于阗最繁荣，南道的枢纽便是敦煌。中国佛教是约公元前后由印度经西域各国间接传入中国的①。犍陀罗佛教艺术传入中国亦应由西域假道，这点似并无很大争论，佛教艺术传入中国的时间应晚于佛教的传入。常书鸿先生曾论述道，糅合了印度佛教教义与希腊艺术形式而产生的犍陀罗佛教艺术，是由犍陀罗的大月氏国越葱岭经西域而传入中国的。"佛教艺术从印度、梵衍那进入新疆经南北两路而达敦煌糅合了民族特质之后，又分南北两路散布开去。南路经麦积山、泾川、广元、大足到乐山。北路经云冈、龙门、巩县、天龙山到响堂山。从这两路散布开去的艺术迹象来看，民族形式的飘带、衣褶及形体的更换、内容的蜕变各方面，是愈益接近中原，愈益充分表现了民族特色的。"因此，"敦煌是远处边陲的民族文化的前卫，也是首先给复杂错综的外来文化以冲刷洗练的第一站"。②

　　犍陀罗艺术经新疆传入敦煌时，敦煌早期的塑像壁画上③，便表现出与犍陀罗风格某种共同的特点。如北凉的壁画，"是在汉晋文化和绘画传统基础上，直接接受了西域佛教壁画的题材和技术，加以融合和发展，形成了具有敦煌特色的风格"的④。雕塑上，如北凉的《交脚弥勒菩萨》（莫高窟第 275 窟的西壁前正中），其"衣褶的表现采用贴条与阴刻相结合的方法，可见印度及西域佛教艺术对其的影响"。又如北魏的《佛》（莫高窟第 248 窟的中心柱东向龛内），其"面部和装束的雕琢上有犍陀罗及印度雕刻的意味"⑤，等等。敦煌佛的绘画及雕塑，其源头是与犍陀罗分不开的。但即便是在此时，它已经与犍陀罗的佛不一

---

　　①　此结论有争论，笔者持"间接传入论"，可参见韩翔、朱英荣著《龟兹石窟》，新疆大学出版社 1990 年版，第 29—34 页。

　　②　参见常书鸿《敦煌艺术的源流与内容》，载敦煌研究院编《常书鸿文集》，甘肃民族出版社 2004 年版，第 100—103 页。

　　③　敦煌早期壁画包括北凉、北魏、西魏、北周和隋五个时代。

　　④　段文杰：《敦煌早期壁画的风格特点和艺术成就》，载中国美术全集编辑委员会、敦煌研究院编《中国美术全集·绘画编 14·敦煌壁画上》，上海人民美术出版社 1985 年版，第 18 页。

　　⑤　中国美术全集编辑委员会编：《中国美术全集·雕塑编 7·敦煌彩塑》，上海人民美术出版社 1987 年版，图版说明第 1、5 页。

样了。而让它获得形式和内容（尤其是内容）的更大突破的，是在唐时，这时关于佛和菩萨的雕像，已经从犍陀罗佛的塑像蜕变出来，宣告了中国佛的诞生。中国佛所创造的最鲜明的语汇便是对儒、释、道这几种生存理想的融会，我们通常把它称作世俗化、人性化。这种性质，是希腊的神和犍陀罗的佛教所没有的。儒是中国人的没有宗教仪式的宗教，但它像一张宽大无边的网密织在中国人的生活中。它宣扬等级观念，这种观念笼罩在中国人的伦理生活和政治生活中。中国人被教导信奉它，但人们在存在中无法回避的生老病死问题，儒的思想是不予回答的。道的思想与儒不同，它讨厌儒那套虚伪的说教，怂恿人绝学弃义，从儒的那张网里挣脱出来，把精神从社会的束缚中解放出来，像婴孩一样纯洁无瑕，像大鹏一样自由飞翔在宇宙广阔无垠的空际。这种思想虽然美妙，但人毕竟无法割舍对日常生活的依赖，更难以靠自己营造一个精神性的自由世界，栖息其中逃避世俗的困扰和污浊。中国人，尤其是中国的知识分子总是在儒和道提供的这两种生存境遇中做往复徘徊和艰难的选择。佛来到中国，带来另一种生存价值观，它用对人的生老病死的关心，弥补了儒在这些方面的冷漠，同时吸收儒的社会伦理思想，用佛的语言将它温和地向人诉说；它又出于对人追求自由的理解，为人制造了一个精神性的天国境界，在那里，把儒所主张的秩序和道所渲染的自由，美妙地结合在一起，构造了一个"天堂人间"的美丽图画。

　　敦煌艺术中的佛，在绘画雕塑形式上除还有犍陀罗艺术的希腊因子外，汉唐风貌已经占据主导；所构造的环境已经从宗教的神秘气氛中摆脱出来；佛的形象不仅中国化，而且更加人化。在莫高窟中，我们看到或感到的佛的形象，是借助宗教的外衣表现的人的丰腴、人的思念、人的娴雅、人的热情和人的美丽。初唐第283窟西龛内的佛，坐在中央莲台上，姿态非常自然、面相女性化。虽然塑佛有很严格的规范，但他还是被塑成了一个娴静的、微带笑容的、难掩青春气息的少女。吐蕃时代158窟西壁前的佛，侧卧于佛坛上，他已入涅槃，却像一个甜睡的人的模样。涅槃是佛典宣示的一个不生不死的境界，是非常神秘的境界。这种境界是任何语言难以描述的。佛把它神秘化为一个符号，语言难以描述它的神秘，艺术就更难诉说它的神秘了。但敦煌艺术消解了这种神秘。佛很简单、很美丽、很自然地被描绘成睡着了的样子。他眼睛微闭，似乎随时可能张开来；他睡着了，似乎随时可能醒过来；手和臂自然放置于体侧，衬托出体态的充盈和起伏，似乎随时都可能再坐起来，再为人们说法；胸部好像还在起伏，并不僵直的躯体似乎有血液在欢快地流动。世界上所有关于佛涅槃的绘画和雕塑，都没有像敦煌这样把佛的涅槃描绘得这么出神入化，这么出乎人的意料。

敦煌艺术中被描绘得更美的是佛的使者——菩萨。其实在佛经中菩萨也是佛，是一种进入有余（有肉身）涅槃的佛。因为他曾发誓，只要世间还有苦难，还有没被度到彼岸的众生存在，他就永不成佛，即永不进入那个自由美妙的无余涅槃境界。在中国人眼中，菩萨是被当成英雄，当成救世主看待的。敦煌艺术非常真切地反映了中国人的这种心理，菩萨（尤其是观世音菩萨）被雕塑和绘画成美神，她承袭了希腊艺术创造的"对偶倒列"的美的形式，向人们展示着自己肢体的婀娜多姿和洋溢着的生命力、激荡着性感的力量，（可见莫高窟第45窟西龛内北侧的菩萨雕像，以及众多流传于民间的菩萨塑像，如仿唐木雕持经观音、仿唐白石雕多罗尊观音等）；也被雕塑和绘画成中国人心中理想的母亲：她们被塑成贵夫人，禀赋着温柔、慈祥的母性气质，表现了中国人生身母亲的另一面，寄托了人们希望自己的生母应该有，但在现实生活中却难得有的外在的和内在的一切品质。

这就是中国的佛所做的惊天动地的事，就是敦煌艺术中的佛向人们讲述的美妙的故事，就是敦煌艺术的佛"再生"后展现的新的面貌，新的语汇，新的生命。

三 敦煌艺术终结了吗？

有一次，笔者在某校讲敦煌艺术的现代境遇，曾说起20世纪初藏经洞发现的往事。最后请听讲的同仁、同学提问时，有位坐在最后一排的青年问道：您是否认为，1900年藏经洞的开启以及此后莫高窟经历的种种劫难，是一个恰好的象征，象征着敦煌艺术的毁灭？进而言之象征着艺术的毁灭？

当时，我并不熟悉艺术史中关于终结论的研究，对艺术毁灭论更陌生。我很简单地回答了提问者的问题，表达了一种不认为敦煌艺术走向毁灭的意见。我和这位青年学子（或同仁）没有进一步交流，因为他不久就退场了。

　　其实，如果他秉持的是关于艺术或艺术史的终结论，其中是有很多道理可以商榷的。艺术史终结的命题是一个真的命题。德国的艺术史学家汉斯·贝尔廷就写过一本书《艺术史的终结？》（芝加哥大学出版社1987 年版），讲的就是艺术发展作为一个有意义的、进步的历史连续性的一种特殊观念的终结。简单说，就是不能用旧的艺术史观来看待现实的艺术事实和艺术终结，有着要求艺术史观要跟随艺术实践与时俱进的意思。这是一个不错艺术发展观。

　　汉斯·贝尔廷在书中的一段话讲得很有道理，他说：

　　　　我们以前曾经所说过艺术史的终结：这既是艺术自身的终结，也是对艺术的学术研究的终结。但是，每当人们对那似乎不可避免的终结感伤之时，事物仍在继续，而且通常还会向着全新的方向发展。今天，艺术仍在大量生产，丝毫没有减少，艺术史学科也生存了下来，尽管与以往相比活力减少，自我怀疑增多了。受到严肃质疑的是那个长期以来以不同的方式服务于艺术家和艺术家的观念，即一种具有普遍意义的统一的"艺术史"观念。今天的艺术史家通常拒绝一种正在进行的艺术的历史……①

　　这其中的一些话讲得很好。比如，不可避免的"终结"，并未终结事物向着全新的方向发展；又如，需要怀疑的不是艺术和艺术史的存在，而是用那个不变的、统一的艺术史观来衡量现代艺术。

　　为了表明自己的这一观点，在《艺术史的终结》（*L'Histoire del'art est terminee*）中贝尔廷举了法国后前卫派埃尔伟·菲舍尔这样一个极端的例子来说明。1979 年 2 月 15 日，在巴黎蓬皮杜国家艺术文化中心小展厅中，菲舍尔拿着一只连接在麦克风与闹钟上的话筒，用一种 10 米长的卷尺测量展厅的宽度。

---

　　① 汉斯·贝尔廷：《艺术史的终结？——关于当代艺术和当代艺术史学的反思》，参见《艺术史的终结？当代西方艺术史哲学文选》，中国人民大学出版社2004 年版，第 266—267 页。

菲舍尔在观众面前缓慢地走过，从左到右。他身着绿色西装，内穿白色绣花印第安衬衫。他用一只手摸着与眼等高的白色绳索引导自己前进，他的另一只手握着话筒边走边对着话筒大声讲道："艺术的历史是神话起源的历史。巫术的。时代。阶段。嗨！主义。主义。主义。主义。主义。新主义。样式。吭！离子。症结。波普。嗨！低劣。哮喘。主义。艺术。症结。怪僻。疥癣。滴答。嘀答。"

走到绳索中间前，他停下来说到"我，在这个喘气的编年表上最后出生的，一个普通的艺术家，在1979年的今天断言并宣布，艺术的历史终结了！"接着他向前走了一步，剪断绳索，并且说："当我剪断绳索的这一刻，就是艺术发展史上最后的一个事件。"他把绳索的一半丢在了地上，接着说道："这条落下的线的线性延伸仅仅是一个空幻的思想。"然后，他丢下绳索的另一半，"关注当代精神的几何图像幻觉已经没有了，从此，我们进入了事件的时代，后历史性艺术（post – historical art）的时代，以及元艺术（META—ATR）时代。"

贝尔廷在他的书中举菲舍尔这么一个例子，要说明什么呢？仅仅是为了表现菲舍尔的神经质？他要说明的问题其实很简单：后前卫派对前卫派的艺术史观（即对声势浩大的技术和艺术的创新活动的陈辞滥调的解释）很不以为然，由此说明艺术史是没有连贯性的，或者说，现有的艺术史的观点是值得反思的。看来，贝尔廷是赞同"用最近艺术经验训练的眼睛来观察历史的艺术"① 的；他对前卫艺术也作了这样的阐释："所有那些直接或间接地同情前卫主义事业的人们，却相信艺术将会沿着一条进步和创新的道路不断发展下去。因而，只要前卫艺术似乎只是在扩展传统艺术已经开始的进程——不断更新艺术的外观，我们就没有必要害怕传统会真正地受到前卫艺术的拒绝。"②

以上所涉及的前卫与后前卫、创新与旧模式、历史实际可理解为前

---

① 汉斯·贝尔廷：《艺术史的终结？——关于当代艺术和当代艺术史学的反思》，参见《艺术史的终结？当代西方艺术史哲学文选》，第282页。
② 同上书，第282—283页。

卫史，以及用当代眼光去对历史上的艺术作品进行评价，等等，依我看，都在讲艺术史上的中断与连续性（亦即延续、承续、接续）的问题。所谓中断，是当前时代的文化、习俗发生变化时，前卫潮流发起的对传统的挑战，它的目标主要是抛弃传统中过时的、死气沉沉的旧模式；而连续性则是指，挑战并不可能完全抛弃传统，它孕育于传统的母体，所以不会同传统一刀两断，而是发生一种藕断丝连的关系。所以，在艺术史的发展中，若没有中断，艺术就会在旧的模式中被窒息；而没有连续性，艺术则变成一堆毫无生命的杂乱无章的东西。

我们所说的艺术"再生"，正好是"中断"与"连续"的统一。而我们一直围绕再生谈论的敦煌艺术的再生①，亦是一个在不同时代，不同地域发生的"中断"与"承续"的统一的历史。

敦煌艺术，以莫高窟为例，就其在历代的制作，一般被认为始于前秦建元二年（366）②而止于清朝，即清王朝封关，莫高窟被黄沙掩埋。此时，敦煌莫高窟作为一个特殊的制作阶段，豪无疑问是终结了。

但是它没有毁灭，只表明一个历史发展阶段的终结、中断。它的无限的生命在沉默中等待着。

艺术不是一个自身独立的存在，它需要欣赏它的人，需要研究它的人，需要欣赏者用新眼光唤起它的生命，并给它注入新的生机和活力！

从 20 世纪初以至今，敦煌艺术在新世纪及全球化的文化背景下经历了生命重新焕发生机的历程③。石窟艺术、历史、地理等门类在内的敦煌学渐次形成。专门研究敦煌艺术和其他学科的机构"敦煌国立艺术研究所"、"敦煌文物研究所"、"敦煌研究院"，经数易其名而成立。敦煌艺术的精品、佛们、菩萨们，走出了封闭千年的洞窟，走向全国、走向全世界，向数百万中外众生展示他们的风姿。他们还在居住千年的洞

---

① 见王建疆《全球化背景下的敦煌艺术再生问题研究》，《西北师范大学学报》2007 年第 2 期，《人大复印资料·造型艺术》2007 年第 6 期。

② 亦有说莫高窟始建于西晋末年，还有说始建于东晋永和九年（353），始建于前秦建元二年（366）三说并存。通常多依前秦建元二年说。参见季羡林主编《敦煌学大辞典》，上海辞书出版社 1998 年版，第 8 页；李永宁撰《莫高窟》条目。

③ 见王建疆《全球化背景下的敦煌文化、艺术和美学》，《西北师范大学学报》之《美学敦煌》栏目 2004 年第 6 期，《人大复印资料·美学》2005 年第 1 期。

窟接见了来访的数百万的游客。① 佛和菩萨以及他们生活的天国，已经
不是窟壁上冰冷的图画了，他们同观看他们的数万人交流、对话。他们
走进观看者心灵。每一个观看者都用自己各不相同的思想、各不相同的
文化样式，重塑他们，在心里为他们构造崭新的形象。学者们为阐释他
们生命的意义，殚精竭虑，写了那么多文章，出了那么多厚厚的著
作②，举行了那么多的国际学术讨论会。

从《丝路花雨》开始，到《大梦敦煌》、《千手观音》，敦煌艺术走
进了国内外平民的生活中，塑造着人们的灵魂，创造着新的人文价值。
已入涅槃的佛活了，观音用她美丽的千手触摸着人们在商海沉浮中已近
麻木的神经，向他们伸出了爱的援手，让他们流出了几近干涩的热泪。
艺术家绘画的菩萨诸图，俨然以当代性感模特的姿态跃入人们的眼帘，
以"大众情侣"的身份引起人们爱怜和崇拜③。菩萨，这个正在实践着
的佛，在新世纪以她的又一次伟大再生，前所未有地担当起了"上求菩
提（觉悟），下化有情（众生）"的任务。不过，她已经改变了工作方
式：不再以说教为主，而是尽量用她们的肢体语言、情绪语言，向在市
场经济的竞争中心身心疲惫的各色人等展露她的笑容，施舍她的爱心。

---

　① 国立敦煌艺术研究所、敦煌文物研究所，先后在国内一些城市和苏联、波
兰、捷克和斯洛伐克、日本等国家和地区举行敦煌艺术展览，20 世纪 80 年代以来，
敦煌研究院先后在北京、上海、广州、兰州、香港、台湾等地举办了 10 余次展览，
参观人数达 200 万人次；在日本、法国、美国、印度等国亦举办敦煌艺术展览，参
观人数近百万人次。自 1979 年敦煌莫高窟正式对外开放以来，敦煌研究院接待了
来自 80 多个国家和地区的近 400 多万游客。

　② 仅敦煌研究院截至 2005 年，发表学术论文 2600 多篇，出版专著 100 多种，
出版学术期刊《敦煌研究》80 余期，还出版了一批较具影响的通俗读物和近百种
音像制品。

　③ 参见超烦法师主编《观世音菩萨故事画》，中央民族学院出版社 1993 年
版，第 58、60、72、74 页；娄西元编，郭福贵绘《观音百像图》，陕西人民美术出
版社 1996 年版，第 30、41、44、45、57、72 页。在唐代，莫高窟的菩萨是以唐宫
中的"官娃"为原塑造的；而在现代，艺术家笔下的菩萨，则是以"世界小姐"为
原型塑造的。

第 三 章

敦煌艺术影视传播之可行途径论略

自 1900 年敦煌莫高窟藏经洞被发现后，史学、文献学、宗教学、艺术学、语言学、民俗学、文化学等向来是敦煌学研究的主要方面，敦煌学也逐渐成为一门国际性显学。但是，长期以来，敦煌学一直没有在传播学框架内对敦煌艺术传播问题展开认真研究，特别是在影视传播技术空前发展的今天，敦煌学也尚未将敦煌艺术传播问题纳入其学科视野，这不能不说是敦煌学研究的一点缺憾。本章将以此为出发点，对敦煌艺术影视传播的可行途径作一粗略探讨。

一 影视传播与敦煌艺术再生

"艺术的再生源自于经典艺术品作为灵感之源启发新的艺术生成，或派生出新的艺术品种，产生新的艺术流派，或使这种经典艺术在新的时代背景下出现价值增值"；就敦煌艺术而言，在艺术价值认同层面，敦煌艺术再生是指"通过敦煌艺术和文化题材被搬上舞台和银幕，引起国内外广泛的关注"①。这可以作如下理解：其一，所谓"再生"不是指对已然"死亡"对象的重新复活，而是指这种艺术由于产生的特殊条件使其以静态方式存在，自身在更为宽广的范围传播可能性受到很大程度制约，但又具有相当高的艺术审美价值；其二，"再生"就是要用别样的艺术创造尽可能使这种具有很高审美价值又是静态存在的艺术生成新的艺术类型，甚至成为在当下社会中能够为更多人进行审美鉴赏的

① 王建疆：《全球化背景下的敦煌艺术再生问题研究》，《西北师范大学学报》2007 年第 2 期。

动态对象；其三，通过新的艺术创造和传播使其原本具有的艺术审美价值进一步得到挖掘和张扬，从而实现艺术审美价值的增值。在当下社会，敦煌艺术再生的一个重要方面，就是怎样利用为社会大众所普遍认同的动态性、直观性、视像性媒介进行新的艺术创造，而从艺术传播效果的角度看，对敦煌艺术的舞台化创造，特别是以高科技武装起来的影视媒介进行新的创造和传播无疑具有更为重要的再生意义。

有传播学者把传播界定为"社会信息的传递或社会信息系统的运行"[1]，然而由于传播现象在人类社会、自然界无处不有、无时不在，因而也可以把传播看作是"信息、知识在时间或空间中的流动和变化"，即"知识、信息的双向交流过程"[2]。当然，如果从更加宽泛的意义上来看，任何能够记录、保存和复现信息的物质载体——媒介——所负载的符号都会成为信息，信息不仅是人与人、人与群体、人与社会建立联系的保障，也是人与自然界之间、自然界各生物之间产生联系的前提，这就使人类社会、整个自然界到处都充满着信息的生生不息的流转、运动和变化。另一方面，还应该看到，在历时性层面，人类信息传播大体经历了由语言媒介、文字媒介、传统电子媒介（电报、电话、电影、广播、电视）和新型电子媒介（网络、手机）几个阶段；在共时性层面，现代社会中语言媒介、文字媒介、传统电子媒介和新型电子媒介在不同领域、不同范围以交叉综合的形式发挥着重要作用，同时传统电子媒介中的电影、电视和新型电子媒介（特别是电脑网络）在日益走向融合而形成多媒体传播方式后，在信息传播中具有单个媒体难以比拟的传播优势和影响力。在这种情况下，语言媒介、文字媒介对人类文化的传播已无法满足人们因时代快速变化而产生的心理、精神需求，这就要求我们必须要站在能更好适应当代人需求变化、社会变化的角度认识和充分运用以电子媒介为主要载体的传播手段；而敦煌艺术在面对多元化、产业化、全球化的发展现实时，则需要利用新型电子媒介向更多大众有效传播敦煌艺术审美文化。

但是，当我们从传播媒介多样化特别是从电子媒介传播角度来审视敦煌艺术传播问题时，不难发现，自敦煌学形成以来，敦煌艺术传播主

---

① 郭庆光：《传播学教程》，中国人民大学出版社 1999 年版，第 5 页
② 陈力丹：《传播学是什么》，北京大学出版社 2007 年版，第 7—11 页。

要依赖的仍是文字传播媒介。毫无疑问，敦煌学研究依靠文字传播媒介在文献整理刊布、宗教文化、石窟艺术、语言文学（包括歌辞、诗歌、变文、俗赋等）诸多方面取得了巨大成就，在音乐、舞蹈及少数民族历史、语言等方面的研究也硕果累累，国内外学者的研究成果可谓汗牛充栋，《敦煌宝藏》、《敦煌大藏片经》、《英藏敦煌文献（汉文非佛经部分)》、《敦煌吐鲁番文献集成》、《藏外佛教文献》、《敦煌学大辞典》、《唐五代敦煌寺户制度》、《敦煌文学》、《敦煌俗文学研究》、《敦煌文学与唐代讲唱艺术》、《西域文化研究》、《讲座敦煌》、《亚洲民族研究所所藏敦煌汉文写本注记目录》、《绘画、戏剧：中国绘画故事及其印度渊源》、《敦煌彩塑艺术》、《敦煌壁画概述》，等等，成为敦煌学研究中具有重要影响的代表性成果。文字媒介传播在理论研究层面上为敦煌艺术、文化的深层探索作出了骄人成绩，但理论形态的学术性特点、文献集成的资料性特点决定了这种传播还难以使敦煌艺术真正进入普通大众的视野。因而，壁画临摹（张大千、高金荣等）、音乐破译（叶栋、席臻贯等）方式在敦煌艺术的传播上成为文字媒介传播的重要补充。当普通大众较难接受理论的抽象形式时，临摹性壁画作品、音乐演奏为大众感知敦煌艺术的魅力提供了直观生动的视、听享受。以高金荣为代表的对敦煌壁画舞蹈优美舞姿的精细考察及其在舞台上的生动展现，成为敦煌艺术再生的成功范例。

另一方面，动态化的舞台传播方式在敦煌艺术再生中产生了更为显著的作用，舞台艺术创造将更多的普通平民纳入敦煌艺术的接受者范围，从而成为敦煌艺术再生的重要推动力量。大体看来，以敦煌艺术为题材在舞台上较早展开艺术创造的是梅兰芳改编演出的京剧《天女散花》（1917），以及新中国成立以后戴爱莲创编的双人舞《飞天》（1956），这两部作品已成为舞台艺术中的传世精品。改革开放以后，甘肃艺术界在敦煌艺术方面大做文章，先后创作演出舞剧《丝路花雨》（1979）、乐舞《敦煌古乐》（1994）、舞蹈诗《西出阳关》（1994）、儿童剧《九色鹿》（1999）、舞剧《大梦敦煌》（2000）、陇剧《敦煌魂》（2001）、秦腔《茸宝记》（2002）、乐舞《敦煌韵》（2004）、京剧《丝路花雨》（2007）等剧目，在演出市场上成绩斐然，2007 年 11 月底甘肃省杂技团等创作的大型杂技剧《敦煌神女》也在兰州成功上演。此外，20 世纪 90 年代日本著名舞蹈家花柳千代创作完成的舞剧《大敦煌》在日本和中国演出

（1997）时受到观众的普遍欢迎。其中，值得我们特别关注的是，敦煌艺术剧院创编的舞剧《丝路花雨》自上演以来，迄今在国内及朝鲜、法国、意大利、日本、泰国、前苏联、西班牙、土耳其、美国及港、澳、台等 20 多个国家和地区，共演出约 1600 余场，观众累计达 400 多万人次。该剧 1994 年荣获"中华民族二十世纪舞蹈经典作品金像奖"，2004 年被上海大世界吉尼斯总部认定为"中国舞剧之最"，次年荣获上海大世界吉尼斯总部颁发的"2005 年中国吉尼斯最佳项目奖"，被誉为"中国民族舞剧的典范"、"中国舞剧的里程碑"、"东方的《天鹅湖》"。舞剧《大梦敦煌》也取得了巨大成功，在国内外演出约 400 场，乐舞《敦煌韵》在国内外市场上也取得了演出 200 余场的不俗成绩。

甘肃艺术界在敦煌艺术传播方面做成大文章的启示在于：将静态的敦煌艺术借助动态、直观的方式展示出来，敦煌艺术才能成为真正为平民所接受的大众化艺术，敦煌艺术才能获得更多形式的再生，敦煌艺术的内在精神意蕴也才会真正深入民间。

二 敦煌艺术影视传播现状

从目前情况看，以敦煌为题材的影视创作已经取得了一定成绩，但相较而言，无论在数量上还是在质量上尚不尽如人意。以敦煌为题材的影视作品大体可分为这样几种：

电影动画片：主要作品有《九色鹿》（1981）、《夹子救鹿》（1985）；

电影故事片：主要作品有《沙漠宝窟》（1981）、《丝路花雨》（1982，戏曲片）、《敦煌》（1988，日本）、《敦煌夜谭》（1990，中国香港）；

电视剧：主要作品有《张大千敦煌传奇》（2005）、《大敦煌》（2006）；

纪实性电视作品（风光片、专题片、纪录片）：主要作品有《丝绸之路》（中日合拍）、《神秘的月牙泉》、《敦煌百年》（凤凰卫视）、《敦煌》、《敦煌再发现》、《世界遗产·敦煌莫高窟》、《走遍中国·敦煌》、《大河西流·拯救敦煌》、《新丝绸之路·敦煌生命》、《中国西部探密·永远的丝路》、《中华文化系列·敦煌莫高窟文化》、《鸣沙山·月牙泉》、《敦煌写生》（五洲传播中心与美国彩虹电视联合制作，2007 年在第 36 届北加州地区"艾美奖"评奖中获最佳纪录片导演奖）等。

在这些作品中，《九色鹿》已成为电影动画中的经典作品之一，而

《夹子救鹿》所寄托的那种浓烈的对人与自然和谐关系的向往之情也特别富有感染力。根据日本作家井上靖同名小说改编的电影《敦煌》（佐藤纯弥导演），由于在情节叙事、人物关系等方面的独特运思及其对敦煌大漠风光的艺术展现，得到观众一定程度的认可，而其他电影作品则由于没能在艺术审美意蕴的深度开掘上有所突破而渐被观众遗忘。在电视剧作品中，《张大千敦煌传奇》过多拘于"传奇"故事，在对主人公情感的揭示上尚未体现出应有的人格、人性魅力，因而作品没能在更大范围内获得市场支持。2006年底在央视一套黄金时间隆重推出的《大敦煌》，映前造势相当引人关注，特别是擅长历史题材的陈家林的执导，以及唐国强、陈好、巍子等影视界明星的加盟表演，作品的收视期待被大大高估，然而由于叙事的冗长散漫以及对敦煌文化本身的表现过于浅薄，《大敦煌》遭遇市场失败。从数量上看，在以敦煌为题材的影视作品中，较多的是纪实性的电视风光片、专题片、纪录片，这类作品，有些以表达敦煌独具魅力的地域风光见长（如《神秘的月牙泉》、《走遍中国·敦煌》等），有些则蕴含着鲜明的生态环境意识（如《大河西流·拯救敦煌》、《新丝绸之路·敦煌生命》等），其他作品则有意选取某一特定角度，或从历史、或从文化、或从艺术、或从宗教、或从民俗角度对敦煌进行记录、解读，融纪实性与艺术创造性于一体，给人留下了可以反复回味、咀嚼、思考的余地，因而也表现出相当的艺术创造水准。

这就是说，相比较而言，数量不多的动画片和数量相对较多的风光片、专题片、纪录片给人们留下的印象更为深刻，电影、电视剧不仅数量少，而且这些为数不多的影视剧在艺术质量与审美品位方面大多乏善可陈，这就是我们不得不认真思考的重要问题。本来，影视剧能留给艺术家更多、更大、更多样化的审美创造空间，但为何却在敦煌艺术再创造、敦煌文化传播方面遭遇如此尴尬？笔者以为，这其实反映了敦煌题材影视剧创作的总体情状，概括来看主要有三点：第一，缺乏对敦煌艺术、文化的深刻有力的人文观照，如《大敦煌》借"经"叙事，在结构设计上也进行了有益探索，同时注重商业化、娱乐化的情感表达，但却没有在共通人性情感的深层次上作深入挖掘，没有将佛理"普度众生"背后隐含的那种"爱"上升到具有普适性生存价值的层面作深刻探问，从而失却了对人生生存问题展开精神质询的丰富可能性，"形式大于内容"无疑是失败的关键所在。第二，想象力的严重不足，这不仅是制约我国电影、电视剧艺术审美创造的重要因素，也是敦煌艺术再生中影视剧创作的最大困惑。关于这一点笔者曾表达过这样的观点："不少作品以期通过宏大场面来掩盖想象力的苍白，其结果是艺术中应有的'登山则怀满于山，观海则情溢于海'的大气磅礴的精神销匿若尽，很难让人产生辽阔、博大、自由的想象美感，也难以使人在内心世界生发出情感的激荡。"① 第三，产业化意识错位。应该说，敦煌石窟中已有的文化创造成果是今天我们进行影视剧艺术创作的独特资源，也是能够触发艺术灵感并促使敦煌艺术再生的最可宝贵的艺术之源，但基本现状却是，我们在舞台空间中所创造的敦煌艺术形象是那样富有魅力，以至于在征服国人的同时，也赢得了世界的掌声，而影视剧中的大多数作品却淡乎寡味，其不可忽视的原因之一，就是影视剧在以敦煌艺术、文化为素材进行再度创作时，或者停留于一般性的粗加工层次，或者误将产业化等同于商业化、娱乐化，一味适应存在于市场大众的某些庸俗消遣心理，表面上看这似乎与市场要求相呼应，其实是一种扭曲了的、错位了的产业化意识，这种产业化意识引导下的所谓艺术创造其实是在无为地浪费敦煌文化资源，同时也在白白消耗受众情感的过程中逐渐失去了市场的信任。

三　敦煌艺术影视传播之可行途径

众所周知，高科技是影视艺术赖以成长、发展、成熟的技术基础，在日新月异的科技支撑下，影视已成为人们进行艺术体验、文化阅读、信息接收、知识更新、娱乐消遣、消费导向的极为重要的大众传播媒介，其运动性、视听性、直观性、形象性等特点所带来的巨大冲击也成为"眼球经济"或曰"视觉经济"创造的重要手段。单从信息传播意义看，影视特别是电视是能够全方位介入经济、政治、文化、科学、艺术、历史、宗教、体育等社会各领域，并进行信息记录、保存和传播从而产生广泛、持久影响力的视听媒体。然而，影视媒介在敦煌艺术再

---

① 黄怀璞、宗红梅：《西部题材电视剧创作问题思考》，《中国电视》2007 年第 8 期。

生、敦煌文化传播中尚未发挥应该发挥的重要功能。我们以为，从敦煌艺术、文化整体思考入手，影视在这方面应该而且必须大有作为。整体看，以影视为手段进行敦煌艺术再生性传播可以有以下主要途径：

1. 动画艺术创作

仅就敦煌壁画看，敦煌石窟壁画中有佛像画、经变画、神怪画（神话题材）、供养人画、装饰图案画、故事画（包括佛传画、本生画、因缘画、佛教史迹画、比喻画）、山水画等众多类型，另有建筑画、器物画、花鸟画、动物画等。这些壁画中的经变画和故事画大都具有一定的叙事情节，甚至饱含动人的情感；而且，这些壁画以高超的艺术技巧广泛生动地反映了丰富多彩的社会历史面貌，如出行、游猎、剃度、礼佛，以及农耕、狩猎、捕鱼、冶铁、炊事、营建等生活，还涉及婚丧嫁娶、百戏、商旅、战争、民族往来等活动。这些都是影视动画创作中弥足珍贵的素材，可在去粗取精的前提下借助数字技术为儿童、青少年创造独具神韵的影视动画作品。儿童、青少年通过动画观赏，一方面可汲取知识养料、拓展知识视野、强化知识累积；另一方面可从那些富有情趣的故事中培养爱人之心、爱物之性，在艺术的潜移默化中理解人类之爱的重要性，同时，还能培养他们的审美素质，提高审美修养，促进他们身心的全面、健康发展。

2. 影视剧创作

上述壁画中的各类故事不仅可为动画片创作提供素材，还能触动影视剧创作的灵感，通过全面调动影视丰富多样的艺术手段，在原画所提供的故事框架、意蕴内涵的基础上经过艺术的审美想象、提炼、加工、虚拟，结合当代人审美意识、审美观念的变化，生产制作出电影故事片以及不同形式的电视剧作品（电视连续剧、系列剧、儿童剧等），为不同年龄层次的受众提供丰富多样、直观形象、动态变化的敦煌审美景观。同时，还应该注意到，在敦煌艺术、文化的保护、开掘、研究中，一代又一代中华儿女为之付出了巨大的努力和牺牲，如于右任、张大千、常书鸿、段文杰、李丁陇、樊锦诗、高金荣、叶栋、席臻贯，等等，他们或为保护敦煌文化竭心尽力，或以壁画临摹使精湛的民族艺术得以普及和传播，或为守护敦煌奉献了全部青春，或为敦煌文化研究呕心沥血，或为敦煌舞姿在舞台上的复现殚精竭虑，或为敦煌古乐的破译贡献了毕生精力。可以说，他们的人生理想从不同侧面折射出民族精神、民族灵魂的耀眼之光，与敦煌艺术一起构成敦煌文化的灿烂篇章。运用影视艺术手段深入探求他们的内心深处，展示他们的情感世界、精神风貌，就能向世人更好地昭示中华文化千百年来传承延续的刚毅顽强和强大的生命力。

3. 纪实性艺术创作

这包括专题片、纪录片、风光片等。当代纪实性影视作品创作发展的基本趋势是，在整体风格体现纪实的前提下，充分发挥艺术性审美的创造功能，强化纪实中的故事性和艺术感染力，使纪实过程成为一种艺术体认的过程，使纪实的结果成为具有审美意蕴的艺术文本；同时，当代影视观众对此类作品亦形成一种新的期待心理——"审美性纪实"期待，因而传统的那种只对对象进行复现式忠实记录的纯纪实性作品已很难适应人们"审美性纪实"的心理要求。从目前已有的敦煌纪实性作品看，电视媒介在这方面已经发挥了较好的作用，电影介入却很少，但这既是不足，也为电影纪实性艺术创造留下了相当巨大的空间。当然，全面来看，影视媒介在敦煌题材的纪实性创作上都拥有能够发挥艺术创造的广阔天地，因此，在影视的共同努力下，对涉及敦煌文化的各个层面（艺术、语言、历史、宗教、文献、民俗等），对致力于艺术敦煌文化事业的典型人物，对敦煌环境保护，对敦煌所处区域的独特风光，等等，进行全面记录、解读、品味、加工、提炼，并将纪实与艺术的能动创造结合起来，在"美学敦煌"这一宏大视域中作凝神观照，就能够展现敦煌艺术博大精深的文化内涵，影视纪实性创作将成为敦煌艺术再生的重要手段。但是，敦煌艺术的独特性决定了敦煌影视作品的创造及其传播，必须在恪守艺术基本精神的前提下体现敦煌独具魅力的审美品格，因而需要注意：一是强化人性情怀。敦煌艺术既体现出浓郁的乡土情结，是独特的地域性本土文化积淀的结果，也是神圣的宗教情感与世俗情感结合后的艺术呈现，内在地隐含着对外来文化创造性吸收与发展中的世俗化人性情怀。"敦煌艺术之美在很大程度上是以其宗教艺术的世俗化处理来表现的，世俗化并非内容上的庸俗化和形式上的平庸化，而是直达人性化的艺术表现。"① 这是敦煌艺术的文化精髓之所在。敦

---

① 易存国：《敦煌艺术美学——以壁画艺术为中心》，上海人民出版社 2005 年版，第 339 页。

煌影视作品就是要以人文情感为基点，在努力剔除那些可能存在于各类
敦煌艺术形态中的文化糟粕的前提下，通过艺术锻造和加工，使影视文
本更多地体现出与人性情感相吻合的人生祈愿、生存理想及价值取向。
二是突出民族精神。作为外来宗教文化与本土文化相互碰撞、交汇和融
合的结果，敦煌艺术集中体现了中华民族自主创新、顽强拼搏的主体精
神，因此，敦煌影视审美创造的重要内容，就是要着力展示潜藏于民族
灵魂深处的那种坚韧不拔、勤奋创造、执著探索、敬业求新的内在精
神，以充分激发中华民族对现实生活的创造激情和对未来社会的热烈向
往。三是体现生态意识。敦煌艺术无疑充分体现了中华民族在大漠孤烟
中艰辛创造的伟大，这是我们引以为自豪的精神财富，但社会历史发展
的现实也在不断警示我们：不仅今天的敦煌处于日益恶化的尴尬境地，
而且人类也面临环境危机的严峻考验。所以，敦煌影视作品必须把保护
环境、珍爱自然的观念艺术地缝合于影视文本之中，促使人们形成更加
鲜明的生态意识，努力造就人与自然和谐平衡的生存局面，同时也会启
示更多的艺术家从艺术生态学层面寻求新的艺术平衡向度。四是注重产
业化运作。这是影视艺术产业化发展提出的现实要求，即从资源精细加
工角度实现艺术效益、文化效益、经济效益、社会效益的最优化和最大
化，也就是要在敦煌影视创作的经营管理、资本投入、生产运作、市场
营销等各环节上，大力借鉴好莱坞、迪斯尼等产业模式，以集团化、规
模化方式形成敦煌艺术影视生产的产业链或产业集群，将敦煌的资源优
势转化为产业优势、市场优势，用影视媒介将敦煌艺术锤炼为品位高
超、质量上乘的影视精品。在国内外市场上立得住、叫得响的艺术力
作，不仅能更好地传播敦煌艺术，促进敦煌艺术的多样化再生，而且能
为我们创造更多的文化价值和经济价值。

第四章

论敦煌再生舞台艺术创作思维的嬗变

1979 年大型舞剧《丝路花雨》的问世，不仅提供了新的舞台节目，而且引发了一场文化遗产研究与舞台艺术创作联姻的革命。

这场革命改变了敦煌文物被发现以来，或是掠夺、占有，或是修复、整理、辑录、临摹、研究的单一性思路，提供了敦煌再生艺术这一新的艺术创作思维，为人类优秀文化遗产的保护、研究、增值拓展了新的空间。在这一新思维引导下，三十多年来《敦煌乐舞》、《敦煌韵》、《千手观音》、《敦煌古乐》、《大梦敦煌》、京剧《丝路花雨》、杂技剧《敦煌神女》等相继问世，不断在国内外引发轰动效应，提高了敦煌文化的知名度，使敦煌文物及敦煌再生舞台艺术成为全球化战略命题下的一个"打开的艺术宝藏"，一个凝聚"人类文明的最大磁场"①，形成了敦煌再生舞台艺术流派。

敦煌再生舞台艺术，是人类当代艺术的新创造和中华民族文化遗产自我增值的新领地，有着灿烂的发展远景和实际的经济文化价值。对其进行艺术上、学术上的研究是十分必要的。回溯其三十多年的发展历程，除了艺术家献身艺术的忘我精神之外，起关键作用的是敦煌艺术创新、再生的艺术思维。这种艺术思维在不断创编新作品的过程中经历了曲折的变化。本章拟就此进行梳理、总结与论证。

一　重现东方艺术瑰宝神韵——文化遗产研究同艺术创作联姻

1977 年，中国刚摆脱"四人帮"的文化高压体制，政治气候乍暖

---

① 王建疆：《全球化背景下的敦煌文化、艺术和美学》，《西北师范大学学报》2004 年第 6 期，第 30 页。

还寒。广大文艺工作者长期被压抑的创作激情如同炽热的岩浆，急切地寻求喷射的突破口。一个朦胧而又急切的新思路此时在甘肃产生：到敦煌莫高窟去寻找创作灵感，让文化遗产研究同艺术创作联姻！甘肃歌舞团（甘肃敦煌艺术剧院）在省委宣传部领导吴坚、陈舜瑶等的支持下，迅速成立了以赵之洵、刘少雄、张强、许琪、朱江、宴建中等为成员的创作班子，于11月进驻敦煌①。

任何哲学、文化新思维的形成都有曲折的过程。《丝路花雨》从动议到搬上舞台的近两年时间，创作组和歌舞团演职人员经历了艺术创作由政治思维为主体到艺术思维为主导的"破"与"立"的斗争，经历了艺术创造化蛹为蝶，破茧而出的艰难过程，终于找到了文化遗产研究与艺术创作联姻的最佳角度。

首先，文学剧本的创作就经历了不少反复。最初脚本是名为《敦煌曲》的三幕五场舞剧，既没有摆脱图解政治的文艺思维模式，也没有摆脱守护敦煌文物的研究思维模式。"第一幕写唐代建窟，诉画工之苦；第二幕写清代护宝，说民族恨；第三幕写解放后换新天，大唱光明赞"②，结果该方案被推翻。经过多次修改磨合，定稿为以画工"神笔张"和其女——民间舞女英娘生活境遇为主线的大型舞剧《丝路花雨》，颂扬丝绸之路上各民族之间的深厚友谊，以及正义战胜邪恶的人类法则，在全国率先实现了文艺创作思维的飞跃。

其次，在舞剧的主体——舞蹈动作的编排上，同样经历了思维嬗变的过程。《丝路花雨》舞剧的创新点是弘扬敦煌洞窟的民族艺术瑰宝，但如何编排却颇费踌躇。敦煌700多个洞窟保留了自魏晋至元明逾千年的壁画45000平方米，现身其中的伎乐菩萨舞姿灵动飘逸，婀娜多姿，既记述了众多的佛教故事，也记载了不同历史时期世俗舞蹈动作的美好瞬间。编导组与一些主要演员被这些美丽的画面所震撼，经再三思考，逐渐确立了"复活"与重现的基本思路，即在前人研究描摹的基础上归纳、选择相近的舞姿片断，将孤立的片断和静止的舞蹈画面变为连贯活动的有情感变化的舞蹈重现于艺术舞台。他们在不同历史时期的洞窟

---

① 梁胜明：《揭秘〈丝路花雨〉背后的故事》，《兰州晨报》2007年3月23日。

② 同上。

壁画里筛选出 150 多个特点突出、形态优美的舞姿形象，作为重点研究、参照的经典动作，从中总结出敦煌舞姿"S"型动律。如西魏时期的天宫伎乐舞，中唐时期的反弹琵琶舞、弹指舞、软舞、健舞，盛唐时期的绸舞、莲花台舞、击鼓舞等。正如主要演员贺燕云所说："如果我们把一个个静止、孤立的敦煌壁画舞姿比喻成敦煌舞蹈的一个个字与词，现在就是要把它变成生动的句子，变成美丽的文章，表现我们的情感，讲述我们的故事，塑造我们的人物。"①

凝结着编导人员智慧结晶的一批仿古舞蹈如百戏、反弹琵琶舞、伎乐飞天舞、莲花童子舞、凭栏天女舞、霓裳羽衣舞、盘上舞、马铃舞、黑金舞、印度舞……就这样被大胆地创编出来，它们既具有各种古典舞蹈的特色，又具有敦煌舞姿"S"式造型——扭腰摆胯的总体特点，不仅达到与壁画浅表的形似，更具有深层次的神似，形神兼容，重现了东方艺术瑰宝的神韵。而盛唐时期西域各国服装如露脐装、飘带裙、喇叭裤……也被搬上舞台，不仅为舞剧增色，也引发了服装领域的连带反应。

《丝路花雨》剧演出后好评如潮，轰动世界，它一经问世，就拿下了多项大奖：文化部"创作一等奖"，"演出一等奖"、"中华民族 20 世纪舞蹈经典作品金像奖"等，在美国、法国、意大利、日本等国家巡演千余场。它的成功主要赖于新的艺术创作思维的确立，其意义有三：以敦煌画工的传奇故事作为舞剧的表现内容，以丝绸之路西域各国人民友好往来的氛围作背景，颂扬了大唐王朝的恢宏气势以及开放的、多元的文化观念，对中国新时期的"文艺复兴"具有促动作用；以"复活"与再现敦煌艺术瑰宝的方式打出了"敦煌"舞剧的牌子，探寻出一条发展民族歌舞的新路。对中国民族文化走向世界，在全球化"文化趋同的浪潮"② 中保持自身的价值具有极大的作用；从文化遗产与艺术创作联姻的角度挖掘民族文化资源，扭转了仅仅针对研究本体做文章的科研思路，发明了敦煌再生舞台艺术这一新的艺术思维方法，对优秀民族文

---

① 贺燕云：《反弹琵琶伎乐天——〈丝路花雨〉、敦煌舞与我》，《十月》2007 年第 4 期，第 154 页。

② 王建疆：《全球化背景下的敦煌艺术再生问题研究》，《西北师大学学报》2007 年第 2 期，第 18 页。

化遗产的保护和开发利用提供了新的经验。

二　破译文化瑰宝——从"文化冰箱"中获取敦煌舞台艺术创作理论基础

《丝路花雨》剧编演的成功打出了敦煌再生舞台艺术的旗帜，接续而来的，便是艺术创新的第二个层面——破译与再创新，即从敦煌莫高窟这个"文化冰箱"①中挖取艺术食粮，从文化遗产研究与艺术创作的直接联姻中获取敦煌舞台艺术发展的理论基础。换句话说，"只有在学术意义和社会价值，理论研究和应用研究两个方面同时用力"②，才能"为今后更加自觉的、更大规模的艺术再生工程寻找思想和理论的支持"③，敦煌再生舞台艺术才有更广阔的发展空间。这种思维，是《丝路花雨》成功以后甘肃省文化宣传部门领导和相关创演人员的共识。

而破译谈何容易！许多敦煌研究专家在孜孜不倦地研究敦煌壁画中的乐器、舞姿，破译敦煌乐谱、舞谱，其过程是艰辛无比的。在甘肃，有两个人的破译研究工作与敦煌再生舞台艺术的联姻最为直接，这就是甘肃敦煌艺术剧院的院长席臻贯和敦煌吐鲁番学会舞蹈学会副会长高金荣。前者的突出成就主要体现在对 25 首唐代曲谱的破译，后者主要进行敦煌壁画舞姿的研究。

出土于敦煌藏经洞的 25 首手抄乐谱是唐代歌舞音乐的琵琶伴奏谱，是现存世界上最古老的音乐语言，原件保存在法国国家图书馆。曲名分别为：《品弄》、《倾杯乐》、《急曲子》、《撒金砂》、《水鼓子》等。

唐代的记谱方式与今天完全不同，符号形似日文的假名，如：一、人、工、只、七、儿、作、十、上等，谱字旁边还有表示时值或句段的符号口、T、V、王、火等，宛如天书般难以辨识。最早看到这卷古谱的中国人是刘半农先生，从 20 世纪 30 年代起，致力于敦煌古谱解读研

---

① 刘洁：《从〈敦煌歌辞〉中乐妓形象看中古时期中国文化审美价值体系的多元化态势》，《西北师范大学学报》2007 年 2 期，第 25 页。

② 王建疆：《全球化背景下的敦煌艺术再生问题研究》，《西北师范大学学报》2007 年第 2 期，第 20 页。

③ 同上书，第 18 页。

究的，还有日本人林谦三，中国人任二北、杨荫浏、饶宗颐、张世彬、叶栋、陈应时、何昌林、关也维等。他们苦苦探寻，虽有所获然皆未洞悉其奥。

1982 年，席臻贯随《丝》剧组赴法国演出，抄回了这些乐谱。其后用十年时间进行破译，破译过程极其艰难。以"口"为例，许多学者认为它是一个音符，而席臻贯通过对《说文》、《古文校读法》以及《姜白石词编年笺校》的研究，认为"口"实乃"句"字之减笔，是乐句之间的停顿符号。"T"这个符号，林谦三一直认为它是"停"之省略，以示一曲之终。席臻贯得出了"T"实为"下"字之省略的结论，这样，"T"就是表示某音持续延伸的意思。其他如"V"为重字号，"王"乃"往"之减笔，犹今之反复号……破译了这些难解的符号，开始攻乐谱。席臻贯抛开了前人在音乐的小圈子里踏步的方法，将诗、乐、舞连为一体加以研究，认为唐代的音乐、舞蹈、诗歌是合而为一的，音乐的节拍必须符合舞蹈的节拍和诗歌的节拍，这正是唐乐节律及和声规律，掌握了这些，翻译古乐谱就较为顺利了。1992 年 10 月初，由敦煌文化出版社和甘肃音像出版社联手推出的《敦煌古乐》图书和音响 CD 盘，自豪地向世人宣布：数十年来中外敦煌学者未能解读的这一"敦煌学之谜"，终由中国甘肃学者解开。

接着，由敦煌艺术剧院副院长许琪进行第二重艺术创作——依据破译后的古乐进行舞蹈编排设计，分四场将《敦煌古乐》搬上舞台。第一场：展现达官贵胄人家女伎竞演的情景，美妙的乐曲与舞蹈融为一体，引发众人的赞叹；第二场：丝绸路上，市井民妇欢快地踏歌而舞，动作节奏分明，尽显边地风情；第三场：长城下边塞将士的营地，战士披甲而眠，一曲琵琶独奏曲由远而近，声声乡音拨动征人心弦；第四场：一幅臆想中的西方极乐世界图景，空中仙乐袅袅，飞天舞、密宗双人舞、金刚千佛舞轮番展开，祥和氤氲，蔚为大观。节目排好后，作为第四届中国艺术节的开场戏搬上舞台，大放异彩。

高金荣先生的功绩体现在对敦煌舞姿的研究和提炼上。她深入敦煌洞窟，反复研究诸多雕塑、壁画上的伎乐、菩萨的姿态，尤其是蕴含了丰富文化语言的手姿，编写了《敦煌舞教程》，将敦煌舞的肢体语言进行逐项命名。她对敦煌舞姿的手姿研究得尤为细致，对带有佛教意蕴的各种菩萨、伎乐的手姿进行了深层开发，并进行新的创造。她创造的平托掌、佛手式、兰花式、弯三指、翘三指等概念术语和她规定的各种概念的动作要领，在敦煌舞的发展史上有开拓意义。总体来看，她的教本与此前文化部文学艺术研究院舞蹈研究室吴曼英、李才秀、刘恩伯编写的《敦煌舞姿》各具特色。

高金荣先生在研究敦煌舞姿的同时，还创编了《敦煌手姿》（后更名为《千手观音》）、《妙手反弹》、《大飞天》、《欢腾伎乐》、《长沙女引》等舞蹈，演出时获得极大成功，是敦煌再生舞台艺术的教科书，也是文化遗产研究与艺术创作联姻的成功范例。

敦煌古乐谱和敦煌古典舞的成功破译在全世界产生了重大反响，引起各方人士的密切关注。其意义有三：其研究成果填补了世界考古研究和古代文化研究的一项空白，为敦煌再生舞台艺术填充了历史文化蕴含，夯实了西部民族乐舞再发展的科技文化基础；将敦煌文物研究与应用研究进行直接组接，将破译了的敦煌古乐、敦煌舞蹈进行再创造，以优美的形式搬上舞台，创造了《敦煌古乐》、《千手观音》等新的乐舞，将敦煌再生舞台艺术推到一个新的水平；进一步扩大了敦煌再生舞台艺术的影响，确立了这一流派的重要地位，为这一流派的持续性发展奠定了坚实的基础。

三　开拓·创新·走向世界——让艺术思维插上飞翔的翅膀

敦煌再生舞台艺术的影响越来越大，充分显示出其品牌效应。为适应商品社会自然调节的规律，作为敦煌乐舞旗舰的甘肃敦煌艺术剧院在对外演出时又从舞剧与敦煌古乐中综合编排了《敦煌乐舞》，甘肃歌剧院也编演了乐舞《敦煌韵》，兰州歌舞剧院创演了舞剧《大梦敦煌》。此时，甘肃省城兰州的三大艺术集团都在打敦煌牌，甘肃成了敦煌乐舞创演基地。"舞自敦煌来"，成为很多人的共识。

这批新的敦煌乐舞在艺术创作思维上又有什么新发展呢？无疑，创新是总的思路，而如何编排却各有"高招"。

甘肃省歌剧院历时3年创编的大型乐舞《敦煌韵》分为《天宫伎乐》、《美音鸟》、《阳关三叠》、《妙音反弹》、《太平乐》、《千手观音》、《秦王破阵乐》、《鸣沙月》、《望江南》、《香音神》、《玉关情》、《莫高盛世》等12个篇章，通过歌、舞、乐一体的全新模式，展示了

"九色鹿"、"步步生莲"等佛经故事。乐舞的文化思维不拘泥于原版原调，追求内在的敦煌文化意蕴，用自创的美妙音乐和舞姿诠释佛经故事，再塑人们熟知的敦煌再生舞台艺术形象：飞天、反弹琵琶伎乐、千手观音、"月牙神女"等。

而兰州歌舞剧院编演的《大梦敦煌》是在《丝路花雨》之后再次引发轰动效应的又一舞台奇迹，荣获了"文华奖"、"五个一工程奖"、"荷花奖"、2003—2004 年"国家舞台艺术精品工程"剧目等多项大奖，并创造了在国内外演出 365 场，获利 3000 多万元的历史新高纪录，仅 2007 年 1 月 26 日至 28 日在巴黎演出了场就收益 26.4 万欧元①。

《大梦敦煌》突破了复活与再现敦煌艺术瑰宝的"丝路花雨"舞剧模式，采用了俄国文艺理论家巴赫金"复调"理论来结构舞剧，将舞剧表演的两个层面——现代与古典、生活与艺术完美组合在一起。编导者将敦煌洞窟的实景搬上舞台，创造出浓烈的敦煌艺术的氛围，但又不为原有的、已经基本成型的敦煌乐舞的形体动作所束缚，创编出两个体系的舞蹈动作，使舞剧既有传统的文化氛围，又充满现代生活气息，贴近观众的思维与感受。显然，《大梦敦煌》的创演为敦煌再生艺术的创作思维插上了振翅高飞的翅膀，使敦煌乐舞跃上了一个艺术创造的新台阶。

舞剧参演人员多达 120 人，而主要人物只有三个：画工莫高、大将军之女月牙、大将军。三人的矛盾纠葛显现了一个凄美的爱情故事：青年画工莫高与大将军之女月牙在敦煌相遇相知相爱，遭到月牙之父大将军的激烈反对，直至刀枪相逼。生死关头，月牙为救莫高付出了生命的代价。莫高终身献身洞窟艺术，将自己的生命感悟化为美妙的壁画……主要人物的单人舞、双人舞、三人舞以现代舞为主，揉进芭蕾与中国民族舞姿，显现生活中人的情境，引发观众的强烈共鸣。

舞剧的另一层面显现了剧中人生活的时代与敦煌莫高窟浓烈的艺术氛围，以群舞为主，人数众多，美不胜收，显现带敦煌舞韵致的古典舞特色。如第一幕：月牙泉边众女仙舞；第二幕：莫高窟前民间艺人舞；第三幕：军阵前羯鼓舞；第四幕：莫高窟中"千手观音"舞、飞天舞，

---

① 该数据引自平丽艳、鲁燕《改革创新,〈大梦敦煌〉舞动奇迹》,《兰州晨报》2007 年 8 月 17 日。

等等。正如众多评者所论，这样的编排方式成功地实现了中国文化传统精神与当代舞剧观念的碰撞与对接。

《大梦敦煌》的创新还表现舞剧的创演过程体现了"艺商结合"、"走出国门"的新思路，这种思路大大拓宽了中国民族舞台艺术作品走向世界的通道。

兰州歌舞剧院在创演开始就将舞剧艺术创新和"艺商结合"、"走出国门"的思维放到了议事日程上，从编排到演出，全部采用市场化模式。聘请国内一流的舞蹈编导、作曲家、舞美设计家、舞蹈演员，搭建一流的创作演出班子，力创一流的戏剧。舞剧创演成功以后，联系演出商人，打开国外市场又成了剧院工作的重中之重。剧组曾十上北京演出，通过北京这个联系世界的窗口展示《大梦敦煌》的艺术效果，通过各种渠道同外国演出商人联系合作方式。2005 年 7 月至 8 月，剧组在澳大利亚悉尼、墨尔本演出 26 场，自担经济风险，雇用澳大利亚演出公司为剧组服务，结果演出成功，收益丰厚，在国际上产生极大影响……现今，国内外市场已经打开，除国内订单，欧洲、美洲的演出订单也纷至沓来，供不应求。

舞剧《大梦敦煌》的编导方式及"走出国门"的经营思维极其大胆，给艺术思维插上了飞翔的翅膀。其意义有三：运用敦煌的文化背景和艺术氛围，配合现代音乐和现代舞蹈的节奏、乐感，演绎发生在敦煌的爱情故事，表现了古今结合，推陈出新的新思路，体现了敦煌再生舞台艺术的新发展；在注重舞剧艺术创造的同时注重舞台艺术作品的商业价值，摸索出了一套剧团自己在国内外投资，自己营造演出市场，进行纯商业演出的运作模式，为文艺团体的增收创汇提供了新思维；在排演新剧的同时实行院内体制改革，为中国文化体制改革进行了有益的探索，积累了相当的经验。

四 小结 发展·融和——拓展新的艺术平台

2007 年 4 月 20 日，甘肃京剧院历时四年创作的京剧《丝路花雨》成功首演，京剧这个古老剧种加盟敦煌艺术，成为观众的新宠。同年 11 月 28 日，由甘肃省杂技团投资近 700 万元，投排百天后首演的大型杂技剧《敦煌神女》又成功首演。至此，甘肃舞台上的敦煌再生艺术可谓全面开花了。两剧的成功体现了敦煌再生舞台艺术发展·融和的新思维。

京剧《丝路花雨》，是继《夏王悲歌》、《西域星光》、《天马歌》之后的中国第四出"西部京剧"，在"西部京剧"这条坐标轴上，是一个新坐标点。而该剧以民族舞剧《丝路花雨》为母本，在唱腔中揉入了西北地方的音乐曲调，在表演身段里加进了敦煌舞蹈，因而，它又跨在敦煌再生舞台艺术这条坐标轴上。处在两条坐标轴交汇点上的京剧《丝路花雨》尽显敦煌艺术与西部京剧的精华，与众多表演艺术实现融和，将敦煌舞台艺术推向了一个新的发展平台。

《敦煌神女》将戏剧表演及杂技、武术、魔术、歌舞、音乐融于一体，可谓独辟蹊径，妙不可言。该剧取材于敦煌壁画九色鹿故事，表现了正义战胜邪恶的亘古真理。全剧分为情缘、磨难、寻求、诀别四幕：在敦煌鸣沙山下、月牙泉边，牧人同他的爱人神鹿仙子一起，与为害天下生灵的火魔王进行了殊死争斗，最终战胜了邪恶，使惨遭摧毁的大地重现蓬勃生机，其爱女鹿女在争斗中献出了自己的生命，化成白云飞向天庭。为了纪念她，人们将她的形象作为飞天神女镌刻在敦煌壁画上。这出剧以出色的杂技表演和动人的剧情深深抓住了观众的心，将敦煌再生舞台艺术的大旗举得更高。

敦煌再生舞台艺术三十多年取得的成就表明，只有具有地域特色和民族特色的文化艺术作品，才能获得在世界舞台充分表演的机会，得到众多观众的共同认可。而开拓、创新、再生和自我增值的新思维，是引导民族文化持续发展的唯一途径。

第 五 章

从舞乐、影视创作谈敦煌艺术
再生的继承与创新

　　敦煌艺术自 1900 年藏经洞被发现以来，日益受到世人的关注。在敦煌石窟不断得到有效保护以及敦煌学研究工作也不断深入和拓展的同时，人们也关注如何在继承敦煌艺术的基础上不断创新，让敦煌艺术在现代社会中再生。几十年来，美术、舞蹈、音乐、影视等各界人士都在努力尝试，出现了很多成果，其中最成功的敦煌艺术再生范例应该是在舞蹈方面。

　　早在 20 世纪 20 年代，京剧表演艺术大师梅兰芳先生的代表作《天女散花》，"据梅先生说最初他是看到一幅'散花图'才开始构思的"①。董锡玖先生注意到梅兰芳的舞姿与敦煌壁画中一戴宝冠菩萨的造型非常相似，"是偶然的巧合还是梅先生从这幅壁画得到了启发而化在他的舞蹈艺术中呢？……梅先生使沉睡千年的'窟檐伎乐'夺壁而出"②。

　　20 世纪 50 年代，著名舞蹈家戴爱莲先生创作的双人舞《飞天》，也取材于敦煌。1945 年她曾住在张大千先生家中，见到大量的敦煌舞姿形象，她特别喜爱唐代的敦煌飞天。"解放前夕，她在艺术学院工作时又曾把飞天的舞姿一个个画出来，朝夕揣摩"，"她主要运用中国古典舞蹈、特别是绸舞，编导了双人舞'飞天'，它以清新流畅、幽雅典丽的风格，中国所独有的敦煌舞姿，吸引了千千万万的观众。从一九五

---

　　① 董锡玖：《敦煌伎乐和梅兰芳舞姿》，董锡玖编《敦煌舞蹈》，新疆美术摄影出版社、霍兰德出版有限公司 1992 年版，第 58 页。

　　② 同上。

六年演出以来，已经经历了三十六个年头。它一直是中央歌舞团的优秀保留节目"。①

　　壁画中的舞姿只是一种类似于"亮相"的造型动作，把它搬到舞台上本身就是一种创新，而要让一个静止的图像舞动起来，就需要把它演化为无数的图像，并将其有机地联系起来，变成有美感的一个动作、一套动作，这中间需要大量的想象力，这中间充满了无数的创新，梅兰芳先生和戴爱莲先生创作的《天女散花》和双人舞《飞天》，不仅需要有继承与创新意识，还需要有坚实的艺术功力和对事业的热爱，从甘肃省歌舞团创作《丝路花雨》的过程，更能对此有深刻的理解。

　　1979 年，甘肃省歌舞团创作的《丝路花雨》在兰州首演获得成功，三十多年来久演不衰，长期受到国内外观众的欢迎。六幕舞剧《丝路花雨》以我国盛唐为历史背景，以丝绸之路和敦煌壁画为素材，歌颂了画工神笔张和歌伎英娘父女的光辉艺术形象，描写了他们的悲欢离合，以及他们与波斯商人伊努斯之间的纯洁友谊，赞扬了中外人民之间的情感交流和深厚友情，再现了唐朝内政昌明、对外经济文化交流频繁的盛况。

　　就继承而言，《丝路花雨》的内容正如史苇湘先生所云："《丝》剧中的情节，使我们联想到许多史事，如：神笔张和女儿英娘的遭遇这很容易使我们联想起莫高窟藏经洞保存的那张《塑匠赵僧子典儿契》……波斯商人伊努斯遇强人的情节，在敦煌莫高窟第 420 窟、第 45 窟都画有'胡商遇盗'的画面……敦煌地方'大姓雄张'像《丝》剧中市曹、窦虎这类地方恶棍，不但压迫和剥削本地农民，也掠劫西域胡商……观众把《丝路花雨》誉为'活的敦煌壁画'，是很生动的譬喻。"② 艺术方面，则如叶宁先生所云："许多场面艺术地再现了敦煌壁画中的舞姿造型。如敦煌集市中的百戏；莫高窟中的琵琶舞；梦幻中的伎乐天舞、凭栏仙女舞、莲花童子舞；二十七国交谊会上的盘上舞、霓裳羽衣舞等。主角英娘的舞蹈，体态婀娜，眼神流盼，指顾相应，各种步法、旋转、

---

① 董锡玖：《飞天在太空中翱翔》，董锡玖编《敦煌舞蹈》，新疆美术摄影出版社、霍兰德出版有限公司 1992 年版，第 86、87 页。

② 史苇湘：《从敦煌壁画到〈丝路花雨〉》，董锡玖编《敦煌舞蹈》，新疆美术摄影出版社、霍兰德出版有限公司 1992 年版，第 125 页。

踏跳，再现了壁画舞姿。"① 亦如史苇湘先生所云："熟悉敦煌壁画的人……观赏《丝》剧的过程中不断看见一些瞬息即逝的画面，不由自主地要说：'这是 112 窟的，这是 148 窟的，这是 220 窟的……舞姿。'这些画面是出现在许多不同情节的舞段之中，《丝》剧舞蹈生动地展现出包含着壁画舞容的全貌。"② 从史先生和叶先生的评述中，我们可以看到《丝路花雨》从内容到形式对敦煌艺术的继承比比皆是。

就创新而言，史苇湘先生对此也有评价："他们善于继承，更善于创新，他们'从一滴水里看到一个世界'，掌握了绘画领域里'神似'的原则，领会了敦煌壁画里无数舞乐造型的一般规律，进行了大胆的再创造，把壁画上单一片断的舞姿造型应有的起承转合探索出来。"③ 实际上，创作一个优美的舞蹈动作是很艰难、很曲折的，需要一定的功力、阅历、社会经历等综合性素质以及坚韧不拔的意志力和耐力等，如许琪先生所云："首先反复琢磨……吴曼英同志的一百二十多幅敦煌舞姿白描图，大家一面反复看，反复摹仿静止的舞姿，一面琢磨舞者的神态味道……总结出壁画静止舞姿一般都具有讲究曲线，勾脚，出胯，扭腰，手势丰富，头颈别致，表情妩媚等特点，在此基础上进一步分析舞姿的重心及动势，揣测每一个舞姿可能经过什么样的路线达到壁画上的那种样子，接着又可能怎样向下发展。"④

伴随着《丝路花雨》的成功，高金荣先生 1980 年编订的《敦煌舞基本动作训练教学大纲》（草案）并在 1981 年开设的这门课程，是敦煌艺术继承与创新的成功范例，是将敦煌舞蹈真正变为一个新的舞种，并使其发扬光大的重要一步。高金荣先生编创的这套敦煌舞，以西域、中原、地方三结合为主要动律，整理出基本训练部分由呼吸、眼神、手势、首位、脚位、步法、跳转、控制、飞天、舞绸以及各种组合。其意义正如李正一先生所评价："这是一套独具特色的古典舞教材。其所以能够迅速得到国内外的认可和称赞，绝非偶然。它有着深厚的基础。从

---

① 季羡林主编：《敦煌学大辞典》，上海辞书出版社 1998 年版，第 273 页。

② 史苇湘：《从敦煌壁画到〈丝路花雨〉》，董锡玖编《敦煌舞蹈》，新疆美术摄影出版社、霍兰德出版有限公司 1992 年版，第 126 页。

③ 同上。

④ 许琪：《我们怎样使敦煌壁画舞起来的》，董锡玖编《敦煌舞蹈》，新疆美术摄影出版社、霍兰德出版有限公司 1992 年版，第 130 页。

每一个舞姿造型到动作的韵律、节奏，无不贯穿着浓郁的民族风格并独具西部地区的特点。它的训练内容全面而有系统，从基本舞姿、基本动作到跳转技巧；从课堂基本练习到教学实习剧目的建立；等等，充分说明教材的完整性。它的教学方法建立在科学分析的基础上，无论是形体的各个局部训练，还是整体的各部配合，都进行了严谨的规范，大大提高了训练效率。"① 董锡玖先生也评价道："它的成功之处可归为三点：第一，教材具有首创精神，它立足甘肃敦煌，探索建立敦煌舞学派，根据教学需要把敦煌壁画中历代乐舞的特色熔于一炉……第二，它充分表现了敦煌舞所特有的风格……它刚健婀娜兼而有之，但不追求强烈的跌宕起伏，而以缠绵流畅潇洒自如见长……既有北魏的古朴浑厚，又有大唐软舞的温婉恬静，健舞的腾跳飞举，西夏和元代的矫健豪放，体现出敦煌舞特有的美。第三，教材取材于敦煌壁画，并未囿于佛教艺术，还参考历代名画了解各时代生活、服饰、习俗，同时对壁画中生动活泼的世俗生活，供养人形象、动态，提炼为舞蹈动作，又借助舞者的裙裾、长袖、飘带的运用，更增加飘逸、幽雅、抒情之美，具有浓郁的中华风格和气派。"② 在李正一和董锡玖两位先生的中肯评价中，我们可以清楚地看到继承与创新之间的关系。

2000 年，兰州歌舞剧院创作的四幕舞剧《大梦敦煌》首演也获得很大的成功。该剧以青年画师莫高和大将军之女月牙的情感历程为线索，演绎了一场凄婉的爱情故事。故事情节很简单，可以说是放在任何地方、任何时代都适合的爱情故事。但该剧之所以成功，正是将这个故事以敦煌的中古时代为背景，以敦煌艺术为背景，以敦煌的著名景点莫高窟和月牙泉为背景。它和《丝路花雨》不同，它没有从具体的艺术形象方面对敦煌艺术进行继承和创新，而是继承了敦煌艺术的理念，即敦煌艺术内涵的开放性与兼容性，从现代人的心理需要考虑，利用了敦煌的知名度，利用了敦煌宗教艺术在人们心中的神秘性，利用了现代人的张扬性和快节奏心理。在舞剧《大梦敦煌》中，有很多大胆而效果很好的创新，例如在舞台背景方面，王道士发现藏经洞时，墙壁的裂缝就像巨大的山崖向两侧徐徐分开，很有震撼力。另外，莫高窟的洞窟外

---

① 高金荣：《敦煌舞蹈》，敦煌文艺出版社 1993 年版，第 1 页。
② 同上书，第 2 页。

貌，也没有处理成写实性的一扇扇封闭的窟门，而是改为类似于龙门石窟外貌的开放性窟龛，让观众不进入洞窟就能看到一身身佛、菩萨像，能立刻受到佛教艺术的感染。在舞蹈方面，也很少看到敦煌壁画中的舞姿，主角莫高和月牙以及军团等表演的舞蹈都应该属于现代舞，强烈的跌宕起伏，强烈的节奏感，虽然能引起观众的共鸣，但却不是敦煌艺术的风格；另外也有一些西域、印度等异族情调的舞蹈，也不是敦煌艺术的风格。如此等等，尽管《大梦敦煌》中具体的敦煌元素不多，但我们不能因此而否认它是敦煌艺术继承与创新的成功之作，因为它成功继承了敦煌艺术的理念——开放兼容，拿来主义，为我所用。更重要的是，如果没有敦煌，没有敦煌艺术，也就不会有《大梦敦煌》，搞懂这一点，我们才可能真正了解继承与创新之间的关系。

不过应该看到，尽管都是成功之作，但《大梦敦煌》成功的是一个剧目，而《丝路花雨》在成功了一个剧目的同时，还成功了一个舞种。

2005年中央电视台春节晚会，中国残疾人艺术团表演的舞蹈《千手观音》获得巨大成功，赢得全国观众的掌声。这不仅是一个敦煌艺术继承与创新的成功范例，同时也是敦煌艺术再继承再创新的成功范例。该舞蹈最早的创作源泉来源于莫高窟元代第3窟的"千手千眼观音"形象，20世纪80年代，甘肃省歌舞团表演的《丝路花雨》中就有类似的舞姿，另外甘肃省杂技团表演的《千手佛》也是类似的舞姿。1991年甘肃电视台春节联欢晚会上，甘肃省艺术学校表演的舞蹈《敦煌手姿》（后改名为《千手观音》）也是舞蹈《千手观音》的原型，随后还有很多文工团在20世纪90年代表演过《千手观音》，都在不同程度上取得了成功，赢得观众的赞誉。这期间有相互学习、相互借鉴，在继承别人的基础上自己也有所创新，使这个节目越来越丰富，越来越精彩。敦煌壁画中有大量的相似的经变画，敦煌彩塑中大量相似的佛、菩萨像，其中的互相模仿、互相学习正是推动敦煌艺术不断创新、不断发展的主要动力。

2007年4月，甘肃省京剧团创作的京剧版《丝路花雨》在兰州首演，该剧除了将舞剧《丝路花雨》改为京剧外，在故事中增加了人物，调整了人物关系，并在适当的地方融入了西北地区的花儿、眉户、秦腔等富有地方特色的音乐曲调。可以说是尽可能地进行了大胆的创新，虽然据媒体报道受到专家们的称赞，但观众反应似乎较为平淡。其实，该剧团大可不必借用舞剧《丝路花雨》的剧本，完全可以另辟新径，敦煌以及丝绸之路的故事题材非常多，可以说取之不竭，用之不尽，例如假若将张议潮率民众起义的故事改编成京剧，效果可能会好得多，为此笔者认为京剧版《丝路花雨》是令人遗憾的继承与创新之作。

2007 年 11 月，甘肃省杂技团创作的大型杂技剧《敦煌神女》在兰州首演，这是一部发挥自身优势、另辟新径的成功之作。该剧分为情缘、磨难、寻求、诀别共四幕，集舞蹈、武术、杂技、魔术等表演艺术于一台，并利用了影视剧制作中的"威亚"特技，其效果正如媒体报道的："美哉！台上仙女满天飞舞。惊险！台下观众攥拳捏汗。"亦正如甘肃省文化厅厅长马步青所评价："这次省杂技团推出的《敦煌神女》改变了以前敦煌剧的表现形式，把敦煌文化揉进杂技中，这是一个非常好的创意，高难度的肢体语言、动人的故事情节，再配以舞蹈、魔术等其他艺术形式，《敦煌神女》可以说别有神韵。"① 剧中还牵引了两只高大的活骆驼上台，这既发挥了杂技的特色，也配合了敦煌本土的情景，同时适应了观众的观感需要。

2008 年 8 月，在北京奥运会开幕式文艺表演中，张艺谋执导的飞天，明显地被钢丝在空中拉来拉去，舞蹈动作很少，形体呆滞，缺少韵律感，远不及二十多年前《丝路花雨》中那些神情自信、舞姿优美、形态轻盈、服饰飘逸，在空中潇洒活泼、飞舞随意的一身身青春靓丽的飞天。尤其是李宁在空中飞行时，连奔带跑，既缺少飞行感，更缺少美感，如果将他换成一个年轻的女体操运动员，以敦煌壁画中手捧供宝或手持莲花献佛的姿势捧持火炬飞行，身后簇拥一群多姿多态的飞天，在富有韵律的舞蹈中以仙女散花的形式缓缓飞向天空，效果或许会好一些。因此我们在继承传统文化艺术时，应多看一些相关资料，尽可能借鉴别人的经验或教训，这对我们进一步创新有所帮助。

与敦煌舞蹈相比较，敦煌音乐的继承与创新要艰难得多。首先是学界对敦煌曲谱 P.3808v 写卷的关注，自 20 世纪 50 年代至 90 年代，先后有任二北、林谦三、饶宗颐、叶栋、何昌林、陈应时、席臻贯等众多先生对此进行研究。其间叶栋、席臻贯先生均将破译的曲谱请音乐界人士演奏并制成唱片或盒式录音带出版。但学界或音乐界对演奏效果看法

---

① 《兰州晚报》2007 年 11 月 29 日 A26 版。

不一，如原中国音乐家协会名誉主席吕骥先生认为叶栋"译出的音乐，进入到排练厅，大家听到的却是令人难以理解的音乐，怪异的曲调，不正常的节奏，无不引起人们的怀疑"①。另外也有人对席臻贯破译的音乐提出异议。

在乐器方面，根据对敦煌壁画中乐器图像的研究，敦煌研究院于1989年开始设立"敦煌壁画乐器仿制研究"科研项目，由敦煌研究院研究设计、北京民族乐器厂制作，经过3年时间，制造了34种计54件乐器，包括吹、打、弹、拉四大类，1992年3月在北京通过技术鉴定，并由演奏家作了试奏。到21世纪初，又陆续制造了100多件，并在兰州等地进行了试奏。这些仿制乐器保持了敦煌壁画乐器的形制，运用现代科技和先进的材料制成，音色丰富，造型优美。不过，对于这些乐器的音色是否与千年前的效果一样，也有不少人对此持有疑问。

敦煌舞蹈的继承与创新，在学术界和社会上都得到一致的认可，而敦煌音乐的继承与创新，学术界和社会上的认可度都较低，这和继承、创新的目的有关。叶栋、席臻贯等人是试图复原千年前的古乐，而《丝路花雨》等剧作的创作人则希望在继承敦煌艺术的基础上创作出新的舞种、新的剧目。复原要求完全相同或基本相同，不仅难度大，并且很难找到衡量的标准，另外还很难适合现代人的审美需求；创新则有很大的灵活性，现代人的审美需求是其主要衡量标准。

从创新角度看，就音乐而论，最成功的范例应该是1980年拍摄的电视纪录片《丝绸之路》中的音乐。这是当时只有27岁的喜多郎的成功之作。当时这位年轻的日本音乐人并没有来过中国，也没有在这条千年古道上行走，但是喜多郎凭借着对中国音乐的间接认识和音乐人对历史特殊感悟，创作出了充满中国韵味的丝绸之路乐曲，并由此一举成名。20多年后，当人们重温《丝绸之路》的音乐，依然会被陶醉，眼前仿佛浮现出这样一幅画面：五彩缤纷的华美丝绸，在阳光下熠熠闪光，沿着黄沙柔美的曲线，飘向远方；载满丝绸的骆驼商队从丝绸之路上走来，驼铃叮咚，走向一片茫茫戈壁，慢慢消失在天际……喜多郎曾说过，创作《丝绸之路》时，最打动他的是中国人在悠久的历史中形

---

① 席臻贯：《敦煌古乐——敦煌乐谱新译》，敦煌文艺出版社1992年版，第2页。

成的那种心灵的深厚，在那种深厚中，人们生活着，这对他来说是深有启发的。特别是奈良的药师寺有一个玄奘三藏院，里面有玄奘法师的遗骨，一想到有这样的灵魂安葬在这里，他就会产生一种很深沉的联想……喜多郎的创作过程，对于我们探讨敦煌艺术继承与创新的关系很有帮助。

同样值得我们思考的是 1988 年中日合拍电影《敦煌》。这部电影根据日本小说家井上靖的同名小说改编，描述了北宋年间，落第书生赵行德偶然认识西夏女子，开始了探访西夏的旅途。途中被西夏军俘虏，编入由汉人组成的外国人部队，并跟队长朱王礼结为生死之交。后又邂逅了回鹘王族之女，但因事分手两年，回来时爱人已以死殉节。他在万念俱灰之下赴敦煌埋首整理经书。最后朱王礼刺杀西夏王李元昊未遂，西夏围攻沙州，赵行德用计将数万卷佛经藏于敦煌莫高窟中。

电影《敦煌》1989 年在国内放映，立刻就以其独特的情节构思、宏伟的历史背景、凄婉的爱情故事征服了观众的心。在表现艺术上，既有宏大的气魄，又有纤细的一面，刚柔并济，有疏有缓，错落有致，特别是利用辽阔的戈壁沙漠这样一种既豪放，又悲凉的场面，很好地展现人物乃至民族的精神与性格。导演和拍摄的技术均令人叹服，三十多年后的今天重看这部影片，仍能被其中惊心动魄的场面和凄婉离奇的爱情故事所打动。

值得注意的是，井上靖小说《敦煌》发表于 1959 年，在此之前，他并未到过敦煌，其创作之路于探讨敦煌艺术继承与创新的关系应该也有帮助。

2006 年 11 月播出的 46 集电视剧《大敦煌》分上、中、下三个部分，分别讲述从北宋年间到抗日战争共 1000 多年间的"藏宝"、"寻宝"、"护宝"故事。该剧由著名导演陈家林执导，主演由唐国强、陈好、黄海冰等人担任。这部集合了名导、明星，投资上千万，历时数年才拍摄完成的大制作电视剧，在开播前曾被寄予厚望。虽被安排在央视一套黄金时间播出，收视率却仅有零点几，这在当时创下了央视黄金档电视剧新低纪录，称得上是惨败收场。该剧的剧本草率，系抄袭拼凑，编造痕迹明显，故事松散，拖拖拉拉，毫无创意；上部的节奏特慢，中部的节奏特快，下部的节奏时快时慢，非常混乱；主题与格调也混乱，上部像古装历史片，中部像西部武打片，下部则像抗战言情片。

电视剧《大敦煌》是一部令人遗憾的失败之作，其制作过程在我们探讨敦煌艺术继承与创新的关系时，很值得反思。

创新具有不确定性。一般人以为创新很难，把创新看得很神秘，同时还有一个误解，认为只要是创新作品就是好的，就是优秀的。其思想可能源于生物界和哲学界宣传的"新陈代谢"有关，认为新生事物必定代替旧的事物，因此新的事物肯定是好的，肯定是优质的，肯定是先进的。在人们的心目中，创新是褒义词，例如在解释"创新意识"时，认为"创新意识是指人们根据社会和个体生活发展的需要，引起创造前所未有的事物或观念的动机，并在创造活动中表现出的意向、愿望和设想。它是人类意识活动中的一种积极的、富有成果性的表现形式，是人们进行创造活动的出发点和内在动力"。"创新意识总是代表着一定社会主体奋斗的明确目标和价值指向性，成为一定主体产生稳定、持久创新需要、价值追求和思维定势以及理性自觉的推动力量，成为唤醒、激励和发挥人所蕴涵的潜在本质力量的重要精神力量。""创新意识促成社会多种因素的变化，推动社会的全面进步。"① 几乎全是强调创新的积极意义，没有人注意到创新的不确定性，其中也可能出现消极情况。新生的事物也有可能是差的、劣质的、落后的，如嫁接的水果、杂交的动物，虽然会产生优质的品种，但也可能出现劣质的品种。

影响创新的因素很多，就艺术的创新而论，人们的文化素质、兴趣爱好、情感需求乃至社会地位、经济地位等都与其有密切的关系。

以电视剧《大敦煌》而论，该剧集合了名导、明星，投资上千万，历时数年，并有中央电视台的强力支持，开播前有强大的广告宣传，加上敦煌的名气效应，应该说既有天时，又有地利，可是却惨遭失败。究其原因，首先是编剧对敦煌文化、敦煌历史及敦煌艺术缺乏了解，剧本草率，东拼西凑，编造痕迹明显，既未反映敦煌文化的内涵，许多情节和历史背景与史实也不符，然而导演陈家林却认为："这是一部艺术史诗片，可能比较适合有文化水准的人看。"② 其次，剧中为了展示敦煌艺术，竟在卧室等地方到处描绘或悬挂佛像和菩萨像，显然这是因为对

---

① http://baike.baidu.com/view/19912.htm（2009.4.9下载。）

② 《〈大敦煌〉央视落幕，众明星无力挽救低收视率》，《法制晚报》2006年11月28日。

宗教信仰不了解，才出现这种对佛教大不敬的行为。其三，故事松散，毫无创意，节奏混乱，主题不明，显然编导极其草率。

叶栋、席臻贯等先生破译、演奏的敦煌古乐之所以令人难以理解、感觉怪异或提出异议，其主要原因在于历史的差异性，很难有一个被大家都认可的衡量标准，故判断其作品是否成功显然具有不确定性。

为此，应该从不同角度去观察、了解、认识敦煌艺术及相关创新作品，从中吸取自己所需要的东西。例如 2000 年《大梦敦煌》演出成功后，甘肃省舞蹈界便有专家颇带微词地议论说："他们表演的不是敦煌舞。"此话说得虽然正确，但却没有变换角度去分析《大梦敦煌》为什么会获得成功，没有认识到《大梦敦煌》中尽管具体形象的敦煌元素不多，但在理念上继承了敦煌艺术的内涵，从现代人的心理需要考虑，很好地利用了敦煌的知名度，利用了敦煌宗教艺术在人们心中的神秘性。《大梦敦煌》中的许多大胆创新，显然符合敦煌艺术的"开放、兼容"理念，这也是换一种角度对敦煌艺术的认识和吸收。

从敦煌壁画所描绘的内容中发掘、吸取自己所需要的营养，然后创作新的作品，这也是用一种新的角度去观察、了解、认识敦煌艺术。如 1981 年上海美术电影制片厂摄制的动画片《九色鹿》，就是依据敦煌壁画所描绘的佛经故事所改编的成功佳作。动画片基本沿袭了壁画中所绘内容，但故事中增加了一些情节，如，（1）波斯商人骆驼队遇风沙迷路，九色鹿导路；（2）溺水者为弄蛇人，在集市舞蛇卖药，采药时不慎落水；（3）波斯商人到皇宫与国王谈起九色鹿，王后听了心生歹意；（4）壁画中溺水者是生疮毒发而死，动画片中弄蛇人因恐惧后退跌进深潭淹死。总之，故事情节更为丰富，也更为曲折，对观众尤其对儿童更有吸引力，其教育意义融于其中。动画片《九色鹿》保留了敦煌壁画的风格，背景、人物的色彩、造型等既借鉴了壁画，但又不拘泥壁画。如九色鹿的形体造型和壁画中一样，但却不是壁画中的满身斑点，而只在几处飘逸的毛纹和耳朵等位置染色以示九色，用全身洁白的形体衬托九色鹿的高尚品格。动画片《九色鹿》摄制距今近三十多年，其继承与创新的经验仍值得今天借鉴参考。

关注敦煌壁画中所反映的社会生活，如音乐舞蹈、衣冠服饰以及当时的审美情趣等，根据自己的兴趣爱好去观察、认识敦煌艺术，吸取其中可能于自己有用的东西，为创作新的作品提供参考材料。前面所介绍的舞剧《丝路花雨》、杂技剧《敦煌神女》、电视纪录片《丝绸之路》主题音乐、电影《敦煌》、动画片《九色鹿》等，都是从不同角度吸取敦煌艺术营养后所作的成功尝试。

以上列举了大量实例进行分析，探讨舞乐、影视创作中继承与创新的关系，认为敦煌艺术继承与创新最成功的范例是在舞蹈方面，与敦煌舞蹈相比较，敦煌音乐的继承与创新要艰难得多。认为之所以敦煌舞蹈的继承与创新，在学术界和社会上都得到一致的认可，而敦煌音乐的继承与创新，学术界和社会上的认可度都较低，这和继承、创新的目的有关。复原要求完全相同或基本相同，不仅难度大，并且很难找到衡量的标准，另外还很难适合现代人的审美需求；创新则有很大的灵活性，现代人的审美需求是其主要衡量标准。创新具有不确定性，影响创新的不确定因素很多，不仅个人的综合素质、兴趣爱好、情感变化、家庭环境、政治思想、社会地位、经济条件等对其有影响，社会方面如媒体宣传、业界评论、拍卖炒作、评奖活动以及不同人群、不同时代的需求、政治与经济环境的变化等更是影响创新的复杂因素。因此，试图创新者应尽可能地对诸因素有思想准备，并考虑相应的对策，其创新作品获得成功的可能性才会增加。

第 六 章

论敦煌艺术再生过程中的视听化问题

　　2004 年雅典残奥会上，一场由中国残疾人艺术团演出的《千手观音》，震惊了世界，更震惊了国人。随后，该节目又在国人瞩目的 2005 年春节联欢晚会上播出，轰动中国，同时带动了与敦煌相关的各类影视节目和舞蹈音乐艺术的接二连三火爆登场。《千手观音》甚至还引发了一些有关知识产权的纷争，弄得路人皆知，一时间可谓热闹之极。

　　这种热闹场景，法国导演阿贝尔·冈斯早在 1927 年就预见到了："莎士比亚、伦勃朗、贝多芬都将拍成电影……所有的宗教传说、所有的宗教创始人甚至所有的宗教……都在等待着从曝光中复活，英雄们已你推我挤拥在门口。"① 随着电视、DVD 影碟机、电脑、数码照相机、摄像机等各类数码产品进入普通家庭后，以数字、电子、声光技术为基础的视听文化大行其道。冈斯预言的景象达到盛况空前的地步，已不再是英雄们等待曝光，而是普通人等待通过曝光使自己成为英雄。风行全国的从央视到地方各大电视台的各类选秀节目就是明证，普通公众希望借助电视传媒一夜成名，成为国人的偶像。

　　现代科技已经并且仍将继续推进人类生活方式的改变。这种改变也在改变着人类对世界、对社会生活的感知和理解方式——我们进入了视听文化时代。在这种文化状态中，公众主要借助电子、数码、视听技术从各类社会事件中寻求信息、意义、价值与快感。②

---

　　① 本雅明：《技术复制时代的艺术作品》，胡不适译，浙江文艺出版社 2005 年版，第 93—94 页。

　　② 尼古拉斯·米尔佐夫：《视觉文化导论》，倪伟译，江苏人民出版社 2006 年版，第 3 页。

敦煌艺术的视听化再生，就是在这种大潮的推动下的必然结果。这种新的再生方式正在以全新的模式传播并改变着敦煌艺术文化精神。姑且不论这种改变的结果是什么，是成功还是失败？但这种改变已经是一个事实。《丝路花雨》、《敦煌韵》、《敦煌古乐》、《大梦敦煌》、《千手观音》、《新丝绸之路》、《大敦煌》、《天脉传奇》等一系列跟敦煌或多或少挂上钩的文艺节目对公众接受和对原生态的敦煌壁画、彩塑艺术的传播产生了巨大影响。因此，敦煌艺术的视听化再生和转换这类现象本身就值得我们深入思考。

一 敦煌艺术视听化再生取得的实绩

（一）开创了敦煌艺术体系

《丝路花雨》作为第一部优秀的敦煌舞台视听再生艺术，在三十多年前刚一问世，就令世界为之震惊，获得全世界的认同。现在《丝路花雨》在世界各地演出 1600 余场，成为演出史上的一个"神话"。王建疆教授在回顾总结《丝路花雨》的艺术成就时认为，正是《丝路花雨》开创了"敦煌舞派"，一些舞姿成为"敦煌舞系"的模板，在后起的各个敦煌舞中被广泛采用，并引发了此后敦煌舞编剧、演出的第一个热潮，并开创了敦煌艺术系列。[①]《敦煌韵》、《敦煌古乐》、《大梦敦煌》等敦煌舞相继推出并都取得非常好的演出成果，电影《敦煌》（中日合作）也取得很大成功。《丝路花雨》剧作为开路先锋探索了一条全新的播散敦煌艺术的途径，改变了以往只重视临摹手绘的单一传播途径。

进入 21 世纪后在舞剧《大梦敦煌》的带动下，一批与敦煌相关的视听再生艺术涌现出来，并由 2004 年雅典残奥会上中国残疾人艺术团的《千手观音》推向高峰，形成了一股敦煌艺术的改编热潮。中央电视台更是投入巨资拍摄了纪录片《新丝绸之路》和电视剧《大敦煌》。2007 年初，《北京晚报》、搜狐娱乐等报纸和网站相继报道，希腊雅典奥运会总导演帕派约安努计划推出大型国际化敦煌舞剧《九幕·敦

---

① 王建疆：《全球化背景下的敦煌文化、艺术和美学》，《西北师范大学学报》（社科版）2004 年第 6 期。

煌》，力求在全世界再火上一把。① 21 世纪最初的这几年可以说是敦煌艺术视听化再生的高峰期，以敦煌原生艺术为基础的衍生艺术不断推出新的作品，取得了丰富的成果，渐渐形成一个完整的艺术体系。正是这些再生的艺术作品在公众中再度唤回了对敦煌艺术的关注与神往。

（二）扩大了中华民族传统文化在世界上的影响力

20 世纪 80 年代，《丝路花雨》就在意大利、法国、日本、朝鲜等世界多个国家和地区演出过。《千手观音》更是凭借雅典残奥会这个国际大舞台在世界面前完美地展现了中国古老而又极富现代魅力的传统文化艺术。在全球化的背景下，民族文化逐渐在国际化的商业流行时尚风格中迷失自我之际，《丝路花雨》、《大梦敦煌》、《千手观音》这些弘扬传统文化的经典舞剧的出现，及时在世界面前展现了中华民族传统文化的巨大魅力和现代再生能力，成为在全球化背景下民族文化复兴的经典范例。这既扩大了中华传统文化在世界上的影响力，也避免了传统文化在国际商业大潮中的自我流失，同时还唤醒了公众的民族自豪感，弘扬了民族传统文化，增强了民族的文化凝聚力。回首往事，可以说，现代敦煌艺术以视听化再生为契机，带动了整个古典文化在民间的复兴热潮，《丝路花雨》之后，全国各省区纷纷排演既具有地方文化特色又拥有民族传统文化精神的艺术节目，并由此产生了一些具有广泛影响力的民族艺术精品。世界也由此对中华文化传统有了全新的认识，敦煌视听化再生艺术可谓在其中发挥着巨大的带头示范作用。

（三）成功开拓了民族文化遗产保护和传播的新途径

在很长一段时间内，中国对待民族传统文化艺术经常采用的仅仅是保护、维修、文字保存和手工的临摹与复制等一些传统的手段。这种维护方式使得民族传统文化仅仅在知识精英、传统文化保护者和相关行政部门中得到一些重视，但在公众中影响却很微弱。就拿敦煌艺术来讲，人们对敦煌的了解就更多地停留在边关塞漠，骆驼商队等这些远古的记忆，真正了解敦煌浩如烟海的文化艺术的普通公众少之又少。游客到敦煌游览后，很多也是食而难知其味，仅是看看而已。但现在，《丝路花雨》、《大梦敦煌》、《千手观音》等一批经典舞台剧目的出现，为民族文化艺术探索出了一条全新的现代化的民族文化再生的途径，使传统文

---

① 详情参见 http：//yule. sohu. com/20070131/n247954209. shtml。

化以一种现代化的面目重现在世人面前，而不再尘封于石窟、博物馆内。这种视听化的再生方式，契合现代的生活节奏和审美角度，极大地扩大了它在公众中的影响力，并迅速提高了公众对敦煌艺术的再认识。这是很多传统的文化艺术保护方式都难以企及的。

（四）创造了巨大的商业价值

这是敦煌艺术视听化再生带来的最直观的利益收获。敦煌石窟艺术，依靠旅游业固然也能创造商业价值，但那仅仅是一种简单的再利用，无法使传统的文化艺术在新时代释放出新的文化魅力，吸引更多的文化消费群体。而敦煌艺术的这种视听化再生却符合现代的审美潮流，使传统艺术通过变形的方式在年青一代产生更大的影响，使新一代对我们的传统文化有了新的认识，进而带来更多的商业价值。视听化再生，让敦煌艺术不再只是停留在学院研究所中，而是进入了大众文化消费领域。这种再生艺术的商业价值，反过来也为敦煌研究和保护争取到更多的资金和技术保障。

二　敦煌艺术视听化转变中的缺失

敦煌艺术的视听化再生过程中，在技术理性至上的思想指导下，也呈现出了一些明显的偏向与缺失，这也是我们在享有视听化再生带来的利益的同时所不能忽视的。

（一）价值模糊化

波德里亚说过："在时尚中，世界的消解是最终的消解。能指唯一的差异游戏在这里加速，变得明显，达到了一种仙境——丧失了一切参照的仙境和眩晕。"① 艺术在时尚中呈现出了符号化特点，艺术品不再拥有内在的确定性，留下的只有令人炫目的视听和声光刺激。在这样的视听刺激中，艺术精神渐渐消解于时尚化的仿像中了。这类视听化再生艺术需要大多数的观众作为消费者而非欣赏者出现，只要观众走出影剧院或关闭电视、电脑时，精神放松地说出"好看"两个字，它的目的就算达到了。这类艺术不需要观众纠缠于它的细节和艺术价值。现在甚

---

① 让·波德里亚：《象征交换与死亡》，车槿山译，译林出版社2006年版，第125页。

至出现了"胖子版"的千手观音、"千足观音"等有些恶搞性质的演出，电影艺术也借助这股敦煌热风拍摄了《天脉传奇》、《天地英雄》之类的与敦煌打擦边球的影片。宗教情怀、民族精神、敦煌艺术审美文化，等等，这些敦煌艺术精神在炫目的视听、声光的动态影像中都不那么重要了。

价值的模糊化首先是由于视听文化自身固有的特点导致的。在视听文化中，声光、动态影像等艺术手段弱于表述价值、意义、内涵等精神层面的东西，强于展现令人眼花缭乱的服装、灯光、音响效果、表演人员的身体姿态语言等物质层面的东西。它快速多变的节奏令观众无法抓住演出的每一个细节，我们也就无从细细分析、品味其内涵。

其次，这也是文化娱乐化、快餐化的必然需求。在生活节奏不断加速的市场经济的大潮中，人们的生活正发生着巨大的变化。人们的空余的时间在社会的挤压下正日益减少，我们已经没有太多的时间来研究文化价值、生活意义之类的东西。在经济大潮中，人们疲于奔命。我们奔赴旅游景点，已不能再闲庭信步，陶冶心性；我们走进影剧院或做个"沙发土豆"在家翻电视，也不是为了获取文化信息，汲取其艺术精神，更多的只是为了放松被经济压迫得过于紧张的神经，逃避喧嚣而混浊的城市。正如韩东所写的那样："有关大雁塔/我们又能知道些什么/我们爬上去/看看四周的风景/然后再下来。"① 现在的问题不仅是一座大雁塔我们还想不想"知道些什么"，而是对我们民族文化的精髓还想不想"知道些什么"。这就是文化快餐化的结果之一——在全球化的冲击下民族文化的自我迷失。

（二）选择的偏向性

首先，再生艺术对原始题材选择的偏向性。当前，公众能经常接触到的再生艺术，大多是以视觉性文本为底本的，如敦煌壁画、彩塑、经变，等等。但是，文字性文本的现代化再生则是少之又少，如经卷、俗讲、文学作品、历史、政治等。敦煌学作为显学存在已百年，其涉及的范围非常广泛——宗教、民族、文化、政治、艺术、文学、哲学、民族关系，等等，几乎无所不包。但当今，在我们对敦煌的文化财富展开艺

① 洪子诚、陈光炜编选：《第三代诗新编》，长江文艺出版社2006年版，第33—34页。

术化再生时，大多只在意壁画这类可视艺术。这最终在公众中留下的印象就是：敦煌就等于石窟壁画。公众的一知半解导致很多游客不知道敦煌的壁画如何看，怎么理解。很多去过敦煌的专家学者和游客们，多有这样的感触：很多日本、欧美的游客对敦煌艺术了解的全面和深入程度竟然高于大多国内游客。这不能不令人汗颜。敦煌学知识普及不力、再生艺术的选材太过明显的偏向就是导致这一结果的重要因素之一。

其次，再生模式单一化。当前，投资人对敦煌艺术的现代化再生，还是主要采用现代科技进行视听化再生，其他方式则很少采用。我们几乎难得一见将敦煌艺术采用较为通俗的方式——利用纸质媒介和其他方式进行普及化再生的。无论是《千手观音》这样的舞蹈，还是央视的《新丝绸之路》这样的大型纪录片，利用的都是现代摄影、视听、声光之类技术手段，这都无法让公众全面认识敦煌文化艺术的丰富性，并很好地去理解这些丰富的文化内涵。

之所以会产生这些选择性偏颇，首先是由于市场经济条件下，制作主体追逐经济利益最大化的必然结果。什么能带来更多的经济价值，它就会被更多地利用技术手段复制或仿制出来。其次，社会意识形态有意无意的干扰，也是很重要的原因。社会形态的演进，必然需要造就出与之相配套的文艺产品，以改变并满足公众的文化需求。前者带来了再生模式的单一化，后者则带来选材的倾向性。

（三）民族传统精神和佛教精神的游离与失落

这第三方面的问题正是由前两个所导致的。价值的模糊导致民族传统文化精神偏移；选择的片面则导致一些原有的有价值的传统文化精神的失落。当下，某些利用视听技术再生出来的敦煌艺术，呈现为一种纯粹大众娱乐文化的模式，也就是通俗化。它首先呈现为大批量、工业化生产的文化，更多的是为了满足大量娱乐消费而生产制作。通俗化文化本身是俗套的、有明显倾向性的，它不需要观众具有很强的鉴别能力，只须被动接受就可以。其次，它呈现为一种典型的美国式文化，类似的文化模式我们通常可以在纽约百老汇、洛杉矶好莱坞的文艺产品中大量找到。[1] 杨紫琼主演的《天脉传奇》就是这种扛着敦煌大旗的拼盘艺术

---

① 参见约翰·斯道雷《文化理论与通俗文化导论》，南京大学出版社 2001 年版，第 12—13 页。

的典型代表。这部影片借助敦煌影响力，利用美国式的高科技，大肆宣扬东方文化的神秘与玄幻。虽然吸引一批外国游客到敦煌旅游，带来一定的经济利益，却也充满着对敦煌文化、中华民族传统精神的理解错位。这正是罗兰·巴特所言的文化意义的"漂移"。它的内涵已脱离了敦煌文化艺术精神的精髓，而变成了现时社会的时尚旋律。

类似有着缺失和偏颇的敦煌再生艺术，为什么还会不断有人出资制作，且大受欢迎呢？我以为这其中原因主要有三个。第一，随着人类的整个生活方式的改变，人类感知生活的方式也随之发生改变。公众获取信息，已由文字文本的"阅读"变成了由动态的电子视听影像文本"观看"来获得。这种改变迫使我们制作出来的艺术产品向公众的需求靠拢，对传统文化进行纯视听化再生。第二，传统本身也不是一成不变的东西。随着社会的发展和历史的变迁，每一代人对传统都有自己的选择与阐释，并同时代的兴趣爱好和价值体系吻合。传统变成了一个连续不断的选择和阐释过程。我们也正在用迎合当代人审美趣味的视听化方式重新对敦煌的艺术传统进行全新的选择与阐释。① 第三，在市场经济高度发达的状态下，经济利益的多少成为投资方、导演、演出方必须考虑的问题，甚至是头等重要的问题。只有传统文化中那些能带来更多经济利益的方面和再生方式才是他们的首选。

三　敦煌艺术全面、深入的现代再生

从上面的分析中，我们可以看出，敦煌文化艺术的现代化再生已是一种必然的趋势，并且已经有了大量的艺术实践产品。在全球化背景下，它们既取得不俗的成就，也存在不少缺失。我们需要做的是在全球化背景下尽可能避免这些缺失，在创造出新的价值时既不失去敦煌文化艺术的精神内涵，又充分彰显民族文化的精神力量。

首先需要做的是对敦煌文化知识的全面、深入普及。我们可以通过现代技术让公众了解一些敦煌艺术的基本特点。这样，在面对石窟壁画时，游客们就知道如何欣赏那些壁画、彩塑艺术，知道它们从何而来，

---

① 参见约翰·斯道雷《文化理论与通俗文化导论》，南京大学出版社 2001 年版，第 78 页。

又传达了些什么样的文化艺术精神，对现代人有些什么价值。中国是个有着悠久文化传统的国家，我们的公民面对自己的文化瑰宝时，却有些茫茫然，终归是不太好的。所以，这种知识普及势在必行。其一，我们可以借助国家力量，在基础教育中加以普及，敦煌的文化遗产可以作为学生素质教育的重要内容，成为我们民族共同记忆和民族精神、民族自豪感的一部分。其二，我们也可以利用现代视听技术，通过电视等现代传播媒介，制作出一些知识性的电视文化节目，大力介绍敦煌艺术的内容、形式、艺术精神、技术特点和欣赏方法等。中央电视台投巨资拍摄的《新丝绸之路》就是一个很好的尝试。

其次，再生模式的多样化。单纯的视听化再生，始终是有不足的。无论是电影、电视的动态影像的再生模式，还是舞台剧目的再生模式，都有一个问题——无法聚焦细节、不能深入思考。视听艺术展现的是目不暇接、眼花缭乱的视听场景，观众获得了视听愉悦和精神放松。但在这个过程中，观众只能被动接受，难以主动参与思考。在我国目前的文化市场中，舞台剧更多也只能借助影视等电子衍生产品才能生存和发展下去。如果没有央视这样的传播渠道和春晚这样全国共赏的文艺节目，《千手观音》这样经典剧目就很难像现在这样红遍大江南北。《丝路花雨》很长一段时间墙内开花墙外香，就是由于我国剧院演出不发达，电视传播技术落后所致。因此，再生模式的多样化可以说迫在眉睫，否则视听化的片面性将一直持续下去。敦煌除了壁画、彩塑，还有大量的文学、书法、哲学等作品，对于这些文化遗产，我们可以加以清理，用简体白话文进行改写再生和艺术再创造，创作出既具有艺术水准又为人民喜闻乐见的艺术作品，以此传承敦煌艺术精神，而不是让文献躺在图书馆、博物馆中。壁画、彩塑我们也可以用现代技术加以重建。有人就曾提议在兰州建设"敦煌壁画建筑景观园"。① 这种再生方式，既避免了过多的游人参观破坏了敦煌原始壁画，又可以利用重建在其中对敦煌壁画的历史传承、文化价值、精神要义、欣赏方法加以详细说明，甚至还可以让重塑作品在全国巡回展出，就如曾在北京所做的敦煌展馆巡展一样，让一时难以到敦煌实地参观的人群——如中、小学生等——也能够

---

① 这一计划的详细阐述请参见杜琪的文章《在兰州建设"敦煌壁画建筑景观园"的可行性理论探述》，《社科纵横》2007 年 1 月。

领略到敦煌艺术的魅力。这种再生方式虽然在技术、资金等方面还需要进一步论证，但至少提供了一个非常好的思路。当然更多的再生方式还有待我们去探索。

最后，再生过程中对民族传统精神的全面讲述，以及对这些传统的理性选择。穆纪光先生曾对敦煌艺术精神有过精辟概括，认为它"是中国人融会中原艺术和希腊艺术的审美形式，用它来表现中国人的生活激情的艺术；是中国人改造印度佛典，用它来表现中国人靠近神、触摸神，消解人与神的界线，把对神的崇拜变成对神的欣赏，把对神的敬畏变成对神的爱恋，从而把神当成自己的母亲、朋友和恋人的艺术；是中国人把佛的符号还原成世俗符号，把世俗符号创造为艺术符号，在这种不断转换的过程中体验生命的形而上意义的艺术；是表现中国人在对现世的留恋和对来世的向往间往往返徘徊，在儒、释、道的生存价值间作艰难选择，借助伟大的想象力，构造生命寻求终极依托的天国境界的艺术，是能够放在 21 世纪审美视角中，透视其历史内涵和当代意义的艺术"。① 这种艺术精神在单一化甚至盲人摸象式的视听化再生过程中被曲解和渐渐抛弃，是非常可惜的事。有着丰富文化内涵的敦煌艺术精神变成了时尚编码，成为了公众追逐模仿的偶像，这其中的成败得失是值得我们深入思考的。我们只有对传统的文化精神有了全面深入的理解，才能对之有更理性的选择。在似是而非中作出的理解与选择始终是不全面的。因此，再生也包括对其精神要义的全面讲述，无论它是世俗的、儒家的、道家的还是佛家的，都不应有所偏废。

四　小结

在结尾部分，我想说的是：任何一种新的文化现象的诞生都不是传统文化的简单延续与再生。汽车毕竟不是速度更快的马，电灯也不是能量更大些的蜡烛。新的文化现象就意味着一种改变甚至是扭曲，尽管有时还会扛着传统文化的大旗。当敦煌壁画、文学离开它们的洞窟，借助现代的电子视听、声光技术演变成《丝路花雨》、《大梦敦煌》、《千手

---

① 穆纪光：《感悟敦煌艺术》，《西北师范大学学报》（社科版）2004 年第 6 期。

观音》、《大敦煌》、《天脉传奇》等舞剧、影视产品后，敦煌艺术至少已经不完全是原来的敦煌艺术了。这样一来，全面、深入的讲述和再生敦煌艺术就显得尤为重要。借助多种现代技术手段，我们既可以深入细腻地传承中华民族的传统文化，又可以与时俱进地弘扬中华民族的现代精神文明。这样才能在全球化浪潮中既跟得上时代步伐，又不至于在其中迷失民族前进的方向。

第三编

敦煌艺术的美学精神与宗教意蕴

敦煌再生艺术为什么会享誉海内外？是由于其优美的舞蹈形式，还是由于其所表现的异域风光？都是也都不是。其最为关键的原因在于敦煌艺术是有着美学精神和宗教意蕴的艺术。美学精神是艺术的灵魂，无论是"满壁风动"的飞天，还是"反弹琵琶"的伎乐，还是"千手千眼"的观音，他们都是自由和博爱的象征，是创新和超越的标志，是传承和创新的典范，是佛教审美化的代表，其中积淀着深厚的人文底蕴。在全球化背景下，敦煌的美学精神更具有普世价值，因而能够跨越意识形态的壁垒，走向世界。

而宗教意蕴则是敦煌艺术既来自宗教又超越宗教，既与世俗亲和而又超越世俗的关键所在。有人说，《白毛女》、《红色娘子军》演出那么多年也未能成为经典，而《丝路花雨》和《大梦敦煌》却一夜之间成为经典，并成为"敦煌舞派"的代表，真有点不可思议！但静下心来细想，这两部舞剧的成功不就在于其具有普世价值的美学精神和宗教底蕴？现代人那种不信教则空虚，信教则沉迷的二难选择，也许在敦煌舞剧那种友谊、爱情、正义与飞天的吉祥、菩萨的慈悲、佛陀的法力的水乳交融中找到了出路。美学敦煌最终在敦煌艺术形式、敦煌美学精神和敦煌宗教底蕴中找到了落脚点。

第 一 章

原生敦煌艺术——壁画中的美学精神

美学精神本身就是一种文化的综合，它涉及文化的各个层面，从这个角度上说，文化自身在本质上也是审美的，这恰恰是把美学精神作为一个重要问题研究的意义所在，但也正是美学精神的这一特性，使我们的研究领域更为开阔，因为文化涉及的领域和学科是很多的，为我们提供了足够的资源。同时对于美学精神研究来说，跨文化研究是必然的程序，因为不在比较的视野中我们很难看到一种艺术精神作为一种独特文化的独到之处，因此，如何在一种特有视野中进行跨文化的美学精神研究是摆在我们面前的重要问题。

虽然，出于对真理与美的一般特性的认识，可以说科学与艺术是不分国界、不分民族的，但是正如格罗塞所言"艺术起源的地方，就在文化起源的地方"①，由于中国与西方具有不同的思维方式、不同的哲学基础、不同的宗教信仰、不同的地理环境等众多的差异，总的来说人的主观因素与客观因素的诸多差异使东西方艺术在"同"的基础上又延伸出不同程度的差异。敦煌艺术的形成既带有必然性同时又是偶然性的结果，它的特殊性就在于敦煌艺术是多民族艺术、多朝代艺术在不同时空的碰撞与交融。因此，敦煌艺术的大部分作品都不同程度的带有希腊、西域、中国本土文化等特征。本章拟从横向上将敦煌艺术与西方艺术、中国本土艺术进行比较分析来研究敦煌艺术的美学精神。

一 在与西方艺术的比较中看敦煌壁画的美学精神

艺术不仅仅是一门创造"美"的技能，更明确地说，它是一种丰富

---

① 格罗塞：《艺术的起源》，商务印书馆 1996 年版，第 26 页。

人生、创造人生的途径，它是一种创造并表达人类情感的最适宜的手
段。中西方美学观念的不同也间接地表现为各自的人生态度和价值取向
上的差异。中国审美文化精神更强调的是人生感悟、情感体验和内省式
观照，如孔子同他的弟子们坐而论道时由衷赞叹"吾与点也"，庄子
《庖丁解牛》中的"提刀而四顾，踌躇满志"，六朝画家宗炳"卧以游
之"的"畅神"，乃至司空图的"不著一字，尽得风流"的儒雅风范，
等等，莫不出于某种感性的内在情感愉悦；而西方美学最初却是建立在
对外部形式世界的观照的基础之上的，"柏拉图所称为宇宙本体的'理
念'，也是一种类似于数字形体的理想图形。亚里士多德也以'和谐、
秩序、比例、平衡'为美的最高标准与理想，几乎是一班希腊哲学家与
艺术家共同的论调，而这些也是希腊艺术美的特殊征象"。①

亚历山大东征，将发达的古希腊文明，推进到了东方的西亚与中
亚。希腊化的过程的确也同化了一些民族的文化，在与当地流传的佛教
文化结合后，形成了印度西北部的希腊式佛教艺术，产生了著名的希
腊—犍陀罗艺术风格。显然，在这些地区，我们看到了希腊与印度这两
个古老文明的结合。

当然，希腊式的佛教艺术和犍陀罗式的艺术风格，对形成以于阗如
龟兹为代表的佛教艺术，产生了些许形式上的影响；从表面上看，这似
乎是一种"东渐"的现象，这一观点也曾得到过一部分学者的认同与
提倡②，但是亚历山大东征始终未能跨过葱岭东侧一步，希腊化也无力
化解强大的先进的中国西部固有的文化积淀，后来越来越多的研究结果
也表明，敦煌艺术是我国古代艺术家以当时的现实生活与传统的艺术技
巧为源，又汇集了若干外来支流而形成的一条艺术长河。敦煌艺术和西
方艺术各自维系着的则是完全不同的美学精神，这种精神主要体现为飞
天的自由精神与宗教氛围中的理性精神。

（一）飞天的自由精神

走进莫高窟，几乎所有的洞窟中都传达着"天衣飞扬，满壁风动"

---

①　宗白华：《中国美学史论集》，安徽教育出版社 2000 年版，第 78 页。

②　学者们很早就开始了对敦煌艺术源流问题的研讨，贺昌群 1931 年发表于
《东方杂志》第 28 卷第 17 期的《敦煌佛教艺术之系统》一文在中国首倡"西来
说"，向达步武其后，也作了详尽的论述。

的舞蹈气息（见图1）。
这主要是敦煌飞天为敦
煌洞窟带来的审美效
果。飞天是佛教艺术中
佛陀的八部侍从中之两
类，即佛经中的乾闼婆
与紧那罗。乾闼婆是梵
文的音译，意为天歌

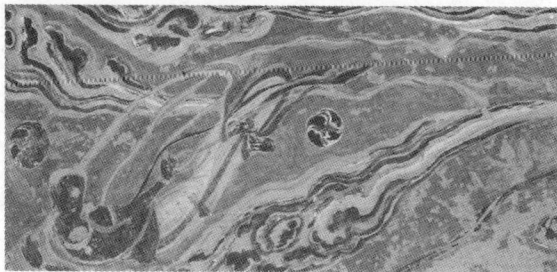

图1　第322窟飞天

神，由于他周身散发香气，又叫香音神。紧那罗也是梵文的音译，意为
天乐神。据《慧琳音义》载，紧那罗"有微妙音响，能作歌舞"，与乾
闼婆同在极乐国里弹琴唱歌，娱乐与佛。这里的飞天就是它们的合称，
也就是杨衒之《洛阳伽蓝记》里所谓的"飞天伎乐"。她一般出现在乐
鼓齐鸣，天花飞扬说法的庄严时刻，采百花香露，散天雨花，如鸠摩罗
什译《大庄严论经》卷十二，"诸胜乾闼婆，歌颂作音乐，美音轻重
声"。再如《金刚般若波罗蜜经讲经文》中讲述众天人听佛说法的场面
"夜叉众，乾闼婆，修罗又有紧那罗。八部龙神千万众，五音六律奏筝
歌"。

　　在形式上敦煌飞天依然保留着许多来自印度的因素，如在中心柱的
佛龛及南北壁的说法图中往往只画两身对称的飞天，这表明在说法图这
样庄严的画面中始终保持着一种来自印度的传统。公元前四五世纪，希
腊银币上即有臂上长着翅膀的上身半裸的童子。希腊高脚铜镜上也有展
开双翼、凌空飞翔的裸体儿童。在基督教壁画中，天使的形象，长着等
身的翅膀，成群结队地飞翔在空中，多数则是妙龄少女着锦衣，束裙，
臂生双翼，头后有圆光。这种西方艺术家创造的天使形象也传到东方，
传到中国，而且进入了佛教寺院和石窟。然而，正如宫下左江子《有翼
人物像的东渐与变容》所讲的，在古代，美索不达米亚、古埃及和希腊
罗马及印度文化中都有一些有翼的天神形象，而随着佛教传入中国后，
有翼的天神并没有流行起来，而代之以不用翼的飞天。敦煌是飞天的荟
萃之地，在莫高窟492个洞窟中，有270多个洞窟绘有飞天，总计4500
余身，其中仅第290窟就有154身各种姿态的飞天，他们多集中在石窟
藻井的四角、莲花藻井的中心部分，藻井垂幔四周，龛眉佛光和莲花化
生的旁边等，配合壁画、彩塑起到了装饰作用。虽然飞天作为"众天侍

从"只是佛教文化中不太引人注目的一个小神，她却登上了中华文化的庙堂而成为一般意义上敦煌文化的标志和图徽。在千余年的岁月变迁过程中，可以说每个朝代的洞窟里都有飞天的形象出现，其造型之美亦随着时代文化习尚之差异而不断地演变。世界上佛教石窟艺术的创作者在地域上分布甚广，但从未曾有像敦煌这个地方的艺术家那样，能够长时间地对刻画飞天保持着诚笃和旺盛的热情，在这一特殊种类的艺术形象上倾注了自己的才华和精力。

宗白华先生曾说："没有动就没有中国戏，没有动也就没有中国画，动是中心。从中国绘画来看，飞动姿态的节奏和韵律贯穿于笔墨趣味之间，那带有抽象化、表现性强和透射韵味的线条使'意境'与'气韵'成为创作的主流。这一点从湖南长沙出土的《战国人物帛画》和《人物驭龙帛画》上即可看出，以线描为主的造型技法早已形成。至于西汉帛画中流转自如的'高古游丝描'、魏晋顾恺之的'春蚕吐丝'、曹仲达的'曹衣出水'、唐吴道子的'吴带当风'，都在敦煌飞天艺术这一艺术形象中得到了完美的体现，达到了用线条来传达神韵的极致，从而从本质上应和着动感的生命节奏，成为中国艺术美学的一个直观体现。"[1] 中国绘画、音乐、舞蹈、书法、诗歌的内在形式正是纵横开阖，流连盘桓的飞舞流动。可以说，敦煌飞天这一以绘画形式表现出来的凝动音符，在敦煌石窟中成功地再现了中国艺术的生命节奏，即飞舞流动。不仅是飞天，包括菩萨、力士、供养人等形象，不仅是壁画，包括雕塑与建筑，他们都只是由一刹那、一瞬间的静态形象来表现和谐的节奏与韵律。尤其是敦煌飞天，壁画中有关其神情、相貌的描绘是极少的，即使有也是寥寥几笔匆匆带过，最让观者难忘的是飞天的衣带飘扬、风动多变，人、带、云、花、风以其不同的形态构成多层次多动态的疾徐、轻重、刚柔、起伏而又统一和谐的韵律。壁画中"所表现出的不是对象飞翔中的凝固状态，而是既画动着的形体又表现对象飞着的路线，使人感到飞天的身体在飞动之中。另一方面，线本身在跃动，即使不看飞动的形体，从线条本身就感到其飞动的气势，感到形体在运动着。线既画行，又画势，所画的形体是运动着状态，不求轮廓的固定性，画的是主体对客体的飞动感，是客体趋势的把握。被刻画的对象当

---

① 宗白华：《美学散步》，上海人民出版社 1981 年版，第 87 页。

中，线条成功地表现轻扬飘举的衣带的丝绸感，流动的云气的飘忽感。这样，画面上就出现了刚柔、疾徐、轻重、粗细不同的众多线条。诸多线条之间，一条线的各段之间又都形成跃动着的变化、旋转和节奏，总的构成音乐感、舞蹈感很强的韵律"。① 因此，由于把形体化成为飞动的线条而着重于线条的流动，而有的线条又不一定是客观实在所有的线条，而是画家对画境的构思，这使得壁画中的飞天成为一种凝动的音符，是我们民族的天才借助笔墨的飞舞，所抒写的胸中逸气，所谓的逸气也就是一种自由的、超脱的心灵节奏。所以在敦煌飞天艺术中，其艺术表现的要素不在于机械地写实，而在于创造意象与意境，用抽象的笔墨表达人格的心情与意境。

西方的艺术造型正如莱辛在《拉奥孔》中所讲的，是一种"高贵的单纯和静穆的伟大"，如维纳斯雕像、亚历山大大帝像、掷铁饼者，等等。所谓希腊式笔直的鼻子、杏仁一般的眼睛、鬈曲的头发，柔嫩小巧的嘴唇，因为大理石的材质，这些风格给人生动却安静的感觉，好像人物的瞬间被凝固了千年。在模仿的过程中体现人体的美，体现为力量和柔美的统一。似乎这些雕像都在安静中思索，但又有一股巨大的能量会于沉静中爆发似的。《拉奥孔》给观者的感觉就是一种随时随地的爆发，可是却被大理石锁住了，反而向内浓缩，浓缩成一种静穆。而敦煌飞天的造型却是摆脱了静穆而渴望飞升的，"飞是它们的精神理想，飞腾动荡是那时艺术境界的特征"。② 总之"希腊的人像是着重在'体'，一个由皮肤轮廓所包含的体积。所以表现得静穆稳重。而敦煌人像，全是在飞腾的舞姿中（连立像、坐像的躯体也是在扭曲的舞姿中）；人像的着重点不在体积而在那克服了地心吸力的飞动旋律。所以身体的主要衣衫不是贴体的衫褐，而是飘荡飞举的缠绕着的带纹（在北魏画里有全以带纹代替衣饰的）。佛背的火焰似的圆光，足下的波浪似的莲座，联合着这许多带纹组成一种广大繁复的旋律，象征着宇宙节奏，以容包这躯体的节奏于其中。这是敦煌人像所启示给我们的中西人物画的主要区别。只有英国的画家勃莱克的《神曲》插画中的人物，也表现出同样

---

① 谭树桐：《敦煌飞天艺术》，《敦煌舞蹈》，新疆美术摄影出版社 1992 年版，第 83 页。

② 宗白华：《美学散步》，上海人民出版社 1981 年版，第 189 页。

的上下飞腾的旋律境界。近代雕刻家罗丹也摆脱了希腊古典意境，将人体雕像谱入光的明暗闪烁的节奏中，而敦煌人体塑绘却融化在线纹的旋律里。敦煌的艺境是音乐意味的，全以音乐舞蹈为基本情调，《西方净土变》的天空中还飞跃着各式的乐器呢"。① 敦煌的艺术家所要表现的不是人的体积，比例适当的造型，而是飞向佛教天国的衣袂、绦带，它们全都飞扬着，舞蹈着。因此，在这里我们看不到肌肉的表情，看不到比例均衡的人体，看到是只是飞扬着、舞蹈着的线条。正如宗白华先生所言："这真是中国伟大的'艺术热情'时代，因了西域传来的宗教信仰的刺激及新技术的启发，中国艺人摆脱了传统礼教之理智束缚，驰骋他们的想象，发挥他们的热力。线条，色彩，形象，无一不飞动奔放，虎虎有生气。"② "当他（宗白华）五年后接触到敦煌艺术后，立即意识到存在着另一种艺术——一种不是通过静穆的观照，而是通过更为世俗更为热情的方式来表现生命跃动的艺术。这种艺术为人们展示了一个挣脱了礼教束缚、充满幻想、蕴含着热力的'飞腾动荡'的境界。于是，他对原来赞赏的文人艺术、禅思艺术似有所思：那样的意境，仅靠残山剩水、孤花片叶在支持了。它们虽然有清超之美，但缺乏磅礴之雄图。相反，敦煌艺术中却澎湃着中华先民创造生活的伟力、活力、热力和想象力。他无意否定禅境的清超旨趣，但肯定对这种艺术的日渐衰微和造作，感到厌烦了。"③

希腊文化是西方文化的武库与基础，西方绘画的基础也是希腊艺术，而希腊的绘画由于受其雕刻艺术的影响，可以说是移雕塑于画面，远看真如立体雕刻的摄影，如希腊庞贝古城遗迹所见的壁画，如同立体圆雕的人体静坐或站立在透视的建筑空间里。这种画与中国古代花纹图案，特别是莫高窟壁画相对照，其动静之殊令人惊异。一为飞动的线条，一为沉重的雕像。相比之下敦煌飞天正体现了谢赫的以"气韵生动"为首的六法，体现了中国绘画的特点，与中国的艺术精神相表里。"中国画真像一种舞蹈，画家解衣盘礴，任意挥洒。他的精神与着重点

---

① 宗白华：《略谈敦煌艺术的意义与价值》，《美学散步》，上海人民出版社1981 年版，第 130 页。

② 同上书，第 129 页。

③ 穆纪光：《宗白华与敦煌艺术研究》，《敦煌研究》1996 年第 4 期。

在全幅的节奏生命而不沾带于个体形象的刻画。画家用笔墨的浓淡、点线的交错，明暗虚实的互映，形体气势的开合，谱成一幅如音乐、如舞蹈的图案。物体形象宛然在目，然而飞动摇曳，似真似幻，完全融合在笔墨点线的互流交错之中。"① 这些也正是敦煌飞天所传达出的自由精神。

"飞天"一词，在佛教典籍中并不直接出现，它只是研究佛教艺术的现代人，根据佛窟的绘画形象为乾闼婆等起的"艺名"而已。佛典中并未对乾闼婆等在"飞"作有意的渲染，但此后的佛窟中，乾闼婆等却飞的那么自如，尤其是敦煌莫高窟中的飞天，飞得那么自由、美丽，可见艺术家寄予"飞"中的意义，定是非常深的。如歌德所言"要每天每日去开拓生活与自由，然后才能作生活与自由的享受"。② 这正代表了西方人对艺术的态度，正因为这样，西方的美学思想，强调艺术对现实的表现，表现反抗，表现斗争，表现人的作用。但丁的《神曲》在地狱的大门上写着"你们走进来的，把一切希望抛在后面"，那就是说，要有下地狱的决心，才能写作。艺术也是如此。敦煌飞天代表艺术匠师们摆脱了汉魏以来传统礼教的束缚，驰骋他们的想象力。"飞"表示他们的精神解放。豪放的笔力，对比的色调，在行云舒卷，流水有声的画面上，倾吐了千百年来被压迫、被屈辱的敦煌古代无名画匠发自内心的呼声。此外，它还是一种精神的飞。中国的文人、艺术家追求精神自由、精神解放，张扬个性的无拘无束，所以，在他们的"飞"中，寄托的不仅仅是个人的际遇，而是从个人的际遇中升起来，包含了对普遍的人性的弘扬，对压抑人性的政治制度、伦理规范的反驳。因而，"飞天"叙述和张扬了一种思想性的、精神性的飞的意境。

飞天的自由精神在莫高窟壁画艺术中的形成不是一种偶然。飞天不仅仅是敦煌艺术的某种创造性表现，更是华夏艺术精神在这块土壤上结出的果实，这种土壤是不同文化交汇的栖息地，其间杂融佛教文化、中原礼制、鲜卑传统、道教传说、民间艺术，等等。

虽然敦煌飞天艺术带有外来艺术的影响，却更具有华夏传统文化的

①　宗白华：《论中西画法的渊源与基础》，《美学散步》，上海人民出版社1981年版，第101页。

②　歌德：《浮士德》。

神韵，因此才会出现"天衣飞扬，满壁风动"的审美效果。因此，透过它来认识中华艺术的美学精神也不失是一种正确的选择。六朝时，谢赫提出了"气韵生动"的美学理念，他秉承着中国古代哲学的"气韵"传统，因"气"之生动和运化传达出生命的韵律而提出了这一美学命题，并成为艺术中最高的审美标准。"气韵"有着与中国文化运行同脉的轨迹。而敦煌艺术特别是飞天艺术以其线条的韵律、传神的技巧清晰地传达了气韵生动的美学追求。因此，可以说"气韵精神既是唐代绘画也是敦煌初唐壁画追求的最高审美要求"。① 应该说，"气韵生动"的美学理念是深驻于敦煌艺术中的主旋律，且贯穿始终。常书鸿先生在为《敦煌的艺术宝库》画册所写的序言中说："敦煌飞天造型的成功之处，即在于气韵、形似两者兼而有之。"认为"敦煌的飞天就是古代匠师们创造出来的现实与幻想相结合的生动造型，它们的产生正是南齐谢赫'六法'中气韵生动的具体体现"。

从文化渊源上看，敦煌艺术是古代劳动人民在我国民族艺术传统的基础上吸收了外来艺术的有益成分，经过千余年连续不断的努力，创造出的具有民族文化特色的艺术品，因此，飞天的自由精神还具有更为深广的文化内涵。

在形式上，敦煌石窟艺术特别是早期的敦煌石窟艺术中就存在有大量的道家题材的人物画、故事画，如羽化升仙的羽人、西王母、东王公等。在佛教艺术还未传入中国之前，中国已有伏羲、女娲和东王公、西王母等神话形象，这也是原始道家文化的阴阳意象。莫高窟第249窟的藻井四周，佛教天神阿修罗和摩尼，道教天神西王母和东王公，并置于东南西北，并且和谐统一，可以说就是中国的道家思想与外来的佛教思想相互融合的最直接的反映。

第249窟南顶主体画是西王母。画面内容为西王母和三凤驾的车，西王母着大袖长袍拱手而坐，前有御车仙人，车上悬重盖，车后有旌旗，车旁有白虎护卫，车前有乘鸾，持节仙人在前引导。在天花旋转、云气缥缈中，这些形象组成浩浩荡荡的巡天行列。北顶的主体画是东王公，东王公身着大袖长袍，乘四龙驾的车，车上华盖高悬，前有乘龙持节引导，后有天兽尾随。西王母、东王公是我国流传已久的神话中的人

---

① 段文杰：《敦煌艺术论文集》，甘肃人民出版社1994年版，第407页。

物，随着社会的变化，到了东汉时期，他们一变而成为道家的神仙。

此外，敦煌壁画中还出现了羽人，裸体披巾、臂生羽毛、奔腾于空。这就是王充所说的"千岁不死，羽化升天"①的神仙。第249窟顶部壁画正是佛道结合的具体反映，也是早期佛教艺术中国化的特殊形式。

在思想内容方面，较为深刻的则是敦煌艺术所体现出的飞天的自由精神对以老庄为代表的道家思想的传承。

与西方的再现性艺术不同，敦煌飞天的这种对生命的律动的表现与其写意风格也有文化传统。老子看到客观具体的狭隘性和局限性，强调"道"在"虚"中。他说"大象无形、大美无言"②，这种以意象为主的思维方式，在敦煌壁画艺术中就有深刻的体现。

此外，道家还提倡一种绝对自由。首先，与儒家的"礼乐"传统相对立，以庄子为代表的道家的特征就在于对"礼乐"、"仁义"的超越。不仅如此，它还超脱人世一切内在外在的欲望、利害、心思、考虑，不受任何内在外在的好恶、是非的束缚与限制，也就是庄子"逍遥游"中的"无所待"，因为"无所待"从而绝对自由。其次，这种绝对自由的表现，就在于"逍遥游"中的这种绝对自由的个体能获得像大自然那样的无限活力："抟扶摇而上者九万里"，"背负青天而莫之夭阏者"③。可以说庄子认为这是一种不可阻挡的自由和快乐。在这里，庄子用自由的飞翔来比喻精神的快乐和心灵的释放，就在今天，古人所谓的"御风而行"、"游于无穷"还仍然是一种高度的快乐感受。同样的，敦煌飞天的造型也是渴望飞升的，通过那些刚柔、疾徐、轻重、粗细不同的诸多线条，我们也感受到了飞天形体的飞动，感到了飞天飞动的气势。当然，正如庄子所讲的飞并不仅仅是身体的飞行，而是由精神的超越所得的快乐一样，我们从敦煌飞天艺术飞动的线条、飞动的形体中感受到的更为深刻的内容便是艺术家超越了儒家伦理规范，而追求精神自由、精神解放的精神狂欢。

庄子后来又提出"非爱其形也，爱使其形者也"，认为美在于内在

---

① 王充：《论衡·电虚篇》。

② 《老子·四十一章》。

③ 《庄子·逍遥游》。

的人格、精神、理想，而不在于外在的表体状貌。由此"中国艺术因之而得到巨大的解放，它不必再拘泥于一般的绳墨规矩，不必再斤斤于人工纤巧的计虑。艺术中的大巧之拙，成为比工巧远为高级的审美标准。因为所欣赏的并非其外形，而是透过其形，欣赏其'德'——'使其形者'，这也就是'道'。欣赏所得到的也并不是耳目心意的愉悦感受，而是'与道冥同'的超越的形而上品格"。① 在敦煌飞天艺术中，我们由这种飞动的线条所感受到的这种意境与气韵，正可谓庄子所谓的艺术的形而上品格，庄子所谓之"使其形者"。可以说，敦煌飞天的自由精神可以追溯到中国传统的道家文化传统，正是老庄道家思想的文化底蕴使敦煌洞窟传达出了"天衣飞扬，满壁风动"的美学效果。

（二）宗教氛围中的理性精神

王岳川先生认为，艺术精神不仅仅是一个审美问题，更重要的是一个文化哲学问题，一个人生境界的本体论问题即精神问题。因此，对艺术的揭示就是对人的根本存在方式和最高存在方式的揭示。艺术本体展示着人在艺术中所到达自身领悟的程度和自我意识觉醒的程度，表示出人的本质力量的超越性，人的艺术审美生成的全部奥秘。艺术作为一种极富感染性、创造性的力量，具有在人类心灵上唤回全部内在性的巨大作用。因此，席勒才会"让美走在自由之前"，并认为人类未来的自由王国不是力的王国，而是美的王国，只有通过审美教育，培养审美的人，才能达到这一自由王国："要使感性的人成为理性的人，除了首先使他成为审美的人，再没有其他的途径。"艺术为主观现实、情感、情绪这些无形的内部经验赋予可感知的形式，使我们能够真实地把握到生命的运动，可以说，艺术象征着人类精神整体中感性的赋形的一维，而理性象征着秩序规范的一维，艺术代表着人类经验中构成性的因素，它不仅是人类集体无意识的表现，也是人类不断超越自身走向完美的表征，而理性则代表人类经验中秩序化的因素。当这两者取消了它们的简单化与极端化特征之后，它就既超越了感性的盲目性，又避免了理性的僵化与冰冷，理性因积淀着感性而灵动和自由，感性因充盈理性而意蕴深厚。敦煌艺术就是一种较为理想的感性与理性的契合状态，是一种体现着理性精神的美的整体。

① 李泽厚：《华夏美学》，天津社会科学院出版社 2001 年版，第 153 页。

首先，敦煌艺术作为一种佛教艺术，却并非体现出一种对宗教狂热而盲目的追求，在敦煌艺术群中始终闪烁着的是一种宗教氛围中的理性精神。这种理性精神使敦煌艺术避免了出于盲目而倾向于追随流行的错误，却始终以清醒的怀疑态度和审慎的眼光对流行观念发出挑战，而不附会世俗的喧嚣，不随潮沉浮。同时这种理性精神在对美与自由的不懈追求中还始终表现出一种澎湃的生命激情。当我们凝视精美的敦煌菩萨雕塑时，我们所感受的感染力不仅是善男信女们对佛的敬仰与崇拜，它给予我们的还有最隐秘的情感，正如华兹华斯所说："这种情感是在宁静舒缓中回忆起的情感。"理性精神给予艺术家一种反思的力量，给予他一种自觉按照美的规律建造世界的力量，使人类能够严肃而清朗地体认人之为人的本质属性，人对自身种种欲望、冲动的了解，人对自身与周围世界各种关系的领悟，以及人如何审美地通往理解和超越之途。

李泽厚先生指出，先秦孔学在世界上成为中国文化的代名词并非偶然，而是与孔子用理性主义精神来重新解释古代原始文化——"礼乐"分不开的。他进一步指出："且不管三年丧制是否儒家杜撰，这里最重要的，是把传统礼制归结和建立在亲子之爱这种普遍而又日常的心理基础和原则之上。把一种本来没有多少道理可讲的礼仪制度予以实践理性的心理学的解释，从而也就把原来是外在的强制性的规范，改变为主动性的内在欲求，把礼乐服务和服从于神，变而服务和服从于人。孔子不是把人的情感、观念、仪式——宗教三要素引向外在的崇拜对象或神秘境界，相反，而是把这三者引导和消融在以亲子血缘为基础的世间关系和现实生活之中，使情感不导向异化了的神学大厦和偶像符号，而将其抒发和满足在日常的理——伦理的社会人生中。这也正是中国艺术和审美的重要特征。"① 诸多敦煌壁画的舞乐场面及说法图中的礼佛乐舞，正是隋唐宫廷宴乐的现实写照，它以写实的手法渲染了宫廷乐伎、舞伎表演的欢乐，这种出现在壁画上的礼乐文化，可以说体现的仍然是中国文化中的理性精神。

敦煌莫高窟的经变壁画，虽然表现的是佛国的理想天国，但却还遵循着儒家君君臣臣各有职守的统治秩序（如图2）。例如壁画中净土世界的构图，佛、弟子、菩萨、天王、力士主从有序，这不是单纯的佛国

---

① 李泽厚：《美的历程》，广西师范大学出版社2001年版，第67页。

图 2　第 320 窟西方净土变

世界神际关系的特有形式，而是封建社会伦理秩序的影子，正如儒家所主张的"父子有亲，君臣有义，夫妇有别，长幼有序，朋友有信"，并由此形成的"仁、义、礼、智、信"和"忠、孝、悌"的伦理标准。再有，菩萨造型的精神面貌、感情意志，无不是以当时社会的道德风范、人物品藻为依据而创作的。于是，既有执行镇压功能，凶猛吓人连筋肉也凸起的天王力士，也有执行欺骗功能，异常和蔼可亲的菩萨观音，最后是那端居中央雍容大度无为而无不为的本尊佛像。可以感受到，古代匠师们不是把自己置身于佛国世界里，而是要求佛、菩萨及弟子等生活在他们祖祖辈辈所热爱的这片绿洲社会中。

其次，从人体美到衣冠礼仪之美的嬗变中所体现出的理性精神。

敦煌壁画和雕塑大多出自佛教经典和教义，其产生与发展自然与佛教本身的发展变化相联系。佛教传入中国后得到了很大的发展，也极大地影响了中国的政治、思想、艺术、经济等诸多方面，但无论佛教在中国怎样发展也无法取代以儒学为本的立国之道。因此，早期阶段，十六国至北周之前的敦煌壁画，尽管具有明显的外来西域风格，取材也以佛教和本生故事为主，但它并不脱离中国的文化传统，如宫室庙阙与社会生活，也寓有借鉴之意，进而发展到一定的时期，这种艺术的效果甚至完全背离宗教性质，而是宣传美好的生活，给人以美的享受。艺术不仅内容逐渐渗入忠君、爱国、孝悌、仁义等伦理道德题材，而且还融儒家真、善、美结合之美学观点于一身。

希腊人是以单纯的感情看待裸体，认为服饰使人的有机体形式的美表现不出来，所以希腊的人体艺术较为丰富。正如黑格尔所言的"服装如果能把身体各个部分以及姿势遮盖得尽量的少，那就是最好的艺术处理"。① 希腊的人体美影响了印度，特别是在印度教的林伽崇拜、性力派流行的气氛中，在佛教、耆那教，特别是印度教的雕刻中，裸体雕刻比比皆是，这正是印度古代雕刻艺术的特色（如图 3）。希腊、印度人体美的表现随着佛教由中亚传入西域，在龟兹、于阗等地的雕刻和壁画中有所表现，特别是裸体舞女，健壮的肢体、优美的舞姿、丰乳细腰大臀的特点，以及通过人体美表现出来的生命活力都有新的发展。裸体形象传入敦煌以后，在汉文化根深蒂固，儒家伦理道德观念深入人心的历史条件下，赤身裸体的男女形象，理所当然会被拒之门外。敦煌画师接受外来的佛教题材和表现手法，使之与中国的艺术传统和民族审美理想相结合，把人体美推上一个新阶段，这一人体美的主要特色发展到极致便是菩萨天

图 3　古印度雕塑《树神药叉女》

人等佛国人物的无性化。他们仍然上身袒露而却没有丰乳、细腰、大臀的女性特征，似男非男、似女非女，但却仍然是具有动人心志的思想感情的艺术形象。

中国自古就有"礼仪之邦"的美称。而中国的衣冠服饰又与礼仪制度、伦理道德观念密切相关，并用衣冠来表现人的政治地位和思想品德，《后汉书·舆服志》早已说明"夫礼服之兴也，所以报功彰德、尊仁尚贤"。刘向在《说苑·修文》中也指出"君子衣服中，容貌得则民之目悦矣"。由此可见，儒家的审美观点是与伦理道德相关联的，并注重人的衣冠礼仪之美。

以第 285 窟为例，第 285 窟的壁画是外来佛教艺术不断中国化历程的一个高潮。第 285 窟西壁是西域画派的杰作，是在已经西域化的龟兹艺术基础上又赋予了敦煌特色，形成了敦煌式西域艺术。它的特点是，

---

① 黑格尔：《美学》（三卷上），商务印书馆 1979 年版，第 160 页。

人物面相中国化、姿态动作理想化、菩萨生理特征无性化、色彩浓丽装饰化，多已显示一定的中国特色，但在人物形象、衣冠服饰、凹凸晕染等表现技巧上，仍然保留着明显的西域影响，出现了西域式菩萨这一莫高窟中独特的艺术形象。西域式菩萨无论人物面相上还是在衣冠服饰上都较多地体现了明显的西域乃至印度的人体美特色，如裸体披巾、腰裹长裙、身姿僵直、肢体健壮等特点（如图4）。而随着儒家审美观点与伦理道德思想的深入，西域式菩萨逐渐摆脱了西域、印度的人体美特征，显出一定的中原特色，因此在第285窟其他各壁出现了以褒衣博带为主要特征的中原式菩萨，其突出特点是姿态衣冠礼仪化。诸如，身体修长、大袖长袍、帔巾飘洒，与西域式菩萨形成了鲜明的对比（如图5）。而此类风格发展到极致，便是儒家的衣冠服饰之美中掺杂着超世绝俗、风流飘逸的情趣，如"吴带当风"、"曹衣出水"。

图4　第245窟菩萨　　　　　图5　第285窟菩萨

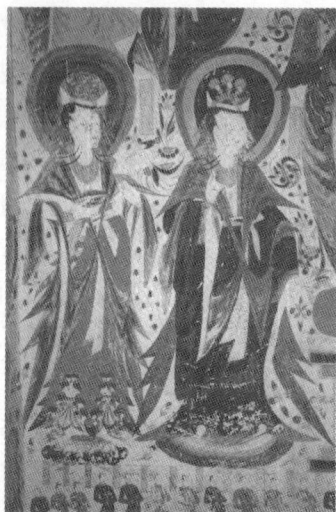

最后，从敦煌菩萨由男性到完全女性化的演变来看敦煌艺术的理性精神。敦煌的观音菩萨的女相塑、画非常美，是敦煌艺术精华的重要组成部分。如盛唐第45窟西龛内北侧的菩萨，被堪称为中国人心目中的美神。敦煌石窟中，有很多菩萨的绘画和雕塑，从数量上看，菩萨的雕塑与绘画远远多于佛的，不仅数量多，其绘画与雕塑的精美程度也高于佛的绘、塑艺术。易存国先生曾指出："中华审美文化源远流长，博大精深。虽然在众多的艺术作品中不乏对美的渴望并塑造出众多的美人形象，寄予丰富的联想和审美的理想，但乐生情怀与人性化追求最终没有锻造出中国的美神。但在敦煌艺术中，我们却欣喜地看到了美神塑造的曙光，那就是'伎乐飞天'、'反弹琵琶'、'观音菩萨'。"① 穆纪光先生也认为"敦煌菩萨是中国的美神"。② 指出："这里所谓的东方维纳斯，一般即指初唐时期第 205 窟佛坛上南侧的坐式菩萨和盛唐第 45 窟的立式菩萨。这两尊菩萨皆为断臂，说她们是东方维纳斯，可能与她们的断臂同米洛的阿芙洛蒂特想象有关。但是，断臂只是一种外在的、偶然的相似。"③

观音菩萨的形象发展基本上随着壁画和彩塑同步发展，尤其值得注意的是观音菩萨走过了一个由男性变为女性的过程，期间所经历的有男身而非男非女、男身女相、女身男相，直至完全女性化的整体演变过程，在敦煌石窟中都能找到明显的轨迹（如图6、图7）。如果说，北凉

图6 第 285 窟菩萨

图7 第 57 窟菩萨

---

① 易存国：《敦煌艺术美学》，上海人民出版社 2006 年版，第 370 页。
② 穆纪光：《敦煌艺术哲学》，商务印书馆 2007 年版，第 231 页。
③ 穆纪光：《宗白华与敦煌艺术研究》，《敦煌研究》1996 年第 4 期，第 160 页。

和北魏时期多男相，西魏呈非男非女，北周时期已出现男身女相及较为典型女性特征的话，那么，自隋代开始，在前期秉承其男身女相特征的基础上，后期已出现女身男相这一飞跃。到了唐代，已基本走完菩萨性别的演变过程，身相化为女性，比例合适，发束高髻，头戴花冠，素面如玉，肌肤如雪，身姿呈"S"形曲线。有的菩萨肢体修长，呈亭亭玉立之态。其中最为杰出者乃第45窟中的菩萨，此外，具有代表性的还有俗称"美人洞"的第57窟的观世音菩萨，位于南壁中央《阿弥陀佛说法图》东侧。她头戴化佛冠，脸为鸭蛋形，修眉长眼，鼻直唇小，身着锦绣短围，前胸裸露，腰系华裙，身配璎珞、臂钏手镯，群挂流苏、环佩。一手上举颌下，一手下垂身后，赤足踏一莲花，腰呈"S"形曲线，头部微斜，腰胯稍出，神态沉思，体态婀娜，表情传神。活脱脱一幅唐代美人仕女图，与唐代公认的美女标准一般无二。然而，受中国传统伦理思想的影响她有着种种戒律，她穿着衣服，而且按照中国传统文化的要求，她的胸脯被抹平了。

在敦煌，菩萨是神，但她被中国人赋予了更多的理性。菩萨作为佛教艺术中的佛门显要，她是大慈大悲、救助世人于苦海的神，中国人把自己在生活中得不到的许多品格和福祉都赋予了她，诸如美丽、娴静、飘逸、华贵、自信、能够给儿女以实际的帮助，等等。她是人与神的中介，是往来于尘世与佛世、现世与来世的使者。正因为此，中国人特别喜欢菩萨。在敦煌石窟中，被匠人们刻意塑造得最多，也最精致、最美的形象是菩萨。从面相上看，普度众生的观音菩萨却并不显出仁爱、慈祥、关怀的神情，她所表现的恰好是对世间一切的完全超脱。优雅的三道弯式的站姿、琢磨不定的微笑、目光下视、对人世似乎并不关心或动心。相反，她以对人世现实的轻视与淡漠，以洞察一切的睿智的微笑为特征，显示出她的宁静、高超的理性精神。因此，她既是沉静的，表现出觉悟者对现世和来世的一种理性的体悟。

二　在与中国本土艺术的比较中看敦煌壁画的美学精神

敦煌艺术是外来艺术在我国土壤上栽培出来的艺术奇葩。地处华戎交界与丝绸之路上的敦煌艺术所受到的外来艺术的影响也使其表现出了不同于中国本土艺术的美学精神。

中国古代的论画著作和论画诗文，居世界之首。就深度和广度而言，没有任何一个国家能和中国相比。中国的画论多以哲学为基础，其实基本上都是绘画美学。综合宗炳、王微、谢赫等人主要的画学观点，虽然他们的措辞有所不同，但是其基本画学思想都是一致的，即绘画是体悟自然生机，并得以寄托画家人格和内在精神的载体。而这种内在的人格精神，也正契合了中国传统的人文精神和文化精神，如道家、儒家思想等。可以看出，他们的画学理论，从一开始就不是形而下地着眼于绘画中的技术层面，而是把绘画中"技进乎道"① 的文化精神作为一个重要的起步和定位，并明确地提出了对于画家个体的"澄怀"、"洗心"、"味象"、"含道"等文化性要求。可以这么说，这是世界美术史上的一个超高起点、一种不寻常的艺术观念。之后宋元明清各个历史阶段，凡是文人画中重要的理论主张都可以从中找到影子，尤其是谢赫的影响，之后的一部中国文人画史，几乎都是在他"六法"理论基础上的演绎与发展。绘画本来早于书法，可是中国早期的绘画却要借鉴书法，就因为书法是文人所擅长的，因而，中国书法的发展要比绘画快得多。文人画注重书法用笔，还注重题诗，因此，文人们欣赏的画才叫高雅，否则便是低俗，这跟古代中国小说与西方小说的命运有些相似。由此，文人的审美标准也就成了最高的审美标准，所以就中国本土艺术而言，文人画最为兴盛。

然而，正如宗白华先生所言："天佑中国！在西陲敦煌洞窟里，竟替我们保留了那千年艺术的灿烂遗影。我们的艺术史可以重写了！我们如梦初觉，发现先民的伟力、活力、热力、想象力。"② "中国竟有这样伟大的雕塑艺术，其数量之多，地域之广，规模之大，造诣之深，都足以和希腊雕塑艺术争辉千古！而这艺术却被唐宋以来的文人画家视而不见，就像西洋中古教士对于罗马郊区的古典艺术熟视无睹。"③ 敦煌艺术作为一种以自己灿烂的民族文化为源流的艺术，它同时又是汇流了若干外来支流的艺术长河，因此，敦煌艺术也表现出了有别于中国本土艺术的特点，并升华为一种独特的美学精神。

---

① 《庄子·养生主》。
② 宗白华：《美学散步》，上海人民出版社1981年版，第128页。
③ 同上。

（一）有别于中原本土审美文化的特点

1. 写实性与实用功利性

敦煌壁画绝大多数是佛教画，其题材不外是各种经变画、佛传画、佛本生故事画，以及佛像、菩萨与供养人等形象，但也有一些非宗教题材的画，如"张议潮统军出行图"等，是对现实生活的直接反映。尽管佛经中所记述故事大多像神话一样，并非真实存在，它要表现现实中并不存在的所谓"净土世界"，以及一些抽象的义理，但作为宗教艺术，则需要以真实可感的形象来表达这些内容，以达到感动观者而加强信仰的目的。所以，与中原本土艺术相比，在敦煌艺术中，我们却可以从佛像、菩萨、天王、弟子等形象中，看到现实社会中恬静美丽的少女、威武的将军、文静的青年、慈祥的老人等原型。又如净土世界中华丽无比的宫殿，天宫伎乐轻歌曼舞的场面，正是现实世界中帝王的宫殿和宫廷中乐舞生活的反映。佛教创造出人间没有的佛国世界，但所有这些充满想象力的内容都是来自于现实生活的。因此，这些宗教题材的佛教画尽管都渗透和掺杂着宗教意识与统治阶级的欺骗宣传，但事实上都从各个方面，通过各种折光，反映出了人民一定的生活状况，及其他们对于各种事物的善良看法、想法、愿望及幻想，从而也都具有一定程度的写实性。

2. 体现人民大众的审美理想

与文人画不同，由于敦煌艺术有着强烈的宗教目的，怎样使深奥的佛教义理变得浅显易懂，便成了艺术创作的关键。由此，这里的艺术家就会采用那个时代广大群众喜欢的形式来进行表现，却客观地体现出了人民大众的审美理想。如在早期壁画中画出了中国神话传说中的伏羲、女娲及东王公西王母等中国人所熟悉的形象，故事画也采用汉晋以来流行的长卷式构成。当中原一带山水画流行之时，佛教壁画中也出现了山水景物。隋唐以后的菩萨形象往往以当时的美女为模特来描绘。天王和金刚就是现实中的将军和战士的写照，这样无疑给观者一种亲切感。

此外，许多菩萨及供养人的人物形象体现出当时不同于贵族与士大夫的审美观点。例如，莫高窟隋唐壁画中一般女性人物形象之美的特征主要表现为：面貌丰满，身材高大，体格壮实，仪态大方，举止娴雅。一般男性人物形象之美主要表现为庄严威猛，魁梧有力。这些人物形象所体现出的审美趣味是不同于贵族、士大夫阶层的审美观的，他们既非纤细苍白、弱不禁风的模样，更无病态情调或颓废趣味，而是体现出健康的、正常的、符合大多数普通民众的审美趣味。车尔尼雪夫斯基曾指出"美是生活"，是"从其中看得出应当如是生活"的对象。敦煌壁画中这些优美健康的人物形象所体现出的正是当时大多数民众的审美观点。正因为敦煌壁画有这样的大众性，所以它最能代表一个时代的大众审美趋势。从南北朝到元代一千多年间，敦煌艺术风格的变化准确地反映出各时代民族大众审美意识的变迁。

3. 艺术风格的完整性

敦煌壁画在布局上有一套完整的秩序和规范。在莫高窟很大一部分壁画都具有场面壮阔、规模宏大的特点，甚至有些洞窟中，一幅壁画就占据整个墙壁，比如一些大型的经变画和说法图。还有一部分故事画，尽管被分成若干个部分，但总体看起来却也是规模较大的，这是经过多人合作而完成的。而在这里需要指出的是，这些由多人合作完成的大型经变画、说法图却在风格、布局、结构上体现出一个个完整的秩序和规范，营造出一个个完整的佛国世界。这就需要画家之间的密切配合，有时甚至是泯灭了艺术家的个性的。敦煌壁画往往是以一些著名画家为主导，形成一个个艺术制作的团队，他们集体进行一些大型寺院和石窟的壁画制作，这样才保证了艺术的完整性。另外，僧人、供养人对艺术的设想与期待，也常常会影响艺术的创作。在这样的艺术创作中，艺术的共性特征要大于个性特征。从某种意义上来说，它也许会限制某个个体艺术家创作个性的发挥，但同时，那种宏大、深厚而广博的气度却是任何单个艺术家创作无法企及的。这种宏大、深厚、广博我们从中国的万里长城、秦始皇陵兵马俑、汉画像乃至于明清的故宫建筑中也同样可以领会到。

4. 表现手法上的兼收并蓄

在表现手法上，敦煌艺术家不受固定的美学思想束缚，对他们来讲，只要民众喜欢，任何技巧都可以纳入。

南北朝时期佛教艺术受西域风格的强烈影响，很多印度和西域的高僧携经像来中国，带来了外国的雕塑、绘画风格和手法。而在北魏晚期和西魏时代，中原流行的秀骨清像的绘画风格同样出现在敦煌壁画之中。

隋唐以后，以长安为中心的中原地区流行的新风格也很快传入敦煌。古代艺术家们在敦煌壁画中广泛吸收各种风格，并加以融会贯通从而创造出更新的作品。各时代的敦煌壁画都有着明显的时代特征，从中可看出西域风格、中原风格、回鹘风格、藏画风格，等等。唯其如此，才形成了敦煌艺术的博大与精深。它的出色之处就在于不抱偏见，大胆吸收一切适合的表现手段，这样不仅没有丧失民族性，反而更加丰富了传统艺术的领域。比如十六国及北魏前期，内容简单，造型朴拙，色彩淳厚，线描苍劲，帔巾长裙。在衣冠服饰上还保留着西域和印度、波斯的风习。还有凹凸晕染法所形成的立体感和土红色所形成的温暖浑厚的色调，以及人物比例适度，面相丰圆，神情庄静恬淡等。菩萨一般头戴宝冠、上身半裸，形成了与魏晋艺术迥然不同的静的境界和形式风格，这种风格明显地受到西域佛教艺术的影响，也就是所谓的西域式风格。北魏晚期，特别是西魏时代，民族传统的神话题材等新的内容也进入了石窟，突破了土红涂地所形成的浓重淳厚的色调和静的境界，出现了爽朗明快、生机勃勃的生动意趣。特别是面貌清瘦、眉目开朗、嫣然含笑、衣裙飞扬的人物形象的出现，形成了潇洒飘逸的风格。这种风格来自内地，也就是中原风格。而上述两种风格，在北魏晚期、西魏、北周的洞窟里同时并存。西魏第285窟就是一个典型例证，西壁是动中寓静的淳厚含蓄的西域风格；南北东三壁为豪放爽朗、飞扬动荡的中原风格；顶部则两种风格互见杂呈，逐渐融合。北周时代，随着北方民族大融合和南北文化交流，两种不同的艺术风格从并存而走向融合。在造型上，中原式秀骨清像与西域式丰圆脸型互相结合而产生了"面短而艳"的新形象；在晕染上，中原式染色法与西域式明暗法互相结合而产生了表现立体感的新晕染法；在人物精神面貌上，淳朴庄静与潇洒飘逸相结合而产生了温婉儒雅、富于内在生命力的新形象。整个雕塑和壁画使人感到更浓厚的社会生活气息，这就是北周时代艺术的新风貌。

从某种程度上讲，敦煌艺术的确把艺术形式的张力和物象的生命活力夸大到了极致，而魏晋以来文人艺术对"神"与"韵"的强调，是以削弱艺术形式的张力和人物形象的活力为代价的。时至隋代，敦煌艺术从粗犷、遒劲的笔触到达渐趋细腻圆润的阶段，在赋色方面丹青之外还添加了赤金的点染，形成了金碧辉煌李思训式的风格，藻井与边饰图案的文采，显示出类似汉铜镜上的镏金描画，与当时齐梁文化中的镶嵌工艺的做法相呼应。同时这个时期在莫高窟中出现了不少来自波斯的连珠狩猎纹样。一般说来，中国隋唐时期的敦煌艺术比同时代中原艺术在内容和形式的现实倾向丰富得多。

从初唐到开元天宝以后，在继承十六国、魏、隋民族艺术的基础上，接受来自中原的画家顾恺之、阎立本、吴道子等民族绘画创作的经验，从而产生了规模宏大、具有丰富现实内容的经变画和佛传、佛本生故事画等新的佛教绘画的主题内容，并更为严格地谋求与之相适应的表现技术。此时，传统线描的艺术技巧达到极致，画师善于掌握画笔的性能，深得用笔之法，落笔稳、速度快，粗细匀称，流畅生动，并且注重线的主次、疏密、刚柔、虚实的关系，在运笔中追求抑扬顿挫的节奏和韵律，使得满壁神采飞扬、气势磅礴。如表现舞伎的飘带时的运笔的迅疾，造成满壁风动的艺术效果，而人物的面部与手，尤其是眉眼的刻画的又细谨凝力，韵致无尽，因此总体看来唐代洞窟的壁画，像一首成功的乐曲，抑扬顿挫，精妙和谐。到了五代、宋元时期，莫高窟艺术的造型于色调已从唐代的热烈、绚丽、辉煌而又不乏韵致转向典丽的清冷，虽然外在的动静态势依然，却失去了内在的活力。此外，该时期壁画千人一面的模式化倾向，也使壁画的艺术性大为降低，被大多数学者称为莫高窟艺术的衰落期。

（二）慈悲精神

自佛教传入中国以来，中华传统礼乐文明亦深深地濡染并融汇了佛学精华，创造性地发展出了新的艺术面貌，因此，敦煌艺术不仅是对中国传统美学思想的继承，又是在此基础上的开拓与发展。

一切最伟大的思想学说，一切最优秀的文学艺术，都包含着深刻的悲剧意识，杰出的思想家、艺术家都不可能没有对人生的悲剧性感受和认识。正是这种悲剧意识让人们发现和理解人类生存的本质和现实境遇，能够对人、人生和世界作出思考，对人生的价值、意义提出创造性的解答。因此，悲剧意识包含着两个层面，首先是对悲剧性的根源的探究，追问人为什么要受难，悲剧是谁造成的，应该由谁负责。其次是对人类的生存意义和前途的关怀，思考人在困境中应该做什么，怎么做，人应该怎样克服或承受悲剧命运。如果说第一层问题，是对现实悲剧性的客观反映，那么第二层问题，则是对这种悲剧性的主观应对，前者是揭示人生的悲剧性困境，后者则是解决这种困境。

如果说宗教是用一种幻想的方式依靠对彼岸世界的信仰来拯救苦难

的人类，哲学是用一种逻辑的方式，借助于理性的力量来把握悲剧，那么艺术就是用一种想象的方式通过形象和情感来抚慰人类的创伤。任何优秀的艺术品，都不能逃避或无视人类的苦难处境，都要表达人类对于自由理想的追求和向往。艺术通过对苦难的超越和对悲剧的超越来想象性地达成有限与无限的统一、个体与整体的统一、存在与本质的统一，在本质上也就是达成自由与必然的统一。因此，艺术作为人类生存境遇的一种反映、补偿、升华，作为人类希望和前途的一种表现和展露，它不仅诉说着人类所遭受的悲剧性苦难，而且还用想象的乌托邦，安慰和解决着心灵的病苦和忧虑，可以说艺术一直在为人类寻求着自由的精神家园。敦煌艺术作为一种濡染了佛学精华的佛教艺术，可以说就是一种依靠对佛的信仰用幻想的方式通过艺术形象和情感来抚慰人类的悲痛与创伤的艺术，这种精神依靠就是佛教思想中所体现出来的慈悲精神。

"一个民族生存的自然环境对民族意识的特殊性，尤其是民族悲剧精神的有无、强弱等有着重要作用。因为我们注意到凡是对自然环境的挑战进行了积极有力应战的民族和时代，都拥有悲剧精神和艺术悲剧，如希腊和中世纪以后的欧洲；凡是这种应战次数减少或应战能力减弱的民族、文明，悲剧精神呈现出一种逐渐淡化、弱化的趋向，如中华民族；凡是环境太恶劣、生存条件过分严峻的民族则对生命不珍惜，缺乏悲剧精神，更无民族悲剧精神的艺术表达形式——艺术悲剧，如爱斯基摩人；凡是自然环境过分优越的民族由于太娇气而缺乏悲剧精神和艺术悲剧，如印度民族；有的民族面临的自然环境挑战较强烈，应战也较积极，但由于其他原因而只有英雄性、崇高性但缺乏悲剧精神和艺术悲剧作品，如希伯来犹太民族。"[①] 故而，中国文化中多伤春悲秋的忧虑，而少酷冬苦夏的强烈；多缠绵悱恻的伤感，少争天拒俗的悲壮。因此，用极端的方式表现巨大痛苦的悲剧艺术显然很难在这种美学要求下获得发展。中国艺术以它的安详、平和、静穆以及淡淡的哀愁，表现了它的东方美学精神。

然而，随着亚历山大的东征，古希腊文明进入了巴克特里亚和印度等中亚地区。正是这种希腊文明与该地区的本土文化精神的融合促成了中亚地区的新的文化品质。这一由本土文化精神、希腊造型艺术样式、

---

① 邱紫华：《悲剧精神与民族意识》，华中师范大学出版社 2000 年版，第 131 页。

古印度佛教思想三结合所孕育和诞生的新型的佛教艺术，在这一带留下了众多的历史遗迹，被集中地体现在犍陀罗地区，形成了举世闻名的犍陀罗文明。犍陀罗艺术主要综合了希腊艺术、印度艺术、中亚本地的艺术精神，这种综合，得益于国际性的经济、贸易、文化的交往。因此，有学者认为，犍陀罗艺术就是希腊式的佛教艺术。总之，佛教与佛教艺术皆来自印度，印度佛教艺术受希腊影响产生犍陀罗风格，由西域传至敦煌，在敦煌与中国艺术合流，形成既有别于犍陀罗风格又不同于中原风格的敦煌石窟艺术。

如季羡林先生所言："世界上历史悠久、地域广阔、自成体系、影响深远的文化体系只有四个：中国、印度、希腊、伊斯兰，再没有第五个；而这四个文化体系交流的地方只有一个：就是中国的敦煌和新疆地区，再没有第二个。"① 随着佛教的传入，印度犍陀罗艺术风格也深刻影响了敦煌的石窟艺术，在敦煌石窟中也出现了残酷甚至是充满了血腥的悲剧性场面。但较为独特的是，敦煌石窟艺术作为一种宗教艺术，濡染了佛学精华，因此，在面对这些人生的悲剧与苦难时，更为深刻地体现了一种悲悯与崇高的慈悲精神，这主要体现在敦煌单幅和长卷式故事画中。

第254、257窟是北魏窟中本生故事最集中的两个洞窟，共有7幅不同内容的壁画。《沙弥守戒自杀缘品》（第253窟）与《难陀出家缘》（第257窟）是为僧尼持律守戒的形象教科书，《九色鹿本生》（第257窟）、《须摩提女缘品》（第257窟）、《萨埵那舍身饲饿虎缘品》（第254窟）、《尸毗王本生》（第275窟），则是面向世俗群众，宣扬六度的。

"毗梨竭梨王身钉千钉"本生故事绘了三个人物，右侧是毗梨竭梨王面左而坐，两手作转法轮印，面相庄严沉静，左侧一人站着，一手掌钉钉在毗梨竭梨王的胸部，一手扬起作敲击状。二人一站一坐，一动一静，对比强烈。毗梨竭梨王身右侧还有一人，形体较小，正悲伤痛哭，这是表现国王亲属不忍心让国王受这种痛苦而忧伤的情节。

"尸毗王割肉贸鸽"讲了尸毗王用自己身上的肉喂食鹰而救鸽子的

___

① 季羡林：《敦煌学、吐鲁番学在中国文化史上的地位和作用》，《红旗》1986年第3期。

感人故事。在画面中，尸毗王一手托着鸽子，一手扬起，似乎在阻挡追逐鸽子的老鹰，面相沉着而自信。他一条腿自然下垂，另一条腿平曲，一个相貌凶狠的人正从他腿上割肉。右侧画有一人提秤，秤的一端放着鸽子，另一端坐着尸毗王。表现了尸毗王割肉贸鸽的大慈大悲。但坐在秤盘中的尸毗王体肤完好，这是画家为尸毗王形象完美而作的艺术处理。

随着佛教在中国的进一步传播，更多的佛经题材故事需要通过绘画来加以宣传，然而，情节单一的单幅画结构已经不太适应新的需要了，在北魏第254窟，单幅故事画有了新的发展，在洞窟南壁描绘了"萨埵太子舍身饲虎"本生故事。故事是说摩诃罗陀国王有三个王子。一日，三位王子游观园林，他们走到了一座山崖，看到崖下七只初生的小虎围绕着一只已经饿得奄奄一息的母虎。三位王子都起了悯恻心，三王子心里一动，发愿要牺牲自己来救这饿虎。他脱去衣服，勇敢地投身在饿虎旁边，但这虎瘦弱无力，竟不能吃他。于是王子便用竹枝把自己的喉咙刺出血来，又从高崖跳下，坠身虎侧。饿虎舔食王子所流的血，慢慢有了力气，便把他整个身子都吃掉了，只剩了一堆骨头和毛发。在归途中不见了弟弟的两位哥哥，赶紧回来寻找，发现人已化为一堆骸骨的时候，他们昏厥过去了。消息传到宫中，国王和王妃得知最小的爱子的牺牲也悲痛欲绝，后来在那里砌了一座七宝舍利塔。这个故事被压缩在一个独幅画面上，主题十分鲜明和突出，同时在色彩的运用上，以深棕为主调，错综着青、绿、灰黑、白等冷色，构成严肃沉重、阴森凄厉的气氛，也大大加强了艺术的感染力。画家把萨埵勇敢地刺破喉咙，从山崖跳下躺在老虎旁边这个过程较为完整地表现出来。同时描绘了饥饿的虎，双眼闪着逼人的寒光，正贪婪地大口吞噬萨埵太子。这一场景占了较大的画面，突出表现了萨埵太子为了他所追求的佛教宗旨而不惜舍身饲虎的慈悲精神。画面左侧，通过表现萨埵的亲属抚尸痛哭的神情，进一步渲染了强烈的悲剧气氛。左上角明亮的宝塔，轻快的飞天，意表现萨埵太子光明的结局，但在画面中，事实上是对萨埵饲虎的悲剧性的衬托。在这里，画家不仅要对故事作简单的图解，还要通过众多的情节的组织和对人物形象的刻画来表达故事所包含的更为丰富的美学内涵——崇高、悲壮之美。

须达奴乐善好施的故事是说，太子须达奴性好施舍，凡向他祈求，无不答应。他把国宝白象施舍给了敌国，国王大怒，驱逐他出国。他带着妻儿四口坐车入山，走不多远，有二人乞马，太子给了他们，又走不多远，有人乞车，又给了。他和妻子各抱一子前进，又有人乞衣，他把衣服施舍了。来到山中住下，又有人求乞孩子，太子把两个战栗着的孩子用绳子捆缚起来送给了祈求者。孩子们依恋父母不肯走，祈求者用鞭子抽得他们出血，太子虽然难过下泪，但仍让孩子被牵走。

　　这些血淋淋的悲剧艺术正是当时人们对所处的社会现实的真实感受，这是人们对苦难现实的呻吟、是被压迫生灵的叹息，是对无情世界的感叹。割肉、饲虎，财产衣物被剥夺干净，亲生儿女被捆缚牵走，所有这些都是当时人们所常见、所经历的真实景象。社会长期处在无休止的战祸、饥荒、疾疫、动乱之中，阶级和民族的压迫剥削采取了极为残酷的原始形态，大规模的屠杀成了家常便饭，阶级之间的、统治集团之间的、皇室宗族之间的反复的、经常杀戮和毁灭，时常弥漫于人世间。曹魏时期便经常是"白骨蔽于野，千里无鸡鸣"（曹操诗），西晋揭开了社会上更大动乱的序幕，从此便经常是"道路断绝，千里无烟"（《晋书·苻坚载记》），"白骨蔽野，百无一存"，这种记载史不绝书。总之，现实生活是如此的悲苦，生命宛如朝露，身家毫无保障，命运不可琢磨，生活无可眷恋，人生充满着悲伤、惨痛、恐怖、牺牲，世间似乎根本就没有什么"公平"与"合理"，也不存在什么正常的因果和规律。好人遭恶报，坏蛋占上风，身家不相保，一生尽辛苦。这似乎是儒家孔孟或道家老庄所不能说明的，于是人们便走进了佛教，把合理与希望寄托在"来生"和"天国"，"经曰，业有三报，一者现报，二者生报，三者后报。现报者，善恶始于此身，苦乐即此身受。生报者，次身便受。后报者，或二生或三生，百千万生，然后乃受"。① 可见，人们之所以面对一切不合理的悲伤叹息，人们的逆来顺受、"自我牺牲"只是为了佛教中的来世善恶之报。这些佛本生故事画中那些活生生、血淋淋的割肉、饲虎、施舍儿女等悲惨残酷的艺术场景，正是人们对当时压迫剥削、对不合理命运的宗教阐释。这种阐释就是体现在故事画中那些悲剧主人公身上的崇高而又悲壮的慈悲精神。正是这种深刻体现着佛学精华的慈悲精神让这种崇高、悲壮的"自我牺牲"成了人生中充满了

① 《广宏明集·道安二教论》。

悲伤、惨痛、牺牲、恐怖的合理解释。虽然这只是一种精神麻痹，但无可否认，这种对于不合理人生、命运的宗教阐释，给了那些在苦难生活中呻吟的人们，那些被压迫生灵在无情世界继续生存的勇气和理由。那时饱受苦难的人们又何尝不是以此自慰，以此自励。

因此可以说敦煌艺术的这种慈悲精神，一方面是对无法摆脱的现实苦难与人生的惨痛的深切感受，是对自身有限性的体会和认识；另一方面又是对自身超越性的意识，它反映和表现着亘古而沉着的苦难，同时又展现和显示着人们生存的勇气和努力。因此敦煌艺术借助于佛教思想体现出了当时艺术家对自身的有限性的超越，对苦难的超越的崇高而又悲壮的慈悲精神。

综上所述，敦煌艺术是多民族艺术碰撞和交融的结果，并一定程度上不可避免地带有西域、古印度，甚至是古希腊艺术的某些特征或风格。但是，美学精神是代表着某种特定时代、特定地域、特定民族艺术价值取向与审美理想的主旋律，因此就敦煌艺术的美学精神而言，敦煌艺术维系着它独特的美学精神，这种美学精神也就是飞天的自由精神、宗教氛围中的理性精神与慈悲精神。通过对飞天的自由精神、宗教氛围中的理性精神与慈悲精神的研究和分析，我们发现，透过飞天的自由精神，我们看到的是中国传统的以老庄为代表的道家思想在敦煌艺术生命中的心灵影射，而透过宗教氛围中的理性精神我们体会到的是儒家孔学中象征着秩序与规范的"礼乐"传统与渗透着伦理道德的审美理想，而慈悲精神则是佛教思想在敦煌艺术中的呈现。由此可以说，敦煌艺术是儒、释、道三种文化的合璧，它根据自身生存和发展的需要，吸收、利用和融合多种文化成分，形成一种独特的风格，在这里它体现的也是一种包容精神。

第 二 章

敦煌舞的创造及其意义

一 敦煌艺术的再生

进入敦煌石窟最让人流连忘返的是那些庄严而又俊美的佛像，兼具佛、母亲与美神角色的慈悲而又美丽的菩萨，天衣飞扬的飞天，悲惨而又神秘的经变故事，可以说，佛教艺术本身就具有很强的艺术性与审美性，虽然是宗教艺术但它具有宗教、艺术、审美的复合魅力。因此，在艺术上，人们对敦煌艺术的认识主要是通过对这些壁画和雕塑等感性形象的感悟而进入的。敦煌的艺术价值和吸引力首先来自于它古老的艺术形象，这就是敦煌的原生艺术。现存的珍贵的敦煌艺术品不能继续被后代人加工、改造，敦煌文化的迫切任务是保护、保存并尽量延长这些艺术品的物理寿命，供有限的人群观赏。然而，在漫长人类历史中的某一天，因了不可抗拒的历史和自然原因，石窟艺术终会有在荒漠中消失的时候，怎样才能使敦煌艺术在人间永驻，有学者提出了"敦煌艺术再生"的看法①，使人们在敦煌艺术价值的认识方面有了更为深刻的感悟。

无可否认，人类任何艺术（包括宗教艺术）都是对社会生活的反映，生活是一切艺术的源泉，作为一种伟大的艺术遗产，它也是社会生活反映的产物，永远具有认识价值。当然，作为艺术，它还有自身的规律，特别是在艺术形式诸因素上，具有某些特殊的不可复现的美，而若干年后人们使这种不可复现的美或以其本来的形式，或以其他艺术形式加以重现，这种艺术遗产的生命力便得以延续，并给后代以审美享受和

---

① 参见王建疆《全球化背景下的敦煌艺术再生问题研究》，《西北师范大学学报》2007 年第 3 期，第 17 页。

有益的启示，可以说这就是艺术的再生。因此，在敦煌艺术这里，人们发现了敦煌艺术另一个不朽的生命，显示出了它更为丰富的价值和永久的魅力。我们欣慰地看到，许多文艺工作者对敦煌艺术遗产已有了不少创造性的成就。如舞蹈方面有《飞天》、《敦煌彩塑》、《霓裳羽衣舞》和大型舞剧《丝路花雨》、《大梦敦煌》、《敦煌古乐》等；绘画方面有作于20世纪50年代的《狩猎图》、《姑娘追》和人民大会堂甘肃厅壁画《丝路友谊》、《陇上春华》、《沃土》、《宝藏》等；电影方面有纪录影片《敦煌艺术》；话剧方面有《芨芨草》；音乐方面有唐曲破译；文学方面正在逐步形成敦煌流派的诗歌和小说，如徐晓斌的《敦煌遗梦》等；工艺美方面有术许多敦煌风格的设计，等等。敦煌文物研究所的同志们半个世纪以来以坚韧不拔的毅力，对大量壁画、彩塑进行了临摹复制，在国内外展出；还进行了系统的敦煌石窟艺术基本资料的记录和整理，编辑出版了《敦煌莫高窟内容总录》和大型画册《敦煌莫高窟壁画》、《敦煌彩塑》、《敦煌唐代图案选》，等等，都使敦煌石窟艺术由石窟中走了出来，国内外每年到敦煌进行文化考察的人数持续增长。正如王建疆先生所言："《丝路花雨》、《大梦敦煌》、《敦煌韵》、《敦煌古乐》、电影《敦煌》、敦煌艺术动画、作为城市象征和著名品牌标志的飞天和菩萨的雕塑、敦煌艺术工艺品，以及无数的中外艺术大师和创作者都从这个大漠石窟的灵感之源获得赏赐的事实却说明，敦煌艺术没有死亡而且也不可能死亡，不但不会死亡，而且还会随着全球化的进程进一步发扬光大。正是在这个意义上我们说，敦煌艺术绝不是莫高石窟中的几尊泥雕和几幅壁画，而是在全球化背景下，在现代性中不断生成的中华艺术传统，是不尽的中华文艺之流，是一部打开的艺术宝藏，同时，也是一部永远读不完的艺术巨著和不尽的文化之旅。这部宝藏和巨著中的至宝不是它的作为物理存在的历史遗迹，而是作为灵思之源的精神启迪，是一个不断生成新的艺术创作的生命体。这种生命体的强大功能就在于它不受作为物理存在的敦煌石窟艺术品的时空有限性的制约，甚至在未来的有一天，因了不可抗拒的历史和自然原因，石窟艺术品终于会在荒漠中消失的时候，敦煌艺术作为中华文化传统的现代生成，其艺术的启迪作用仍然会长存人间。"[1]

---

① 王建疆：《全球化背景下的敦煌文化、艺术和美学》，《西北师范大学学报》2004年第11期，第30页。

　　另一方面，敦煌艺术是产生在我国古代封建社会的佛教艺术，造窟主和真正的创造者属于不同的阶级，但都不可避免地受到佛教思想的哺养，艺术的目的也是为了宣传佛教。它在历史上起主要作用的方面基本上已属过去，其艺术的宗教功能已无可奈何地让位于世界性的观赏和学术研究。由此，可以说产生敦煌艺术的年代早已一去不复返了，它在中世纪宗教和神学意识形态占统治地位的社会条件下所起的作用也已经消失了。今天去敦煌的朝圣者，很少是虔诚的佛教徒，大部分是热忱的文化、艺术欣赏者。宗教已让位给艺术，神学已让位给美学，从这个意义上来说，我们当前大部分学者对敦煌艺术的研究其实都是艺术再生角度的研究。

　　新的艺术总是要继承和借鉴前代创造的艺术成果才能起步的，这就是原生艺术与再生艺术、传统和创新的关系，也是敦煌艺术遗产在今天所起的主要作用，它属于今天，也属于未来。

　　下面就以敦煌舞蹈艺术为例来探讨敦煌艺术在由原生艺术到再生艺术这一过程中所折射出的美学精神。

二　敦煌舞蹈从壁画中再生

　　敦煌舞是一个全新的艺术流派，其产生离不开敦煌壁画和敦煌学。敦煌舞的出现，传扬了我们民族的舞蹈文化，同时也为敦煌学的研究增添了一门引人注目的新学科，但其更大的意义在于为复活壁画中的舞蹈所作出的巨大贡献。

　　以音乐舞蹈形象的珍藏来讲，莫高窟堪称音乐舞蹈艺术的博物馆，时间上下延续千余年，可见历史的悠久，音乐舞蹈壁画几乎遍布了所有洞窟，可见其丰富。壁画中的乐舞，大致可以归纳为：天宫舞伎、飞天舞伎、药叉舞伎、礼佛舞伎、供养人舞伎等几类。天宫伎乐多分布在窟顶与墙壁交界处，画许多方格，象征宫门和栏墙，每格为一拱形城门洞，踞一奏乐或舞蹈的天人，该形式称为"天宫舞伎"（如图8）。天宫舞伎多为男性造型，所绘人物高鼻深目，有浓厚的西域风格。有的光头，有的束髻，有的饰菩萨冠，有的半裸，有的着袈裟，或系裙披巾。天宫舞伎的舞蹈姿态生动活泼，多为半身造型，因此其舞姿主要表现在头、身躯、手臂和手势的变化，有正面、侧面、背面、仰俯甚至倒立等

图8　第249窟天宫舞伎

形式，身体的扭曲、手位的动作，表现出十分丰富的舞蹈形态，显示出极其粗壮、雅拙的阳刚之美，具有一种力度的伸展和夸张，令人叹服的是，每一位舞伎都独具姿态，各不相同，显示出画工对舞姿独到的观察能力和娴熟的画技。天宫舞伎从隋代开始消失，并由飞天舞伎来代替。可以说，飞天舞伎是天宫舞伎的发展与升华。飞天舞伎的舞蹈造型是历代画家长期创造赋予的精美造型，具有一种动势美，如飞天的飘逸、平驰、斜趋、升腾、俯降、扭转、伸臂、摆腰等姿态，表现了一种女性的人体美造型。尤其是在乐舞兴盛的唐代，飞天舞伎更具特色，除徒手舞蹈外，以飘带、花绳、鲜花、花盘、璎珞为舞具的较多。如隋代第202窟、第203窟的"持莲飞天"，初唐第321窟的"持幡双飞天"，特别是初唐第341窟的持花飞天，飘逸中强劲有力，而且飞的速度之快，像电光悠然之间划过太空。再如盛唐第217窟的北壁的"西方净土变"，飞天穿过亭台楼阁，飘带萦绕，极富想象力。洞窟龛眉是必须有化生伎乐的，而且重点表现的是舞姿。在佛龛之内、龛眉、壶门也有画着童子舞伎的，莲花水池中，常有光身儿童嬉戏于莲花之中，显得气氛活跃，天真无邪。药叉舞伎，仅见于北魏、西魏及北周等早期洞窟，进入隋代就消失了。药叉舞伎多为男性舞蹈，所塑的形象都是半裸、光头，着短裤，袒腹、赤足、五短身材、肥胖而笨拙。他们的舞蹈动作夸张，刚雄拙朴，有的也持乐器，却都手舞足蹈。舞蹈的姿势，多为蹲腿分膝，不能直立，中间还夹杂有兽头人身的怪异形象，也一同舞蹈。礼佛舞伎是经变画中说法图中的舞蹈，是大型经变画的一部分，常见于壁画中心线的下方。一般情况下，在经变画的下部，有一平台，类似今日舞台，中间为舞伎表演，两侧为伴奏乐队。礼佛乐舞，根据壁画大小而因地制宜，有的绘制场面相当宏伟，有上下三层乐舞表演，如莫高窟第148窟。舞伎一般都不是空手而舞，有持琵琶（多为反弹之造型），有击腰鼓，有做弹指，有持长巾彩带，有持花朵，还有的以手势做舞。舞蹈的动态很丰富，只是瞬间的停顿，却表达了各种内容，有的是运动中的旋转、跳跃，有的是与乐队传送眼神，呼应配合，有的含情娇媚，有的端庄典雅，有的刚健奔放，有的轻盈柔曼，从神情、步履中看出韵律与节奏。再加上巾带的回旋、飞动，丰富了背景的空间，构成了一幅幅完美的舞蹈图像。可以说，礼佛舞伎的造型，是我国艺术史上极为珍贵的一页，它凝聚和记录了当时人体造型艺术的完美风尚，展现了我国各个时期的最佳舞姿，这里有一种中华民族舞蹈的气质和灵魂，一种内在的艺术内涵，如三道弯式的曲线特征，扭腰摆胯，吸腿勾脚，舒展的两臂张合等。莫高窟中还有一类人间世俗性舞蹈，称作供养人舞伎，出现在一些反映供养人社会生活的音乐舞蹈场面中，虽然为数不多，但也别具风格。如隋代第 300 窟、北魏第 249 窟、北周第 297 窟。比较突出的则是第 156 窟 "张议潮及其夫人出行图"、第 100 窟 "曹议金及其夫人出行图"。这些舞蹈却颇有西北地区乡土气息，即不加修饰、即兴而舞的特点。

然而，就是我国古代这些天宫伎乐、飞天伎乐、化生伎乐特别是礼佛伎乐不拘一格、丰富多彩的舞蹈造型给了我们现代舞蹈艺术家们独特的艺术灵感，他们由此创作出了具有敦煌特色的舞蹈并形成了敦煌舞派，我们似乎又看到了往日的隋唐燕乐、宫廷歌舞。

早在 20 世纪 20 年代，我国著名京剧表演艺术家梅兰芳先生的名剧《天女散花》就取材于敦煌壁画，剧中的天女造型基本上采用宋代第 430 窟窟檐上一位伎乐菩萨的打扮：头戴冠子，身披飘带，双手合十，屈膝跪蹲。天女在天上驾云御风快速穿行，并在云端纷纷散落花雨，舞起两丈长的长绸，轻盈、飘逸、秀美的情状，不禁使人联想起壁画上凌空遨游的散花天女。

1954 年戴爱莲先生从壁画中找到灵感，发掘舞姿，创编了女子双人舞《飞天》。《飞天》直接取材于敦煌壁画中的舞伎形象，是我国第一部根据壁画中香音女神的形象创作出来的舞蹈作品。在《飞天》中，戴爱莲再一次继承发展了壁画中的长绸技法，以凝练的舞蹈语汇神形并茂地将 "飞天" 的形象再现于舞台上。典雅、优美、纯净的飞天，首次在我国舞台上再现了敦煌灿烂悠久的民族文化，那飘动如飞的绸带线条和变化多彩的 "绸花" 倾诉了香音女神的心曲，也塑造了少女纯洁、高雅和脱俗的形象。这一对飞天，在舞台上一高一低、一动一静、一左一右，或联袂、或对望、或交绕，长长的绸带忽如长虹、再若回云，变幻莫测，充分展示了数千年来中国传统舞蹈的高超技艺。

1979年，占有地理优势的甘肃省歌舞团（今甘肃敦煌艺术剧院），在学者、专家的帮助下，深入莫高窟了解壁画舞姿的造型特色，掌握壁画舞姿所特有的"S"形曲线的运动规律创作了舞剧《丝路花雨》。他们从莫高窟两千多幅彩塑、四万多平方米壁画里保存着的历代舞姿图绘中选取、提炼出典型的静态舞姿，探讨其流程态势，并使其"复活"，在此基础上建立起这部舞剧自成体系的舞蹈语汇，由此而引发了"敦煌舞派"的兴起，丰富、拓展了中国古典舞的园地。《丝路花雨》这部民族舞剧大胆地以举世闻名的莫高窟壁画、雕塑为蓝本，创造了一个剧情曲折、形象鲜明的大型民族舞剧。舞剧以莫高窟壁画、雕塑舞蹈语汇讲述了一个敦煌莫高窟老画工神笔张和女儿英娘的悲欢离合，以及神笔张与波斯商人伊奴思患难友谊的动人故事，是一首礼赞中外人民友谊的动人诗篇。《丝路花雨》突出的艺术贡献在于它"复活"了敦煌壁画的舞蹈形象，创建了"敦煌舞"，改变了过去民族舞剧只以戏曲舞蹈为基础的做法，使观众耳目一新。该剧在庆祝新中国建国30周年的献礼演出活动中获创作、演出一等奖，1994年获中华民族20世纪舞蹈经典评比经典作品奖。

在表演动作上，可以明显地看出《丝路花雨》舞蹈舞姿对莫高窟绘塑艺术进行了发挥。剧中英娘告别波斯那段优美的舞姿，使我们想起莫高窟第159窟"文殊变"下端那个作胡跪状的执炉天女的侧面形象，特别是以初唐第112窟《东方药师变》画中反弹琵琶舞伎的造型动作，编成一个表现英娘性格的独舞，更具魅力。《丝路花雨》的编导在总结他们的探索过程时说："一开始112窟南壁有一个反弹琵琶的伎乐菩萨，深深地吸引着我们，她与其他舞姿不同的是她那特有的柔里带刚的气质，她高高吸起的右腿矫健刚劲，脚趾翘起充满活力，丰腴的双臂斜上方反握琵琶，两眼微微下垂，非常陶醉的样子，左胯重心向后提起，上身前倾，仿佛随着那手指拨动琴弦发出的清脆乐声，她的重心定会冲击向前，随着落下的右腿而引起一连串舞蹈来，就这样根据我们的理解设计重心前倾或后移爆发出快速前冲或后退的步伐，使这一舞姿活动起来，同一舞姿又用不同的角度来表现，比如：背向观众反弹，而要求上身右拧挑胸腰（一场），又根据情绪的不同，处理快慢不同的节奏使这一舞姿在这个具有很深艺术造诣的英娘身上活跃起来。"①（如图9、图10）剧中的情节，也使我们联想到石窟史事，如神笔张和女儿英娘的遭遇及英娘被迫卖身从艺使我们联想到藏经洞保存的《塑匠赵僧子典儿契》；波斯商人伊奴思遭遇强人的情节，在敦煌莫高窟第420窟、第45窟都画有"胡商遇盗"的场面，这些壁画至今还清晰完整，驮着丝绢的各族商人遇着持刀的封建地方武装的刁难和掠夺。

图9　第112窟反弹琵琶舞伎

图10　《丝路花雨》

　　时隔不久，1980年解放军总政歌舞团罗秉玉创编了独舞《敦煌彩塑》。编导罗秉玉从敦煌壁画的人物形象入手，纵观仪态万千的敦煌壁画，反复琢磨造型神态，从中获得了许多创意和灵感，再通过自己的想象和理解，根据莫高窟中佛祖释迦的弟子阿难和观音菩萨的神态形象塑造了一位善良、文静、端庄、高雅的女神形象，把"温、稳、庄、静"四个字作为表演基调，贯穿于整个舞蹈的韵律之中，并以此来探寻敦煌艺术的魅力和风格。《敦煌彩塑》展现了一位女神从天而降，她头戴宝冠，佩戴臂钏、项饰和手镯，盛装而立，以轻盈的步伐、婀娜的舞姿、

① 许琪：《我们怎样使敦煌壁画舞起来的》，《敦煌舞蹈》，新疆美术摄影出版社1993年版，第131页。

飘逸的服饰，随着乐曲的跌宕起伏，款款向观众走来，在她一颦一笑、一扬手一投足之间，展现出雍容华贵，又显出超然脱俗，剧中人物动作线条极其流畅，姿态端庄而又富于感染力。舞蹈以纯粹的人体美展现出唐代女性的典雅风韵，再现出敦煌舞的魅力。

2000 年，兰州歌舞剧院演出了由陈维亚编导的舞剧《大梦敦煌》。《大梦敦煌》是一部以敦煌为题材、以敦煌艺术宝库的千百年创造历史为背景的大型舞剧。《丝路花雨》在内容上表现了以丝绸之路为背景的中外人民的友谊，在艺术上复活了敦煌舞，被誉为活的敦煌壁画，使得中国民族舞剧的面目为之一新，继《丝路花雨》二十多年后的《大梦敦煌》在思想和艺术上以崭新的风貌进入了我们的视野，舞剧经过合理的剪裁材料，以敦煌青年画师莫高与巾帼女子月牙的感情历程为线索，讲述了他们之间的感人肺腑的爱情故事，歌颂了忠贞不渝、纯洁炽热的爱情。可以说，用舞蹈来表现人的情感世界，用形体动作刻画人物性格，是陈维亚在《大梦敦煌》舞剧艺术创造上的一大特色。此外，《大梦敦煌》是在用现代人的眼光重新阐释以敦煌为代表的古丝绸之路的人文景观。它的创作者们力求用今人的视角去审视敦煌文化及敦煌艺术，寻找其博大精深的内在渊源，探讨敦煌艺术辉煌成就背后普通画工、工匠们所付出的才华和艰辛努力。从而勾勒出灿烂的敦煌艺术与朴实的敦煌艺术创造者之间的联系，也就是勾画出灿烂与质朴、色彩与纯真之间的深刻关系。

对敦煌舞及敦煌舞派的形成贡献尤为突出的则是高金荣先生根据壁画中的舞蹈素材创编的具有系统性、科学性，体现敦煌壁画舞姿风格特点的《敦煌舞基本训练教材》。《敦煌舞基本训练教材》以培养擅长敦煌舞风格的舞蹈人才为目的，使敦煌舞派切实建立起来并不断发展。在这里高金荣先生将静态的壁画、彩塑的瞬间舞姿由"静"变"动"、变"活"，并为敦煌舞确立了其独特的风格与韵律，从而得到了人们对敦煌舞派的承认和首肯。从 1979 年秋季开始，高金荣先生先后五次深入莫高窟研究壁画、彩塑舞姿，将敦煌壁画舞姿概括出六个方面的外部特征，即手的形状丰富多姿，表现力强；手臂柔曼多姿，手腕和肘部呈棱角；体态基本下沉，出胯冲身形成多道弯的曲线肢体；赤足、脚的形状为勾、翘、歪；眼神丰富，神态别致，形神兼备；使用长绸、腰鼓、琵琶等道具。基于对以上敦煌舞姿形态特征的总结和认识，高金荣先生将从敦煌壁画中提取的动作与自己对敦煌舞的理解和创新结合起来，编著了包括（1）呼吸，（2）眼神，（3）肋、胯、膝，（4）肢体曲线、手、手臂、脚、腿、腰、步法、旋转、跳跃、飞天动作、绸舞、反弹琵琶、性格组合十六个部分的具体训练教程，并在甘肃省艺术学校开设了敦煌舞训练课，将此训练教程实践于课堂教学，取得了显著的成就。①（如图11）

1983 年敦煌舞基本动作表演的正式演出得到敦煌学家、史学家们的高度赞扬，认为"《丝路花雨》和敦煌舞基本训练汇报明确无误地告诉我们，敦煌壁画中的舞蹈姿态，可以发展成为五彩缤纷的舞剧和舞蹈小品"，提出"从壁画而推陈出新成为舞蹈，换句话说，也就是从不同的艺术部门推陈出新

图 11　《敦煌舞基本训练教材》中的舞姿

成为另一部门的精品。这样的尝试，过去似乎没有过。仅仅在这一点上，其意义也是巨大的"。②

可以说，高金荣先生对敦煌舞姿风格与身韵的研究是非常深刻与独到的，她通过《敦煌舞基本训练教程》将敦煌舞姿具体、系统地阐释出来，并通过演出使敦煌壁画舞姿走出洞窟，活现在各国人民的眼前。较为突出的如对手臂姿态的选择与确定，编者主要取材于唐代经变画中礼佛舞伎的造型，将五代第 16 窟经变伎乐菩萨的动作和元代第 465 窟菩萨的动作综合为上合掌手位；取彩塑菩萨的合掌动作为下合掌手位；

---

① 参见高金荣《我是怎样根据壁画素材创编敦煌舞的》，《敦煌石窟舞乐艺术》，甘肃人民出版社 2000 年版，第 90—124 页。

② 季羡林：《敦煌舞发展前途无量》，《敦煌舞蹈》，新疆美术摄影出版社 1993 年版，第 148 页。

从第 465 窟的舞人中选择了双平托手位；初唐第 329 窟和盛唐第 148 窟经变中的伎乐菩萨动作定为斜托掌；从第 272 窟听法菩萨中选用了双立掌手位；选第 148 窟经变中的伎乐菩萨动作为提腕垂手手位；取第 331 窟经变中的伎乐菩萨动作为侧托按掌手位；将盛唐第 45 窟经变中的伎乐菩萨动作演化成推掌提腕手位，等等。再如对脚的基本位置的选择和确定。经过分析，编者认为壁画舞姿脚的基本形状有：勾脚翘趾，绷脚翘趾，歪脚翘趾，勾脚、半绷脚等。并从第 215 窟、第 146 窟、第 148 窟、第 112 窟、第 164 窟、第 431 窟、第 297 窟壁画中供养菩萨造型中加工提炼出 13 个单脚、5 个双脚的基本形状及位置。又根据元代第 465 窟 3 身舞蹈菩萨的形象及晚唐第 156 窟的伎乐，宋代第 308 窟经变中的伎乐造型，加以改造形成腿的位置。可以说，敦煌舞中最有代表性，也最有敦煌舞特色的是“S”形曲线造型及反弹琵琶的舞蹈造型，编者从莫高窟十多幅壁画中的反弹舞姿中提取出：吸腿反弹、侧吸反弹、前别腿反弹、后别腿反弹、盘腿反弹、踏步斜后弹、后吸侧下弹、跪式背弹、跪式上反弹、跪式下反弹等基本姿态，别具魅力。① 由上可见，敦煌舞作为中国古典舞的一个流派，其出现已成为一个不争的事实，近年来我国舞蹈研究文献也不乏对敦煌舞审美特性的探讨。如高金荣先生的《敦煌石窟舞乐艺术》、季羡林先生的《敦煌舞发展前途无量》、董锡玖先生的《解开敦煌舞谱之谜》、叶宁先生的《敦煌舞和敦煌学》、史苇湘先生的《从敦煌壁画到〈丝路花雨〉》、汪以平先生的《舞蹈艺术通论》等学术论文与著作。综观他们的观点，一般都认为，敦煌舞从其产生、发展、代表作品到敦煌舞蹈教程以及学科理论的建设，已经在艺术实践和应用理论方面达到了一定的高度，形成了它特有的舞蹈语言体系。在此语言体系下，敦煌舞在其 30 多年发展中向更典型、更一贯、更规范的方向发展，即注重人体整体协调的表现力，充分运用人体健美的形体、线条、节奏，并借助于“S”形舞姿形成强烈的曲线美以及外柔内刚的身韵，可以说这些就是敦煌舞特有的艺术表达语汇。

---

　　① 参见高金荣《我是怎样根据壁画素材创编敦煌舞的》，《敦煌石窟舞乐艺术》，甘肃人民出版社 2000 年版，第 90—124 页。

第 三 章

再生敦煌艺术中的美学精神

　　敦煌莫高窟艺术从造窟之时算起到今天已有一千多年的历史了。伴随着这一千多年的时代变迁，其间有过辉煌也有过衰落，有过黄沙的尘封也有过艺术的再生，甚至在很长的一段时期敦煌艺术还曾为历史所遗忘。在这漫长的历史中，敦煌艺术却依然一代接一代地承袭和深化着其独特的美学精神。然而需要指出的是，这承袭并非原封不动地照搬，其间也有不断的超越与创新。

　　前面从横向上将敦煌艺术与西方艺术及中原本土艺术相比较来探讨敦煌壁画艺术所体现出的美学精神。接下来主要从纵向上来探讨敦煌艺术在历经千年的历史演变过程中所体现出的美学精神，特别是敦煌艺术在由壁画艺术而再生为舞蹈艺术这一过程中所体现出的美学精神。

一　包容精神

　　敦煌艺术在千余年的发展历程中经历了无数历史变换和时代变迁。这期间有多民族、多朝代艺术的交流，有与不同地域甚至包括古印度、古希腊艺术的相互渗透，等等。但总体上看，敦煌艺术在这一千多年的时代变迁中体现了一种涵盖四宇、海纳百川的包容精神，这种包容精神的体现正如王建疆先生所言："敦煌石窟艺术的构成无论从题材内容，还是从形式技法以及风格而言，都堪称万国艺术的博览会。这里有古希腊罗马艺术的技巧，佛教艺术的题材，犍陀罗艺术的痕迹，西域艺术的风格，中原艺术的理念，它是世界艺术的第一次大融合和民族艺术的世界性蕴涵的见证。"① 下面就主要从文化和艺术两个方面来探讨敦煌艺术所体现出的包容精神。

（一）文化方面

通过前面的论述，我们将敦煌艺术与西方艺术、中国本土艺术进行比较、分析从而得出结论，莫高窟壁画艺术所遵循的美学精神是有别于西方艺术与中国本土艺术之美学精神的，飞天的自由精神、宗教氛围中的理性精神与慈悲精神是敦煌艺术所遵循和珍视的艺术创造和欣赏的主旋律。飞天的自由精神、宗教氛围中的理性精神以及慈悲精神作为敦煌石窟艺术美学精神的体现，它们背后还蕴藏着更为深刻的文化内涵，即儒、释、道三种文化对敦煌石窟艺术的影响和渗透，可以说敦煌艺术具有多元文化并存的特点。敦煌舞是以复活敦煌壁画舞姿而创建的舞蹈流派，敦煌壁画这种多元文化并存的特点，也深深地影响了敦煌舞的文化意蕴，使敦煌舞也呈现出多元文化并存的特点，同时也彰显了敦煌艺术的包容精神。如敦煌舞这种曲中带圆的审美特征，就既体现了中国传统的审美习惯，又吸收、借鉴了西域各民族舞蹈的舞姿，体现了其他各民族的审美习惯。比如敦煌舞舞姿中的扭腰、出肋、出胯的舞姿，就来源于敦煌壁画上呈现的印度舞蹈和希腊舞蹈。

时至今日，敦煌石窟艺术从静止的壁画艺术而再生为鲜活的舞蹈艺术已经成为一种事实，并形成了一个崭新的古典舞流派——敦煌舞。可以说敦煌舞是莫高窟近五百个洞窟的艺术奇迹千百年后再次创造的艺术奇迹。"它使尘封的敦煌壁画艺术在全球化背景下从墙壁走向了舞台，获得了新生，充分彰显了民族艺术的文化张力，同时还取得了出人意料的艺术价值增值。"② 但当尘封的敦煌壁画艺术从墙壁走向舞台，从而获得新生时，我们不禁思索，敦煌原生艺术，即敦煌壁画中所体现出的美学精神是否为脱胎于敦煌壁画的敦煌舞所继承和延续？儒、释、道文化在敦煌舞中的体现是否依然？

敦煌飞天可谓凝聚了敦煌数百年无数艺术家无比深厚的艺术热情，

---

① 王建疆：《全球化背景下的敦煌文化、艺术和美学》，《西北师范大学学报》2004 年第 11 期，第 27 页。

② 王建疆：《全球化背景下的敦煌艺术再生问题研究》，《西北师范大学学报》2007 年第 3 期。

直到今天人们依然在这一特殊的艺术形象身上倾注着自己的艺术才华和精力。原因就在于，在敦煌艺术中，其艺术表现的要素不在于机械地写实，而在于创造意象与意境；还在于敦煌飞天的这种写意风格源自于中国传统的道家文化，特别是道家文化中这种以意象为主、注重"虚"的思维方式。

继承了敦煌壁画艺术的这一美学精神，敦煌舞也十分注重形象与形似。敦煌舞创作者们根据敦煌壁画创作了区别于其他舞蹈流派的舞蹈语汇，编排了一系列具有独特风格的舞剧和舞蹈小品。这些舞蹈每一个动作、每一个舞姿、每一个服装、每一个布景都凝聚着佛教艺术与敦煌乐舞迷人的风采。而这些形象与场景并不是对生活的刻板描绘，而是追求着飞天自由精神与道家文化传统的精神内韵，追求其内在的舞蹈意蕴的。

如舞剧《丝路花雨》一开始，花雨纷纷，飞天翱翔，长纱飘荡，紧接着天幕前三组六臂观音剪影式的静止佛像复苏，起舞佛坛，烟雾缭绕，芳香四溢。云烟香花散去，现出戈壁古道，商队缓行，驼铃声声。寥寥数笔，就概括了故事情境中的天上、佛窟与人间，描绘出盛唐、敦煌、丝路的典型环境，引起人们对丝路情景的无尽联想。再如《丝路花雨》中的"霓裳羽衣舞"，优雅的音乐后，舞者呈圆形造型，舞台上铺满了阳光白云，身着虹霓，脖挂璎珞的仙女们，轻抬舞步，翩翩起舞，这伴随着音乐的人体律动，如梦如幻，轻姿柔曼，缥缈如仙，不免使人浮想联翩，仿佛自己也步入天宫飘然成仙。在这里舞者通过有限的美的形象，唤起观众无限的遐想，从而以有限的形象表现出无限的意蕴。

敦煌舞不刻意追求形似，而追求以形写神，从而彰显意境的特点，恰恰也是一种中国传统的道家文化的体现。

我们知道，敦煌舞舞姿的最突出的美学特征是被称作"三道弯"的"S"形舞姿。这种舞姿来自于敦煌壁画上具有较多西域舞蹈风格的舞蹈形象，所不同的是，壁画中的"S"形舞姿多为直线的，带有棱角的几何形态，而敦煌舞则主要以西凉乐为基础，吸收借鉴壁画中各民族舞蹈舞姿，把壁画中棱角分明的"S"形舞姿改造为曲中求圆、柔中带刚的"S"形舞姿。

这种曲中求圆、柔中带刚的审美特征与中国传统的审美习惯有着深刻的内在联系。与敦煌壁画中所体现出的宗教氛围中的理性精神相一致，敦煌舞中曲中求圆、柔中带刚的"S"形舞姿也深受儒家思想的濡染。在这种传统民族文化的心理结构的作用下，敦煌舞的"S"形舞姿显示出了其独特的审美特征。"中和"是儒家思想的一个非常重要的思想规范。孔子在《论语》中提出的中庸观念，就强调中和、和谐，反对尖锐的冲突与决然的对立。《礼记》中记载了孔的话："敬而不中礼谓之野；恭而不中礼谓之给；勇而不中礼谓之逆。"① 所以"礼之用，和为贵"②。因此，可以说，儒家主张内在精神的和谐，表现为人与我、我与人、人与人、人与物、人与天的和平共处和圆融无碍的精神。于是，壁画中那多棱多角的"S"形风貌被删去了棱角而形成了敦煌舞具有平和之气的曲中带圆、柔中带刚的"S"形舞姿。

衣冠服饰方面，中国传统的衣冠礼仪之美的审美标准依然影响着敦煌舞中衣冠服饰的审美需求。在敦煌舞中敦煌壁画中的人体美造型已不再出现，展现在我们面前的是身着精美服饰的菩萨、飞天等。因此，在敦煌舞中，不管是天宫伎乐还是飞天伎乐，也不管是荷花童子还是美音鸟，他们服饰的共性便是褒衣博带、低领束腰。

一个舞蹈的姿态、韵律必然受到其文化内涵的影响，一定的审美倾向、思想观念决定了它的舞蹈形态。敦煌伎乐从个体到整体均呈现出一种平和、旷达的思想观念，与世无争、一心向善，这与它渊源的儒、佛、道文化有着密切的联系。只有心无杂念并且具有一定文化修养的舞者才能将敦煌舞蹈的精髓表现出来，否则，只注重姿态的拿捏必然导致空无内涵的躯壳。因此，敦煌舞要求舞者不但要有很强的肢体把握能力，同时还要具备较高的文化底蕴。因此敦煌舞独特的"三道弯"，它既不同于"顺势"、"协调"的古典舞，又不同于地域风情浓厚的西域舞风，敦煌舞注重的是在深厚文化底蕴的基础上所塑造的具有中国特色古典韵味的审美意境。在韵律方面，敦煌舞蹈的动态韵律也有他自己独特的风格，与古典舞的提、沉、冲、靠，西域舞蹈刚健奔放，现代舞的"收缩、放松"大相径庭，它是通过手、脚、腰、胯等身体局部的运动来体现中国特定时期的"特定文化"——儒、佛、道文化。

（二）艺术方面

敦煌早期的壁画主要受西域壁画的影响，佛、菩萨较多地体现着西

---

① 《礼记·仲尼燕居》。
② 《论语·学而》。

域式的形象特征。如佛和菩萨多为正面像，只有药叉、飞天等次要神祇和世俗人物出现侧面像。北凉第 272、275 窟，北魏第 251、254 窟的壁画中，人物的比例合度、形体健壮，身体多呈"S"形弯曲，上身半裸，下着长裙。飞天和药叉动作幅度较大，充满力量感。在技法上，如果比较克孜尔石窟的壁画艺术，就会发现敦煌早期壁画的晕染与克孜尔壁画更为相似。在古龟兹地区（今新疆库车地区）的石窟群中保存了公元 3 世纪到 9 世纪的大量壁画。由于龟兹地区位于中国西端，是中国首先受印度影响的地区，然而，印度的壁画到了龟兹地区逐渐形成了与印度有别的用色厚重、具有装饰性晕染、较之印度带有平面特征的壁画风格。而这种风格在敦煌早期壁画中的体现也较多。敦煌壁画还体现出了魏晋以来的中原绘画风格，出现了具有中原风格的"秀骨清像"与"褒衣博带"，人体比例修长，身体苗条、眉目清秀、动作飘举飞扬的人物形象开始出现。在技法上，则注重线描，色彩简淡，不注重立体感，而追求一种平面的装饰性。绘画笔法开始逐步成熟，如果说北魏时代线条只是为了表现形态而绘，到了隋代则可看出线条本身自己具有了生命力，带有弹性的线条，用笔的疾徐、力度的大小等方面都具有韵律感。

更进一步，敦煌壁画历经十六国，经汉、魏、隋、唐、元至清代数十个朝代，其乐舞艺术极其丰富，舞姿千姿百态、鲜活生动，壁画中舞者妩媚的神情、拧扭的体态、流畅的线条、奔放中不失文雅、柔婉中透着明朗，既突出地体现着西域舞蹈的健敏俏丽，又充分地展示出中原传统舞蹈的回雪流风，向人们提示着古代东西艺术在这里的交织与融合。但仔细观察敦煌壁画这悠悠千年的乐舞发展历程，我们发现它始终没有脱离一个轨迹，即外来乐舞随着佛教文化、商贸交流沿丝绸之路进入敦煌转而进入中原时，中原汉民族在自己审美观念的指导下，对外来乐舞进行了同化和改造，它既不原封不动地照搬外来乐舞，又不摒弃外来乐舞，而是将外来乐舞与中国传统乐舞文化相融合，形成一种西域式的中国传统乐舞。这一融合过程，我们从敦煌丰富多彩的乐舞形象中可以清晰地看到。早期的乐舞形象身材短壮，上身裸露，高鼻深目，体态多呈直角曲线，富有浓郁的西域风情。中期的乐舞形象面目清秀、褒衣博带、体态柔美、情感含蓄带有明显的中原传统舞蹈的艺术风格。而时至盛唐，壁画中出现了画艺精美、场面宏大、富丽堂皇的经变画。如唐代第 220 窟的经变画，其中乐伎 27 人，舞伎 4 人，笙箫同奏，鼓笛齐鸣，是莫高窟壁画中人物最多、规模最大的乐舞壁画，表现出了唐代宫廷乐舞的艺术风格。再如唐代第 112 窟的经变画，乐伎分居两侧，中间一舞伎腾踏跳跃，两手高举，琵琶反弹，生动优美、新颖别致。即便是礼佛舞伎也带有鲜明的中原传统乐舞的特点。如盛唐第 320 窟南北两壁的经变画，画中的舞伎在乐伎的伴奏下手挽绸花，类似于传统舞中的"巾舞"。从这个流变过程，我们看到了敦煌壁画乐舞艺术在不断地吸收兼容外来乐舞，创造具有中国传统的乐舞形象。不管是从笔触的刚健粗犷到温婉流畅，还是从体态的简约豪放、上身半裸（还有全裸的）到体态娴雅、秀骨清像，褒衣博带，就连在舞蹈中最具显著地位与核心作用的"动作"，也从早期的棱角分明的几何图形转向曲与圆的婉转。总之，我们从壁画乐舞的体态、衣着、动作背后，鲜明地看到了打下中国观念和思维方式的烙印。

敦煌舞是挖掘、复活敦煌壁画乐舞舞姿而创建的古典舞蹈流派，它主要选择了具有延伸性的敦煌壁画中的乐舞形象作为其艺术支撑与基础，打破时代界限，异中求同，形成了具有西域风格的中国传统舞蹈，确立了"S"形的舞蹈体态，曲中求圆，并从壁画乐舞形象中选取"顺风旗"、"提襟"、"端腿"、"托掌"、"按掌"等具有中国传统至今仍常常出现的古典戏曲舞之中的舞蹈动作，融入敦煌舞的舞蹈语汇之中，使敦煌舞具有了浓郁的中国传统舞的审美意蕴。如《丝路花雨》第一场英娘卖艺的独舞，舞蹈一开始就选用了敦煌莫高窟第 12 窟中的一个舞姿，展示敦煌舞的"S"形曲线特点，在舞段全部展开部分，把中国古典舞的圆场、翻身等身段技巧糅合其中，使人感到既新颖别致，又亲切熟悉。

可以这样认为，敦煌舞的产生也是中外乐舞交流的结果，唯其如此，它才这样的光彩夺目。高金荣先生的《敦煌舞基本训练教材》就紧紧抓住这一中心环节，找到了掌握敦煌舞奥秘的金钥匙，将敦煌舞的姿态、风格定位为"兼有西域舞蹈、中原舞蹈、民间舞蹈（指敦煌当地民间舞）三种成分为主要风格"，她认为只有抓住这关键一环，才能使我们更好地认识敦煌舞乐和它的历史地位。因此，无论手姿、手位、脚位，还是呼吸、步法、跳转等以及舞姿之间的起承转合，连接变化，无不从这个原则出发。她说："我以为这样很能体现壁画的舞姿特点，表现敦煌舞的独特风格。"这是她在教学方面多年实践的总结，也是开创敦煌舞流派的关键所在。

　　总之，敦煌壁画中多种艺术样式、多元文化并存且渐近汉化的现象以及敦煌舞系列品种所体现出的浓郁的中国传统舞蹈的审美内蕴，都生动地说明在敦煌艺术千年的历史进程中，随着东西方文化、艺术交流的日益深入，汉文化与中国传统艺术对外来文化与外来艺术的融合与兼容。从敦煌艺术发展与流变的历史进程中，可以深切地感受到敦煌艺术是中古时代中华文明与世界各大文明相互交融的一个缩影，这同时也深刻地体现了敦煌艺术在其发展历程中海纳百川的包容精神。事实上，虽然敦煌壁画不能代表中国绘画的全貌（在中原已高度发展了的五代两宋的山水花鸟画艺术在敦煌同期壁画中反映很少），敦煌舞也不能代表中国古典乐舞，但这并无损于敦煌艺术的伟大，相反倒是足以显示中国传统文化海纳百川以成其博大的艺术胸怀，足以证明中国传统文化的自信心和同化力。因此在敦煌艺术中，我们看不到崇洋媚外，我们看到的是中国传统文化独特的艺术魅力和不竭的艺术生命力。

二　超越精神

　　舞剧《丝路花雨》的编排、演出开始了真正意义上的敦煌艺术的再生。《丝路花雨》舞剧"不仅再现了盛唐时期莫高窟敦煌壁画的辉煌，剧中新颖的'敦煌舞姿'语汇成功地塑造了舞剧主要角色英娘的形象，尤其是英娘'反弹琵琶'造型成为了舞剧《丝路花雨》的标志。编导研究了静态的'敦煌舞姿'在壁画中具有讲究曲线、勾脚、出胯、扭腰、手势丰富、头颈别致、表情妩媚的特点，对我国这一舞蹈精髓进行了复活"。[①] 敦煌舞从莫高窟壁画中的乐舞艺术中汲取了宝贵的艺术精华，从而发展成了一个全新的古典舞流派，也有人将之称为中国舞剧的"新古典舞派"[②]。在这一艺术嬗变过程中，敦煌艺术完成了对艺术种类、艺术形式的空间跨越，同时也实现了对时代的历史跨越，因此在这里，敦煌艺术又体现出了一种超越精神。

---

① 汪以平：《舞蹈艺术通论》，南京大学出版社 2006 年版，第 139 页。
② 同上书，第 139 页。

（一）主题上由礼佛到赞人的转变

虽然敦煌舞主要来自于现代艺术家对敦煌壁画乐舞的提炼和创造，莫高窟中丰富的乐舞形象是敦煌舞的灵感源泉，但是就艺术表现的主题方面而言，敦煌舞所体现的主题较之于敦煌壁画中的乐舞艺术则体现出了一种本质上的转变。由敦煌壁画乐舞艺术的礼佛主题而转变为敦煌舞剧系列品种的赞人主题，同时也体现了从古代到现代人们舞蹈观念的演进。

佛教艺术是以建筑、绘画、雕塑来表现佛教义理的一种手段。敦煌壁画艺术作为一种典型的佛教艺术，其最原始的目的就是要表达对佛国世界的向往，表达对佛的敬仰与崇拜。这一点从众多的敦煌壁画中不难看出。敦煌壁画把乐舞形象放在经变画的重要位置上，作为"礼赞佛陀"与"庄严净土"的象征。尤其是唐代的大型经变画，在敦煌经变画中表现乐舞内容的达27部，其中最多的是"药师经变"、"无量寿经变"、"西方净土变"。① 如莫高窟第27窟，弥勒佛在说法时，窟顶四披的天宫伎乐各执乐器向他演奏、礼赞，翱翔的飞天向他散花起舞。此外，在敦煌的这些经变画中，礼佛乐舞的规模还相当宏大，有的多达上下三层，两侧乐队席地而奏，中间有舞伎起舞，或持乐器翩然舞动。置身于敦煌洞窟如置身于歌舞升平、钟鼓齐鸣的佛国仙境一般，其中尤以中唐第112窟最为典型。可以说，佛教艺术是在借助于一切美妙的舞蹈形象来调动一切视觉和听觉的艺术效果，无所不用、极其夸张地宣扬净土世界之美的。

与敦煌壁画乐舞艺术所反映的主题有所不同，敦煌舞剧系列舞蹈艺术则是通过美的艺术形象来表达人们对美的认识、对人性的理解，等等。总之，敦煌舞剧系列舞蹈艺术是表演给人看的，而不是给佛看的。因此，在主题的选择上，敦煌舞和舞剧大都以古代丝绸之路和莫高窟的历史为背景，以莫高窟中最具代表性的艺术形象如飞天、菩萨以及古代莫高窟的画工、画师、将军、异国国王等为基本材料，表现现代人对于古代人的思想感情的体会，表现人们对舞蹈美的审美需求，表现各种人性的美，等等。而伴随着敦煌舞的发展和成熟，它表达的主题也更为广

---

① 此统计数据来自易存国《敦煌艺术美学》，上海人民出版社2006年版，第282页。

泛和深入。

因此，敦煌舞特别是《丝路花雨》、《大梦敦煌》等大型舞剧既有浑厚的历史积淀和文化底蕴即敦煌文化的精髓，又能够敏锐地反映中国古代汉魏以来特别是唐代的审美意识，既带有舞蹈的个性特征，又概括了时代和人民群众普遍的情感特色，反映了我们的民族精神和时代风貌，因而具有震撼人心的艺术力量。以舞剧《丝路花雨》为例，诚然敦煌艺术中那千姿百态、独具特色的舞姿造型使编导们产生了许多的联想，从而激发了创作灵感。但另一方面，除了敦煌舞独特的刚中带柔的舞姿外，他们的成功之处就在于他们认识到，敦煌莫高窟是丝绸之路的产物，是中西文化交往史的结晶，是中外人民友谊的象征，将对敦煌艺术的表现与对中外人民友谊的歌颂结合起来，既符合历史的发展潮流，也更具现实意义。再如《大梦敦煌》，这是一部以敦煌莫高窟史为题材，以歌颂忠贞不渝的爱情为主题，以敦煌艺术宝库千百年创造历史为背景的大型舞剧，它是在具有典型西部特色的艺术空间中追求人性和艺术的完美结合，并以悲剧美的力量来震撼观众的心灵，是一曲脱胎于宗教艺术的莫高窟深处的"人性至爱"的颂歌。敦煌舞剧这样的选材和主题不仅具有积极的社会意义和丰富的文化底蕴，并且适合于舞蹈艺术的表现性，富有饱满的感情，整个舞蹈作品使观众在欣赏过程中品味再三以至于有所反思。

（二）动态的舞蹈对静态的壁画舞姿的超越

壁画中所绘的舞蹈形象都是精彩的一瞬，如何将这些片段联结起来成为连贯的舞蹈动作，却是敦煌舞创建者们依据敦煌舞的风格而进行的想象和创造。正如季羡林先生所言："难能可贵的是甘肃省歌舞团的编导和表演艺术家们，用舞蹈实践、复活了敦煌壁画，使壁画上静止的'亮相'的舞姿恢复了它的生命，这是一次艰巨的再创造。"[①] 这"生命"和"再创造"就是敦煌舞创建者们通过对敦煌壁画舞姿的研读所总结出来的敦煌舞的动作规律和舞蹈节奏。

舞蹈是一门动态的艺术，从编导的角度出发，要使敦煌壁画的静态造型连接起来，脚下步伐的运用也是必不可少的。通过步伐的独特运用

---

① 季羡林：《敦煌舞发展前途无量》，《敦煌舞蹈》，新疆美术摄影出版社1993年版，第148页。

使得原本静止的壁画造型能够动态地呈现出来，既保持了原有的审美意蕴、加入了动态元素，同时又不失神秘色彩，充分表现敦煌舞蹈的神奇魅力。此外，通过研究，他们还将壁画中丰富多彩的舞姿加以改造，并设计简洁、整齐、利落而又和谐流畅的舞蹈动作。如"《丝路花雨》就用了不少圆场和碎步来连接动作，比如脚下用碎步向右移并向右出胯，头向右歪，双臂在双托掌位置上屈肘，腕向外推开，右脚向右迈步，曲膝，最大限度出右胯，左脚点地伸直，然后重心快速左移，盘右腿，双臂手腕和肘反方向弯曲收回到334窟北壁一个优美造型上。这样就既运用了古典舞的碎步又使其按敦煌舞的舞蹈规律运动变化"①。

　　敦煌舞编导们也对敦煌壁画舞姿是怎样由静态的舞姿而演变为动态的舞蹈进行了系统的探讨，认为"（1）直接连接，即将最短的线路、最简单的动式直接过渡，形成舞姿。（2）变化连接：由a至b，采用以a为主的方式，在连接到b时尽量符合a的顺势发展趋势，不破坏已经有的韵律感觉，在此基础上，对b进行必要的'改变'，使之能够迎合a的动式，承接其动态、使之继续向下发展；反之亦然。（3）复合式连接：a＋n＋b即在两个动作之间创作、编创出一系列在风格、动式、韵律等方面相似的'同种'动作n；例如一条斜线，头和尾是需要连接的两个动作，而中间的过渡部分则是编导根据剧情、感觉等需要进行的创作"。②

　　因此，在这些舞蹈艺术家与编导的不懈努力下，素有"流动的雕塑"之称的舞蹈艺术可以充分体现出敦煌壁画的优美，并能用肢体直接呈现出壁画中的造型、动态，甚至是中国文化。

　　（三）艺术风格方面

　　"敦煌艺术中的舞乐，上起十六国，下迄宋元，上下延绵千余年。由于地理、历史环境的关系，所有舞乐，可分为三类：中原舞乐、西域舞乐、外国舞乐，这后两种通称为'胡乐'。"③根据段文杰先生对敦煌

---

　　①　许琪：《我们怎样使敦煌壁画舞起来的》，《敦煌舞蹈》，新疆美术摄影出版社1993年版，第133页。

　　②　尚俊睿：《"敦煌舞蹈"创作初探》，《北京舞蹈学院学报》2007年第4期。

　　③　段文杰：《敦煌壁画和舞蹈》，《敦煌舞蹈》，新疆美术摄影出版社1992年版，第3页。

壁画中乐舞艺术的分类，我们大体可以将敦煌壁画乐舞艺术的风格分为两类，即中原风格与西域风格。之所以如此，是因为伴随着佛教的传入，西域乐舞风格较多地受到域外乐舞特征的濡染，甚至还会表现出古印度、古希腊乐舞艺术的特征，因此，这种现象表现在敦煌乐舞形象上，则体现为西域乐舞与外国乐舞具有较多的相似性，从而难以区分，这里就暂且将西域乐舞与域外乐舞的风格通称为西域风格。

在敦煌壁画延绵千余年的乐舞形象中，既有中原风格的体现，又有西域风格的体现。这两种风格伴随着敦煌壁画艺术的始终。

在敦煌早期壁画中，可以较为明显地看到西域艺术的影响。比如北魏、西魏、北周的壁画，以天宫伎乐为例，那上身袒露、丰乳细腰和扭摆幅度很大的舞姿，以及经变中的舞伎的赤脚而舞，都具有印度舞的特点。再如第297窟中的两名舞伎，腰肢和颈部扭动的幅度很大，一人跨腿微蹲，一人扭身行进，舞姿生动新颖，看来是在表演着具有浓厚民族色彩的西域民间舞。

而唐代经变画中的伎乐，虽然有外来的影响，但无可怀疑，它带有中原舞蹈艺术的风格，明显地继承了传统的中国舞蹈艺术那种"体若游龙"、"云转飘忽"等技艺特点。今天，当我们看到那柔美的体态，妩婉丰韵的舞姿，修美流盼的神情和舞绸的各种动作时，会感到十分亲切。在敦煌洞窟中这两种风格随处可见。

但是在敦煌舞的发展历程中我们还清晰地看到，敦煌壁画乐舞艺术在不断地吸收兼容外来的乐舞，创造具有中国传统的乐舞形象。注意到这一艺术趋势，敦煌舞的创建者们，在敦煌舞中更多地体现了中国传统的诸如"中和"和"气韵"等审美理想，在敦煌壁画乐舞的基础上较多地体现了中国古典舞的一些审美特征。

例如，受西方、印度艺术的影响，在一些洞窟中我们可以看到大胆开放的人体艺术，这些舞伎赤足、半裸、丰满、圆润，他们在体态上则表现了一些大胆的形体动作，这些姿态在当时中原的绘画、舞蹈艺术中是没有或不多见的。由壁画中的舞蹈而脱胎出来的敦煌舞，在人体美上也表现出了这样一些特征。然而，中国古典舞是在中国的传统文化笼罩下存在的一门舞蹈艺术形式，其绝不可能超越约定俗成的文化传统而独立存在。敦煌舞也是如此，它也是佛教艺术流入中国后，与中国的传统伦理规范和审美思潮相结合的产物，因此以"圆"为核心的美学规律自然会体现在其中。同时这种美也蕴涵在整个舞姿和连接过程中，使敦煌舞凸现出了中国古典舞的审美规律。由此，敦煌舞创作者进行舞蹈创作时使敦煌舞保持了敦煌壁画舞蹈原有的"S"形舞姿的基本形态（煌壁画舞蹈原有的"S"形舞姿的基本形态带有西域舞风所具有的较多尖锐的直角或棱角形状的特点），同时又贯穿了儒道的中和思想，使敦煌舞线条、走向将角、棱的风格改变，将尖锐的角与棱改变为圆与弧，因此，在敦煌舞中可以看到"曲"和"圆"的巧妙结合与灵活运用，合则为圆，分则为弧，以多变的形式组成极富变化之美的"S"形曲线。至此，"曲"和"圆"相得益彰、互为你我，以"曲"为主，辅以弧线，或勾腿，或端腿，或飞旋，或踏步，或合掌，或抱拳，"曲"中有"圆"，"圆"中有"曲"，既有一种不同于中国传统舞的强韧力量感，同时也表现出了柔和、纤软的特点，体现出中国传统的隐于"韵"、

图12 "S"形舞姿

"势"之中的平和之气（如图12）。总体上看敦煌舞在曲与圆的对立统一中，寻找气韵生动的本质，它既不是敦煌壁画乐舞，又具有敦煌壁画乐舞形象的基本特征。从而敦煌壁画乐舞成为敦煌壁画艺术的灵感之源，而敦煌舞却展示出比敦煌壁画乐舞艺术更为丰富、更为鲜活，更为焕然一新的风采。

由于敦煌舞蹈的"原型"仅是敦煌壁画，在将壁画搬上舞台时难免会陷入单一效仿的境地，因此敦煌舞的创编者创作之初同时融入敦煌舞蹈的艺术特性和时代特征，尽量避免纯粹模仿。他们用敦煌舞的成功告诉我们，直白地复制壁画造型，不顾及作品的审美意境，不遵循艺术生产规律的做法是不可取的，要使敦煌舞立足于世界舞台就必须摆脱只求形似、初级模仿的低级做法，要从艺术想象、审美理想、舞蹈意向等更高层面去考虑，深入理解敦煌艺术的精髓，植根于中国博大精深的传统文化，这样才能站得更高、看得更远。

三 创新精神

20世纪70年代以来，被漫漫黄沙掩埋的莫高窟壁画以及保存于纸

质的敦煌古乐谱经过具有地理优势的甘肃艺术家的艺术创作，从静态的壁画艺术而再生出了如今令全世界为之惊叹的敦煌舞系列品种，并通过国内外的数千次演出，在舞蹈、戏剧、影视、广告、工艺美术等众多方面开启了一个个全新的艺术领域。就脱胎于敦煌壁画艺术的敦煌舞而言，敦煌舞的生成与发展不仅是对敦煌壁画艺术的超越，还是一种创新，这主要体现在艺术形式、表现技法以及由这二者所形成的艺术风格等方面。

（一）艺术形式方面

在艺术形式方面，敦煌舞也表现出了对敦煌壁画乐舞艺术的艺术创新与改造。

首先，较之敦煌壁画乐舞艺术中的舞蹈造型与舞蹈动作，敦煌舞赋予其舞蹈造型与舞蹈动作以独特的内涵。

敦煌舞是从敦煌壁画中脱胎而来的，因此，敦煌舞的动作和造型都具有一定的模拟性与形象性。敦煌舞中的许多造型与动作都是对壁画中舞蹈动作与造型的模仿，比如"反弹琵琶"、"千手观音"、"敦煌手姿"、"S"形舞姿，等等，但敦煌舞中的这些舞姿所传达给观者的内涵与意义较之其原有的内涵与意义已经有所改变了。如敦煌舞中的思维菩萨，舞者动作悠然、舒缓，柔美的"S"形身段，有时双手合掌，有时一手下垂，一手自然抬起，总之是一组内敛、含蓄型舞蹈动作，表现出所塑造女神形象的高雅、端庄、温婉，展现出中国传统的女性美。再如模仿元代第3窟北壁"千手千眼观音"图的千手千眼观音的奇妙造型，在整段舞蹈过程中没有快节奏的舞蹈动作，除了具有解除人间一切烦恼，送来吉祥与喜悦的含义，还通过身体扭动的曲线变化和不同的手臂手姿的变化来展示千手观音的深沉、优雅、秀美。再如《丝路花雨》第三幕的"霓裳羽衣舞"，优雅的音乐响起后，舞台上铺满了云气，头戴摇冠，身披长纱的仙女们，轻抬舞步翩翩起舞，舞步飘逸，动作柔曼，这样的场景，这样的舞姿则是对现代人所理解的仙境与梦境的模拟与体现。

其次，如季羡林先生所说的那样，敦煌舞"比我们平常了解得还颇有所不同，平常讲的是就本门艺术而推陈出新，这里却是从壁画而推陈出新成为舞蹈，换句话说，也就是从不同的艺术部门而推陈出新成另一部门的精品，这样的尝试，过去似乎还没有过。仅仅在这一点上，其意义也是巨大的"，① 因此，敦煌舞还实现了艺术种类上的推陈出新，将壁画艺术作为灵感之源而创作出了独特的舞蹈艺术。《丝路花雨》和敦煌舞的基本训练教材的形成与出现就明确地告诉我们，敦煌壁画中的舞蹈姿态可以发展成为五彩缤纷的舞剧和舞蹈小品。这一过程本书在前面已有论述，这里不再赘述。

（二）表现技法方面

首先，在艺术创造的媒介上，敦煌壁画是古代画师、画工借助于颜料、墙壁、画笔等媒介来完成的，而敦煌舞的形成与表现则是以人体、舞台、音乐为主要媒介的。敦煌舞作为一种舞蹈艺术，人体美是它审美表现的基本物质载体，此外还离不开音乐的作用。

敦煌舞的成功，并不仅仅归功于敦煌舞独具特色的舞姿，它还需要更多方面的工作，音乐就是尤为重要的一个方面。这主要体现在敦煌舞与舞剧的创编者们对敦煌舞本身的节奏、舞蹈特点以及音乐对舞蹈的基本作用的深刻认识；另一方面体现在敦煌舞作为一个新舞种或一个新流派的形成所具有的客观条件，即敦煌古乐的复活，亦即众多学者的努力使敦煌古乐谱的破译有了开拓性的进展，从而为敦煌舞与敦煌古乐结合起来而充分体现敦煌舞特征创造了条件。日本学者林谦三从 20 世纪 30 年代开始用琵琶来解译敦煌曲谱，做出了一些成绩。后来，中国的一批音乐家又在此基础上从一些有规律性的符号中，寻找敦煌曲谱的板眼和句段，解译出音符、旋律和节拍，并用乐器演奏出来。这是音乐上的复活，如《月儿高》、《弊契儿》、《何满子》等。《秦王破阵乐》是唐代著名的舞曲，过去只知其名，而不闻其声，而今天我们都可以听到了。不仅如此，敦煌舞与舞剧的创编者们又将这些乐谱运用于敦煌舞蹈的表现中，使敦煌舞的审美意蕴更为深刻。

其次，敦煌舞剧系列艺术品种还借助于现代科技手段，营造艺术氛围，服务于舞蹈表演与造型。

敦煌舞的产生是以新的观念和价值取向对敦煌壁画千年乐舞艺术画卷的审视和研究，并经过解析、梳理、提纯、重组和加工，在继承中国传统文化底蕴的基础上，以当代人的审美思维创立敦煌舞的形式、风格

---

① 季羡林：《敦煌舞发展前途无量》，《敦煌舞蹈》，新疆美术摄影出版社 1993 年版，第 148 页。

和底蕴，并运用各种方法和手段来满足现代观众的审美需求的。《丝路花雨》序幕一开始，为了渲染天国世界，两个飞天在空中翩然而舞，此时飞天撒下花雨时的云蒸霞蔚，灯光和烟雾的运用，使得舞台如诗如画，似真似幻恍若仙境一般。再如序幕中的飞天，或展臂上升，或拂手下降，随风而动，自由翱翔，她们扬手撒花，弄雨云勾月，无一不使观众觉得神奇向往，这也是艺术形象背后对杠杆和力应用的结果。

最后，我们谈美，不能脱离作品所反映的那个时代，而表现在舞台上又要充分考虑现代人的欣赏习惯，考虑他们会不会接受，会不会引起他们的精神愉悦？因此，在服饰方面，敦煌舞的服饰设计，就在忠实于壁画服饰原貌的基础上，集中唐代服饰之精美，突出大唐开放、自由、华美的特点，无论男女老幼，服饰中既有历史的共性，又具备个人年龄、身份、性格、动作等个性特点，这种根据人物需要大胆取舍的做法，使每个人物的服饰更加符合自身特点。在敦煌舞中，不管是凭栏仙子，还是伎乐天女，也不管是荷花童子，还是美音鸟，她们服饰的共性便是低领紧腰，褒衣博带，这是唐风，是要遵循的。而就其个性而言，则不相同，这其间有许多创造的成分，正因为有了创造的成分，才使得敦煌舞的服饰更加多姿多彩，更加符合现代人的审美倾向。

综上所述，我们将敦煌壁画乐舞艺术、敦煌舞形成与发展的历史脉络放在佛教文化与中国传统文化的发展背景中去分析它们产生、发展的根源，总结敦煌艺术的美学精神，于是，越来越明确地认识到，敦煌艺术是世界多元文化的统一体，它体现出了深刻的包容精神、创新精神与超越精神。

四　小结

敦煌艺术是中国本土文化与世界三大文明的混交而产生的具有独特风格的艺术形态。它既不是希腊、波斯、印度艺术的翻版，也不是中原艺术的照搬。敦煌文化是以本土艺术为主体，吸收东、西营养后所形成的独特的自成体系的艺术形态，代表着中国中古世纪西部文化圈的最高成就，同时也代表着中国佛教艺术的最高成就。它无疑是中国艺术整体的一部分，同时也是世界艺术的一部分。它是东方中古世纪绘画和雕塑艺术的最高成就和最完美的体现，是东西方艺术交融的历史丰碑。因此，在横向上与西方艺术、中国本土艺术相比较而言，敦煌艺术维系着其独特的美学精神，即飞天的自由精神、宗教氛围中的理性精神以及慈悲精神。纵向上，敦煌艺术魅力历经千年而风采依旧，并且在千年以后获得新生，从凝练壁画艺术再生为鲜活的舞蹈艺术，从中我们看到的还有敦煌艺术的包容精神、创新精神与超越精神。

总之敦煌艺术从宗教的折光中显示真实的社会图景，从精湛的技艺中体现民间艺人的非凡智慧，从神学的外壳中剥出体现人的尊严和美的内核，从古典的高雅中找出形式美的规律，从多变的形式中看到前人勇于吸收、善于陶冶的博大胸怀，从恢宏的气象中感受到中华民族文化开放、进取、自信的性格。飞天的自由精神、宗教氛围中的理性精神、慈悲精神、包容精神、创新精神与超越精神这一切熔铸到一起，就是敦煌精神，就是敦煌艺术的灵魂。

第 四 章

论敦煌艺术与宗教意蕴

敦煌艺术从空间上讲是一种由建筑、雕塑、壁画相结合的立体艺术，其历时千余年，贯穿前秦、北凉、北魏、西魏、北周、隋、唐、五代、北宋、西夏、元等朝代，它不仅是中华民族艺术宝库中珍贵的古典艺术遗产，也是世界文化宝库的重要组成部分。敦煌壁画是敦煌艺术的主要组成部分，在整个敦煌石窟艺术中规模巨大、数量最多、艺术技巧最精湛、内容最为丰富，堪称中国佛教壁画艺术的缩影，被誉为"世界艺术史上的伟大奇迹"和"世界上最大的美术史画廊"，在中国艺术史上有着十分重要的地位。敦煌学研究的国际间交流与合作频繁且稳固，研究硕果累累；不少国家均已建立较稳定的敦煌学研究机构和学术团体，对敦煌学的研究产生了诸多新观点和新思路。本章就目前学术界在敦煌学研究方面提出的敦煌艺术再生理论进行初步探讨，对敦煌艺术再生的相关概念、研究背景和现状、宗教意蕴在艺术和审美中的体现以及再生艺术的种类进行阐述。

一 敦煌艺术再生的相关概念

（一）敦煌艺术的概念

界定敦煌艺术，首先必须明晰敦煌石窟艺术和敦煌佛教艺术二者的不同之处。敦煌石窟艺术强调其存在形式（载体），敦煌佛教艺术则强调其文化性质（内容），偏重于宗教意味，二者共同构成了敦煌艺术的不同侧面。季羡林先生主编的《敦煌学大辞典》中将敦煌佛教石窟艺术、敦煌石窟艺术简称为敦煌艺术。一般认为，敦煌艺术是敦煌文化的重要组成部分，它集建筑、雕塑、壁画、书法、文学、音乐、舞蹈、服饰、百戏等各种不同艺术类型于一体，还包括"藏经洞"（莫高窟第17窟）出土的大量绢画、版画等，甚至还包括与敦煌艺术同一时期出现的各种世俗社会中的相关艺术文化内容等。而首次提出"敦煌艺术再生"命题的王建疆先生则说：敦煌艺术是莫高窟原生态壁画、雕塑、乐谱与现代再创造或再生的敦煌舞台、影视、雕塑、绘画、工艺和城市景观艺术的合称。①基于上述种种观点，我们可以认为：敦煌艺术应该是原生的敦煌石窟艺术和再生的敦煌舞台艺术、图像画艺术、工艺艺术等的合称。

（二）敦煌艺术的再生

1. 敦煌艺术的存续

中华文化博大精深，内容浩瀚。敦煌艺术光辉灿烂，流传千古。

现有研究表明，敦煌艺术产生于4世纪。从北魏、隋唐等朝代雕像塑造、建窟规模、壁画内容及风格演变来看，大多显现着统治阶级的意志和政治的因素，这一切都植根于中国深厚的传统文化之中。统治阶级和封建士大夫阶层为了巩固政权，借助宗教的形式来麻痹人民，将抽象的宗教义理以直观的形象（壁画）代替，通过大规模的开窟造像及对西方极乐世界的极尽渲染，达到迷惑民智进而统治人民的目的，此种情形一直交织于中国传统文化中。同时，敦煌也是当时中国的宗教圣地，其重要的交通位置，独特的社会背景，使东西文化在此交流，多种宗教在此并存发展，如佛教、道教、祆教、摩尼教、景教等均有不同程度的流布。多种宗教融汇并存的文化背景，显示了当时敦煌文化的包容与博大。敦煌地区的宗教中，佛教最为强盛，敦煌文化就是一部佛教文化典籍，这里持续了一千多年的文化繁荣基本上就是繁荣的佛教文化，敦煌艺术在一定程度上说就是佛教艺术，这里的洞窟艺术、壁画艺术、造像艺术，以及典藏佛经，无一不代表了当时中国的哲学、宗教、文学、音乐、舞蹈、绘画、建筑等方面的高峰。14世纪左右，由于航海技术日渐发达，海上丝绸之路随之兴起，而陆上丝绸之路呈现衰落之势，莫高窟的香火不再旺盛，其原有的经济、宗教文化地位由鼎盛开始逐渐走向衰落。19世纪中叶，中国的国门被外国坚船利炮打开，一系列不平等

---

① 王建疆：《突破：从研究敦煌艺术再生开始》，《西北师范大学学报》（社会科学版）2009年第1期。

条约的签订，促使民众向国外学习的意识开始萌芽并越来越强烈，人们开始反思传统文化在面对列强时所起的作用，而对敦煌艺术则已无暇顾及，以致敦煌艺术逐渐退出大众视线。随后，"洋务运动"兴起，外文著作大量译介，如赫胥黎的《天演论》、孟德斯鸠的《法意》等，带给中国人一种全新的观念。中国人接受并学习西方先进科技文化的程度越来越高，思想和认识进一步发生重大转变，并坚信西方文明强过中方文明，此时传统文化地位已开始动摇。1911年，五四运动成为民族兴亡的转折点，传统文化在知识分子看来已很难发挥出救国救难的作用，唯有先进的军事力量才可以救国家于水深火热之中。于是，传统文化不再受到重视，这种思想继而影响到全社会。接下来的军阀混战、八年抗战直至新中国成立，战争一直与中国历史相伴而行，而传统文化在某种程度上被搁置于边缘地位。敦煌艺术更是远离人们的视线，遥远的西部边塞已被尘沙覆盖，敦煌艺术在20世纪初期遭到了巨大的破坏：1907年、1914年英国的斯坦因两次掠走遗书、文物一万多件。1908年法国人伯希和从藏经洞中拣选文书中的精品，掠走约5000件。1911年日本人橘瑞超和吉川小一郎从王道士处弄走约600件经卷。1914年俄国人奥尔登堡又从敦煌拿走一批经卷写本，并进行洞窟测绘，还盗走了第263窟的壁画。1924年美国人华尔纳用特制的化学胶液，粘揭盗走莫高窟壁画26块。这些盗窃和破坏，使敦煌文物受到很大损失，敦煌艺术元气大伤。新中国成立后中国又开始了以电影《武训传》为具体实践的传统文化大批判，继之而起的"文化大革命"的巨大破坏作用，使传统文化处于极弱的态势，敦煌艺术在国内的研究更是气息微弱。虽然1944年就成立了敦煌艺术研究所，但是保护工作开展得相当艰难，敦煌艺术面临着严峻的考验。改革开放后，随着国外对敦煌学研究的突破，国内对敦煌学的研究也越来越受到重视，敦煌学者们奋起直追，无论是从敦煌文献还是壁画的研究均呈现出前所未有的繁荣景象。即使今天，敦煌艺术的魅力依然吸引着全世界众多的目光，引来无数的游客来到这座大漠宝窟，探索神奇，发现奥秘。20世纪70年代末期，对于敦煌艺术的研究，国内出现了一股新的文化力量。以舞剧《丝路花雨》的出现为标志，艺术家们开始了对敦煌艺术再生的探索。此类舞剧充分再现了敦煌乐舞的神韵，而《大梦敦煌》、《敦煌韵》等更是以全新的形式向世界传达了敦煌艺术的恒久魅力，敦煌艺术从此以全新的视角开始了新的文化之旅。

　　2. 敦煌艺术再生的滥觞

　　敦煌艺术的价值和吸引力首先来自于它古老的艺术形象，即莫高窟原生态的艺术。其中的敦煌石窟佛像庄严且俊美，慈悲的菩萨兼具佛、母亲与美神的角色，满壁飞动的飞天和那些悲惨而又有教化意义的经变故事，都使艺术和审美在这里完全融合。但现存的敦煌艺术品已不能为后代人继续加工、改造，敦煌文化得以延续的首要条件是保护、保存并尽量延长这些艺术品的物理寿命，以满足科学研究和参观之用。然而，根据事物的发展规律，即使有再好的保护条件，在人类漫长历史中的某一天，敦煌艺术肯定会因遭受不可抗力或其他原因而消失。如何才能将这些精美的壁画和雕塑永远留在人类心中，使伟大的敦煌艺术永驻人间呢？有学者就现代语境下对当前敦煌学的一些问题进行了细致深入的思考，结合中国传统文化的发展、敦煌艺术在国内研究的起起落落及舞剧《丝路花雨》的诞生，提出了"敦煌艺术再生"的观点①，使人们对敦煌艺术生命的延续在概念上有了新的认识和理解。

　　王建疆先生在《全球化背景下的敦煌文化、艺术和美学》一文中讲道："就敦煌艺术作为中华民族艺术遗产的再生和传播而言，进入新时期以来我国在乐舞方面之所以能培育出像《丝路花雨》那样的'中国民族舞剧的典范'和'20世纪经典'，就在于对于敦煌文化艺术传统的继承、发扬和对敦煌美学精神的弘扬。因此，可以说敦煌艺术的民族传统影响着我们今天的创造。敦煌艺术的传播是中华艺术传统和文化传统的传播，是传统的再生，这种传播和再生是中华文化在全球化面前能够保持不被同化的突出见证。"② 在这里，我们将敦煌艺术的"再生"问题首次提上研究日程，认为敦煌文化艺术传统和敦煌美学精神的传承有赖于汲取民族文艺创作的源泉，在全球化背景下，借助艺术再生，中华艺术传统能得以更好地继承和发扬。另在《全球化背景下的敦煌艺术再生问题研究》一文中，王建疆先生对艺术再生这一概念作了如下阐释：

---

　　①　王建疆：《全球化背景下的敦煌艺术再生问题研究》，《西北师范大学学报》（社会科学版）2007年第2期。

　　②　王建疆：《全球化背景下的敦煌文化、艺术和美学》，《西北师范大学学报》（社会科学版）2004年第6期。

"艺术的再生源自于经典艺术品作为灵感之源启发新的艺术生成，并派生出新的艺术品种，产生新的艺术流派，或使这种经典艺术在新时代背景下出现价值增值。"① 本书以为，敦煌艺术再生是指，以1979年舞剧《丝路花雨》的出现为标志，以敦煌艺术为本源产生的新的艺术品种，并使敦煌艺术在新的时代背景下出现价值增值。

二　敦煌艺术再生的研究背景和现状

一百多年以来，国内外对敦煌文化的研究日趋深入。在敦煌哲学、宗教、文学、音乐、舞蹈、绘画、建筑等方面，均取得了丰硕的成果。然而，在敦煌学研究的全球化背景下，除这些实证研究外，敦煌文化和艺术是否具有新的生命力，是否可以派生出新的艺术品种和产生新的艺术流派以及启发新的艺术生成，即敦煌艺术是否具有艺术的再生能力，成为目前对敦煌艺术研究所面临的难题之一。

众所周知，敦煌艺术与宗教互为依存，敦煌艺术的研究离不开对宗教学的深入了解。艺术与宗教同属意识形态范畴，都是建立在一定经济基础之上的文化现象，也是人类在社会实践中精神追求的产物。同时艺术与宗教也是人类表达社会情感的方式，体现了主体对客体的意义的解释，表示了人对自身需要的满足和满足其需要的对象的主观态度。敦煌地区曾广泛存在诸多宗教，故在敦煌艺术再生的角度上对其进行宗教意蕴研究有着积极的意义。

本章以敦煌艺术再生为主题，以典型的敦煌艺术再生形式为例，分析敦煌艺术的再生现象，阐释现代语境下敦煌艺术再生的宗教文化意蕴及哲学思考。

就研究现状而言，敦煌学的研究主要集中于敦煌壁画、文献等方面，且颇有成效。在艺术、哲学、美学等方面的研究也是成果显著，如，王克芬《敦煌舞蹈壁画研究》对敦煌不同时期、不同风格、不同题材的舞蹈壁画进行分期、分类研究，认为这多姿多彩的艺术世界是当时民族历史、时代变迁及审美情趣的形象反映；宗白华《略谈敦煌艺术

---

① 王建疆：《全球化背景下的敦煌艺术再生问题研究》，《西北师范大学学报》（社会科学版）2007年第2期。

的意义与价值》① 一文，探讨了敦煌艺术在中国艺术史上的特点与意义；向达《敦煌艺术概论》（1951）对敦煌艺术的价值和影响等问题都作了细致的论述；常书鸿《敦煌艺术的源流与内容》全面探讨了敦煌艺术的源流、内容及演变；任二北《敦煌曲初探》（1954）一书，专辟"舞容一得"一章，对敦煌舞谱作了全面的分类、归纳，并对其结构、字义作一考释；阴法鲁《从敦煌壁画论唐代的音乐和舞蹈》② 一文，则根据敦煌壁画中的音乐舞蹈资料，探讨了西域音乐的内容、体制及其传播、影响中原音乐的情况；穆纪光从 1996 年起，从哲学的高度对敦煌艺术进行系统研究，著述《敦煌艺术哲学》；2005 年易存国《敦煌艺术美学——以壁画艺术研究为中心》一书是全面研究敦煌壁画艺术美学的专著，等等。以上著作对敦煌艺术从艺术、哲学和美学的高度进行了精辟的论述。此时，还有一个全新研究观点被提出，那就是敦煌艺术再生。

王建疆先生的《全球化背景下的敦煌文化、艺术和美学》、《全球化背景下的敦煌艺术再生问题研究》、《突破：从研究敦煌艺术再生开始》等系列文章在学术界引起了反响③，不仅为敦煌艺术的研究注入了新的活力，而且还用现代的眼光对历史的艺术进行了全新把握。敦煌艺术是经历史的选择和一代代艺术家呕心沥血、潜心创作的文化凝聚物，具有无可争议的恒定价值。然而也正是这个恒定价值使得敦煌艺术原有的活力经历史的更替在现代语境中衰微了，逐渐变为审美的历史标本。因此，敦煌再生艺术的出现，从根本上说就是对那种遏制生命力的恒定性的反叛。当舞台艺术的成功典范，如舞剧《丝路花雨》、《大梦敦煌》、《敦煌韵》、《敦煌古乐》、《敦煌乐舞》等与其他形式如音乐、舞蹈、戏剧、影视、雕塑、广告、工艺等艺术类型在新时代背景下融汇并产生广泛影响时，对敦煌艺术再生问题的研究不仅是独辟蹊径的，而且是必要的。2007 年王建疆先生发表的《全球化背景下的敦煌艺术再生问题研究》一文，首次提出了"敦煌艺术再生"这个概念，并对艺术

---

① 宗白华：《美学散步》，上海人民出版社 2006 年版，第 153 页。
② 阴法鲁：《从敦煌壁画论唐代的音乐和舞蹈》，《文物》1951 年第 4 期。
③ 该系列论文曾被《人大复印资料》、《新华文摘》多次转载，并获得第五届中国文联文艺评论奖理论文章二等奖。

再生作了详细论述，指出敦煌艺术从石窟中走出来、从壁画上走下来，在新的时代背景下焕发出强大的生命力和艺术魅力。敦煌艺术从原生到再生，更多是一种对文化革新问题的思考，也是一个文化意义生成和审美价值增值的过程。这样，敦煌艺术再生问题的研究就可以从哲学、乐舞、绘塑、宗教学等方面进行。从经济上而言，不仅在新的时代背景下彰显新的艺术价值增值，而且可以为国家的文化战略提供新的参考，为地方政府提供有关敦煌艺术新的经济文化增长点的新思路，直接为地方经济发展和文化建设服务。从艺术哲学角度而言，敦煌艺术再生的宗教意蕴研究使我们重新审视宗教意义消弭状态下人们的精神追求，使我们在物欲横流的社会中可以找到一片精神栖居的荒漠绿洲。

三　宗教意蕴之于艺术和审美

李泽厚先生曾在《美的历程》中写道："宗教是异常复杂的现象。它一方面蒙蔽麻痹人们于虚幻幸福之中；另方面广大人民在一定历史时期中如醉如狂地吸食它，经常是对现实苦难的抗议或逃避。宗教艺术也是这样。一般说来，宗教艺术首先是特定时代社会的宗教宣传品，它们是信仰、崇拜而不是单纯观赏的对象。它们的美的理想和审美形式是为其宗教内容服务的。"[1] 而敦煌艺术，本身就是以宗教为主要内容，也就是说，宗教、宗教艺术、敦煌艺术三者之间的关系密不可分，互相交融。认识敦煌艺术再生，同样离不开"宗教"这个核心词汇。

"宗教"一词源于拉丁语，意为"恢复联系"或"重新连接"。在西方，宗教（Religion）泛指对神圣对象的信仰，比我们现在理解的宗教要宽泛得多，也许它更适合于描述我们这里所说的一个特殊的文化系统。英国著名人类学家和民俗学家弗雷泽认为宗教应该是：对被认为能够指导和控制自然与人生进程的超人力量的迎合和抚慰。[2] 马克思主义认为，宗教是一种颠倒了的世界观，这种颠倒了的世界观是颠倒了的世界的产物和反映。汉语词汇中本来没有作为一个固定词组和名词概念的

---

[1] 李泽厚：《美学三书》，天津社会科学院出版社 2003 年版，第 98 页。

[2] 弗雷泽：《金枝》，徐育新、汪培基、张泽石译，新世界出版社 2006 年版，第 52 页。

"宗教"，除 Religion 这个西文来源翻译词之外，佛教以佛陀所说为教，以佛弟子所说为宗。宗事实上是教的分派，合称为宗教（从神圣地位看也许应叫教宗），以为佛教的教理。① 吕大吉在《关于宗教本质问题的思考》一文中阐述："所谓宗教，就是把支配人们日常生活的外部力量幻想反映为超人间、超自然的力量的一种社会意识，以及因此而对之表示信仰和崇拜的行为，是综合这种意识和行为并使之规范化的社会体系。"②《现代汉语词典》中解释道：宗教是一种社会形态，是对客观世界的一种虚幻的、歪曲的反映，要求人们信仰上帝、神道、精灵、因果报应等，把希望寄托于所谓天国或来世，从精神上解除人们的武装。在阶级社会里，剥削阶级利用它来麻痹人民以维护其统治。③ 从上述论说可以看出，因阶级立场的不同，对宗教的解释也是不同的，不管怎样，我们可以明确：宗教不仅是一种具有世界观性质的社会意识形态，而且是一种特殊的社会文化现象。宗教在其历史发展中，形成了一整套教义、经典、组织机构和崇拜活动，是一种不可忽视的、具有特殊文化系统的社会力量。

在现实生活中，我们经常可以接触到大量的宗教现象：精美的寺庙塔窟、威严的神灵形象、隆重的法会道场、虔诚的居士信徒……这些现象使我们多多少少知道什么是宗教，或体验着宗教文化的氛围。更重要的是这些现象总是与艺术和审美纠缠在一起，从而生成了新的意蕴。

宗教与艺术都是对社会生活的反映，既显现着政治、经济、文化的内容，又包含着人们真实存在的情感及虚幻的愿望。佛、菩萨的造像都是生动、具体的形象，尽管为艺术家们虚构，但又决非凭空杜撰，其中便蕴含了对社会生活的抽象提炼。我们在信仰宗教和创造、欣赏艺术时除蕴含情感与幻想外，更相信宗教中作为幻想产物的超自然实体"神灵"的真实存在。人们往往对这些"神灵"抱有强烈的情感，恐惧与虔诚并存，赞美与欣赏同在。宗教与艺术显现出来的这种精神追求是高于物质利益的，它会使人们的精神得到抚慰，产生愉悦与希望，这种愉

---

① 范鹏：《甘肃宗教：理论分析、文化透视、历史追踪、现状扫描》，甘肃民族出版社 2006 年版，第 10 页。

② 吕大吉：《关于宗教本质问题的思考》，《中国社会科学》1987 年第 5 期。

③ 《现代汉语词典》，商务印书馆 1995 年版，第 1539 页。

悦与希望本身就是艺术的审美特征。

在审美活动中，情感和思想是交融在一起的。尤其是对终极关怀的思考更是成为伟大艺术的基础。有了这个基础，艺术就可以更深沉、更显精神之美；缺乏这个基础，就会流于俗成。因此，对于从宗教中脱胎出来的敦煌艺术包括再生艺术就更应该重视其宗教底蕴的挖掘和建构，从而使敦煌艺术在当代更具有历史的高度和审美的高度。

再就中国艺术的发展历史来看，宗教意蕴也有其不可或缺的地位。宗白华先生 1948 年在参观完内地举办的"敦煌艺术展览"后曾写《略谈敦煌艺术的意义和价值》一文。他在文章开篇即写道："中国艺术有三个方向与境界。第一个是礼教的、伦理的方向……第二是唐宋以来笃爱自然界的山水花鸟……第三个方向，即从六朝到晚唐宋初的丰富的宗教艺术。"① 宗白华先生从人文主义角度展开的理性分析启示我们，宗教艺术在中国艺术史上占有重要的一席，而作为宗教艺术代表的敦煌石窟艺术在整个中国宗教艺术中又占有最重要的地位。因此，敦煌艺术的意义和价值是不言而喻的。

敦煌艺术主要以佛教艺术为主。佛教在中国文化中曾占很大比重，可以说在传入中国两千年的过程中相当成功，它深入到社会生活的各个领域，不少帝王和百姓都虔诚笃信，形成特定文化。自魏晋以来，佛教的传播与中国文化的发展是相辅相成的。佛教的发展，促进了中国文化艺术的发展；而文化艺术的发展，也促进了佛教的传播。就佛学方面而言，佛教经典占全部敦煌文书的 95% 左右。另从对敦煌道教典籍、宫观、道士活动的分析可以看出，道教在唐朝李氏家族护佑之下，曾有过与佛教相抗衡的阶段，"到了唐玄宗时代，道教更跃居于三教之首。这种情况必然要影响到具有悠久文化传统的敦煌地区，敦煌道经与卷后的许多纪年都表明了这一时代特色"。② 虽然各种教派并存，但仍以佛教为主。如同对中国传统文化的理解离不开佛教一样，研究敦煌艺术也离不开对佛教的研究，研究敦煌艺术再生更离不开宗教的大背景。我们应聚焦于这种宗教与艺术的结合处，以理性、科学的态度对待敦煌艺术再生问题。

---

① 宗白华：《美学散步》，上海人民出版社 2006 年版，第 153 页。
② 周维平：《从敦煌遗书看敦煌道教》，《西北民族研究》1999 年第 2 期。

四　敦煌艺术再生的种类

敦煌艺术再生自 20 世纪 70 年代末起，在《丝路花雨》等品牌舞剧的引领下，开启了一个令全世界瞩目的伟大艺术时代。依据表现形式，敦煌艺术再生的种类主要包括以下五个方面。

（一）敦煌舞

20 世纪 80 年代初，中国古典舞蹈艺术出现了一个新流派——敦煌舞派。"因为人们把敦煌文物的研究叫做'敦煌学'，相应地就把这种展现敦煌壁画的新颖别致、独树一帜的舞蹈艺术称为'敦煌舞'。"① 敦煌舞是依据敦煌壁画舞姿、彩塑及有关史料而研究创编的一种充分体现敦煌画塑神韵、风格独特、具有鲜明民族特色的舞蹈品种，《丝路花雨》是这一舞派出现的标志。敦煌舞形成一个舞种是在高金荣编写《敦煌舞基本训练教学大纲》、培养敦煌舞风格的演员和编排了其代表作——组舞《极乐敦煌》和《敦煌梦幻》之后。甘肃敦煌艺术剧院编演的大型民族舞剧《丝路花雨》被称为是"中国民族舞剧的典范"，曾获"中华民族 20 世纪舞蹈经典作品金像奖"，在我国民族舞剧发展过程中具有里程碑意义。

1993 年，甘肃敦煌艺术剧院舞蹈家许琪、张聚芳等创作了大型乐舞《敦煌古乐》。该剧首次将敦煌学科研学术成果以诗、乐、舞为一体的形式编排，根据席臻贯先生解译的《敦煌古乐》曲谱，结合中国传统乐舞艺术形式而创作，获文化部第五届"文华新剧目奖"和"挖掘古典音乐奖"。2002 年该剧院又创作出大型民族舞剧《天马萧萧》，该剧集丝路文化、敦煌文化和民族文化于一身，生动展现了古代盛世时期先民积极进取的精神。北京舞蹈学院古典舞教师、国家一级演员、《丝路花雨》的第三代英娘扮演者史敏根据敦煌壁画编排的 8 支敦煌舞舞蹈《伎乐天·三十六姿》，表现了伎乐天 36 种舞姿，全方位地再现了 1600 多年中敦煌壁画所展现的祥和的佛国仙境，展示了舞蹈艺术的魅力。

陈维亚导演的舞剧《大梦敦煌》曾荣获"文华"奖、"五个一工程"奖和"荷花"奖三项国家大奖，成为对外宣传敦煌文化的"西部

---

① 高金荣:《敦煌舞风格浅探》，《阳关》1982 年第 5 期。

艺术第一品牌"。由张继刚编导、中国残疾人艺术团表演的《千手观音》在 2005 年春晚上演出，震撼了许多人的心灵。甘肃省歌剧院历时 3 年创作完成的大型乐舞《敦煌韵》以全新的艺术手段传达出了敦煌文化的神韵，全方位展现了中国古代舞蹈的精髓和敦煌壁画、音乐、诗词赋等艺术的博大恢宏，展示了敦煌再生艺术的无限魅力。

（二）绘画摹本作品

敦煌艺术临摹是美术研究人员通过反复揣摩敦煌壁画和彩塑艺术的构图、用笔、设色、意境等特征，并查找资料，而后再现敦煌艺术的神韵。所以，临摹也是研究，可以说是敦煌艺术再生的最早表现手段。美学家宗白华高度评价了对敦煌壁画的临摹工作："临摹的逼真，已经可以让我们从一粒沙中窥见一个世界，一朵花中欣赏一个天国。"① 多年来，通过现状临摹、整理临摹、复原临摹三种方法，已临摹优秀的敦煌壁画作品 2000 多件。高水平的临摹使临摹品具有较高的资料价值、观赏价值，为研究和弘扬敦煌艺术创造了良好的条件。

国内对敦煌壁画的临摹工作，可以从以下线索去把握。在国立敦煌艺术研究所成立之前，著名画家李丁陇于 1938 年来到莫高窟进行临摹工作，并在西安、成都和重庆举办了"敦煌石窟艺术"展览，是向内地公众介绍并宣传敦煌石窟壁画艺术的第一人。1941 年，张大千在莫高窟临摹壁画 200 多幅，集成《张大千临摹敦煌壁画展特集》、《敦煌临摹白描集》等著作，文化界对此有颇多赞扬，对弘扬敦煌艺术遗产起到了积极的作用。

1943 年，在学术界的呼吁和于右任的倡议之下，教育部委派高一涵、常书鸿等人主要负责敦煌壁画的临摹工作，并聘请李浴、史岩、董希文、苏莹辉、潘絜兹等先后赴莫高窟工作。段文杰 1946 年临摹了《维摩诘经变》、《张议潮统军出行图》等较大的壁画，更重要的是他为探索敦煌画人物造型的特点和规律画了许多以此为专题的资料。

张大千、常书鸿、段文杰等与敦煌结缘的名人，开启了敦煌艺术再生绘画的先河。如今，当代艺术家又创作出了深受人们喜爱的艺术佳品，如敦煌艺术油画。另外，艺术家们充分发挥自己的才能，结合中国画技法，以舞入画，描绘出了敦煌舞蹈刹那间的动势，如单柏钦等人的

---

① 宗白华：《美学散步》，上海人民出版社 2006 年版，第 155 页。

作品。临摹绘画作品展示了敦煌艺术的风姿，为保护和宣传敦煌艺术提供了新的艺术元素。

（三）影视传播

敦煌作为丝绸之路名城重镇，其丰富的文化遗存，壮美的大漠风光，淳厚的民俗风情，为中外影视厂家提供了理想的拍摄场景，产生的影视艺术作品，形象直观地宣传了敦煌的艺术文化，让普通人感受到敦煌文化的博大深邃，并在国内外掀起了新的敦煌文化热、旅游热。

黄怀璞先生通过对敦煌艺术影视传播的分析后指出：从目前来看，以敦煌为题材的影视创作已经取得了一定成绩，但相较而言，无论在数量上还是在质量上尚不尽如人意。我们通过分析，将此类影视传播的作品，大体分为以下几种，电影动画片：主要作品有《九色鹿》（1981）、《夹子救鹿》（1985）；电影故事片：主要作品有《沙漠宝窟》（1981）、《丝路花雨》（1982，戏曲片）、《敦煌》（1988，日本）、《敦煌夜谭》（1990，中国香港）；电视剧：主要作品有《张大千敦煌传奇》（2005）、《大敦煌》（2006）；纪实性电视作品（风光片、专题片、纪录片）：主要作品有《丝绸之路》（中日合拍）、《神秘的月牙泉》、《敦煌百年》（凤凰卫视）、《敦煌》、《敦煌再发现》、《世界遗产·敦煌莫高窟》、《走遍中国·敦煌》、《大河西流·拯救敦煌》、《新丝绸之路·敦煌生命》、《中国西部探秘·永远的丝路》、《中华文化系列·敦煌莫高窟文化》、《鸣沙山·月牙泉》、《敦煌写生》等。① 相比较而言，动画片、风光片、纪录片给观众能留下较为深刻的印象，但电视剧、电影无论从数量、质量和审美品格上都存在一定缺陷，由于缺少对敦煌艺术、文化的深入思考，现阶段敦煌艺术影视的再创造未能很好地迎合大众的审美情趣和精神诉求，想象力缺乏导致了艺术审美创造的乏味，一味追求市场效益而忽略了对敦煌艺术再生的深层意蕴展现。

在此种情形下，影视媒介继续在敦煌艺术再生、敦煌文化传播中发挥功能的空间仍然是巨大的，意义也是比较深远的。以敦煌艺术中丰富的宗教、建筑、生活等内容为蓝本，以传播敦煌文化为主旨，创造出优秀的影视作品，应该成为影视传播的关注对象和思考议题。

---

① 黄怀璞：《敦煌艺术影视传播之可行途径论略》，《西北师范大学学报》（社会科学版）2009年第1期。

（四）文化艺术品

据不完全统计，为配合宣传敦煌历史文化、旅游开发、招商引资，截至目前敦煌市委宣传部及其他单位和社会各界人士创作出版了《敦煌简史》、《西部明珠——敦煌》、《美丽的敦煌》、《敦煌美歌曲集》、《敦煌文史资料选萃》、《敦煌壁画故事》、《聆听敦煌》等各种对外宣传品70余种。此外，旅游工艺品生产厂家紧紧围绕敦煌艺术特色搞开发创新，生产了以敦煌艺术为母题的地毯、绣品、字画、彩塑、瓷器、雕塑、布艺、蜡染等独具地方特色的名牌旅游工艺品，形成了一定规模，深受中外游客喜爱。此外，还有诸多的邮票、首日封、明信片、纪念币等（如图13—16）。这些敦煌再生文化艺术品多渠道、多角度地展现了敦煌的无尽魅力，已成为中外客商、游客、投资商、专家学者、文化艺术爱好者和各界人士了解敦煌、走进敦煌的最佳途径。

图13　漆雕挂画

图14　瓷反弹琵琶

图15　纪念币

图16　邮票

（五）商标

在敦煌学持续繁荣的同时，以"敦煌"二字冠名的企业、公司、网站等，多达几十个。而以敦煌有关的"飞天"、"丝路花雨"、"莫高"、"阳关"等为名称的公司和商品就更多了，如敦煌西部大酒店、兰州飞天大酒店、敦煌文化艺术网、东华敦煌服饰文化研究中心、甘肃新敦煌文化艺术有限公司、大梦敦煌艺术品有限公司、甘肃新敦煌书画艺术院等，都显示着敦煌的魅力。利用敦煌艺术的国际影响，敦煌再生艺术宣传了敦煌文化，发扬了中华民族优秀艺术精神，在市场中创造了良好的社会效益和经济效益，也是在经济一体化、信息一体化时代下积极开发利用民族文化遗产的有效形式。以敦煌壁画为主要灵感资源的敦煌再生艺术的内容极其丰富，除以上五类外，还有建筑、雕塑，设计、装饰等，在此不再赘述。

总之，通过以上论述我们可以发现，敦煌艺术再生是在敦煌原生艺术的基础上发展起来的，它形式多样，内容丰富，既充分展现了艺术的魅力，又适宜地弘扬了其内在的美学精神和宗教意蕴，为新时代背景下研究敦煌艺术增添了亮点。

第 五 章

敦煌乐舞、绘画艺术再生的宗教意蕴

敦煌在古代是中西交通的咽喉之地，它南接祁连，西控西域，既是各朝代的军事重镇，又是贸易南北两道上的分合点和东西方文明荟萃的枢纽。正是基于这样独特的人文与地理环境，敦煌为中原与西域的乐舞、绘画交流提供了广阔的舞台。据《太平御览》卷 276 "筝"条引《敦煌实录》载，早在前凉时期，敦煌即有为世人所瞩目的乐舞成绩，如 "索丞，字伯夷，成（丞）善鼓筝悲歌，能使喜者堕泪，改调易讴；能使戚者起舞，时人号曰雍门调"。同时绘画也在东西文化融合中产生了诸多的艺术精品。本章就原生的敦煌乐舞、绘画艺术作一介绍，并对敦煌艺术再生中的乐舞、绘画这两种具体的再生形式进行分析，阐释其在现代语境中的宗教意蕴。

一 原生敦煌乐舞艺术与再生敦煌乐舞艺术

音乐和舞蹈，在我国原始社会产生初期就是共生的。《礼记·乐记篇》记载："比音而乐之，及干戚羽旄，谓之乐。"意思是说把音遵照一定的规律编排组织起来，再加上舞蹈即称之为 "乐"，它的产生距今已有六七千年的历史了。

莫高窟保存着大量原生乐舞的壁画，在那里发现的大批文书中，有曲谱、舞谱、曲子词、变文等，为研究乐舞和音乐文学提供了重要资料。现代学者经过对大量原生乐舞资料的研究提炼，重现了离我们远去的乐舞艺术。

（一）原生敦煌乐舞艺术

1. 原生敦煌音乐艺术

音乐舞蹈属艺术范畴，是对现实世界生动、形象、感人的反映，也

是民族文化中重要的精神体现。佛教为争取信教者和给信徒们增加欢乐
的气氛，也利用音乐舞蹈这种艺术手段为其服务。音乐舞蹈为"神灵"
注入了热爱、关怀和拯救人类的灵性及情感，同时也为教徒倾诉、宣泄
自己的衷肠和诉求、赞美神灵的恩典提供了渠道。自敦煌郡设立、丝绸
之路开通之时，中西方音乐互相融汇，敦煌音乐随即成为我国传统音乐
的组成部分，成为当今敦煌艺术研究的重要内容之一。

原生敦煌音乐，由敦煌遗书中的乐舞文献史料和敦煌壁画上的乐舞
图像资料两大部分构成。前者，包括敦煌乐谱、敦煌舞谱以及其他与音
乐有关的文献史料；后者，包括敦煌壁画上的乐器、乐伎、舞伎图像资
料。敦煌音乐中，最有代表性的首推敦煌壁画音乐，因为，其内容之丰
富、形式之多样、乐器种类之繁多、演奏姿态之生动以及乐队排列之壮
观、乐器组合之考究等，在国内外壁画中是罕见的。它反映了上自十六
国下至元代一千多年的音乐盛况，为我们研究古代敦煌音乐提供了栩栩
如生的珍贵形象史料。①

因敦煌艺术主要为佛教艺术，故敦煌音乐与佛教音乐有着千丝万缕
的联系。我国的佛教音乐大部分由印度和西域传来，故将其称为中国
"梵乐"，本义为"清静之音"。我们从敦煌石窟壁画中看到古代佛教音
乐大致分为两大类：一类是天国之乐（仙乐），此乐的乐工都以天人形
象出现。另一类是俗乐，乐工舞伎都是现实生活中的世俗人物。敦煌音
乐大量地吸收了西北民族音乐和外来音乐，融合并创造了激扬振奋的
新声。

敦煌壁画描绘了大量的音乐场面，从中我们可以看出古代琳琅满目
的乐器形状和演奏的方法及方式。莫高窟 150 多个洞窟的画面上分布了
6000 多件乐器，其中吹奏、打击、弹拨等乐器种类齐全，演奏形式多
样。除壁画中的音乐图像外，遗书中的曲谱也是我们研究古代音乐的珍
贵资料。在敦煌遗书 P·3808《长兴四年中兴殿应圣节讲经文》的背
面，发现了 25 首曲谱，包括《品弄》、《弄》、《倾杯乐》、《又慢曲
子》、《又曲子》、《急曲子》、《又慢曲子西江月》、《慢曲子心事子》、
《水鼓子》、《急胡相问》、《长沙女引》、《撒金沙》、《营富》、《伊州》
等。这些都现存法国国家图书馆，其中一件唐五代时期手书的乐谱——

---

① 庄壮：《拓宽敦煌音乐研究的路子》，《敦煌研究》1994 年第 1 期。

《敦煌古乐》，被认为是世界上最古老和最神秘的歌舞曲谱。1982年上海音乐学院叶栋教授发表了《敦煌曲谱研究》一文，在中国音乐学界掀起了一场至今为止持续了30多年之久的古谱学热潮。他运用任半塘先生的板眼说来解释敦煌琵琶谱节奏问题，震撼了中国音乐学界。随之在中国大陆出现了何昌林、席臻贯、陈应时（如图17）① 等古谱研究家，他们为东亚古谱学的解析作出了不懈的努力。

图17　陈应时破译的《水鼓子》曲谱

以上所述，梳理出了我国佛教音乐与敦煌音乐之间的内在联系。佛教东传，不仅带来了佛教文化，更使外族的乐舞与中华的乐舞在精神上达到了高度一致。结合壁画中所描绘出的音乐场景、天宫乐伎所使用的乐器及对敦煌古谱的解析，可见原生敦煌音乐不仅内容丰富、容量巨大，更重要的是，它是在敦煌本地厚重的文化积淀基础上发展起来的，也是各民族音乐艺术交流的重大成果和具体体现。

2. 原生敦煌舞蹈艺术

如前所述，中国的佛教音乐，大部分是从印度和西域传来的，其

————————

① 陈应时：《敦煌乐谱〈水鼓子〉》，《中国音乐》1995年第2期。

实，中国的民族歌舞从壁画中可以看出有一些也是来自西域的。王克芬和柴剑虹所著《箫管霓裳——敦煌乐舞》一书中说："从魏晋南北朝开始，中原江南地区舞姿中的柔美，北方西域少数民族舞蹈中狂放豪迈的刚健，在敦煌地区兼收并蓄，开出绚丽之花。"①

　　敦煌壁画中的舞蹈图像，数量极多，姿态各异。尤其是各种各样的乐伎（据学者郑汝中研究，敦煌壁画中的天宫乐伎分为：飞天乐伎、化生乐伎、经变画乐伎、护法神乐伎、迦陵鸟乐伎②），出现于壁画的各个角落，别开生面地展现了一幅幅古代乐舞活动的场景。它们通过艺术家浪漫的想象，把人们带到了一个绚丽多彩、扑朔迷离的极乐世界，早已摆脱和超越了原有的宗教内容。《箫管霓裳——敦煌乐舞》一书中列举了不同种类和形式的舞蹈，对研究敦煌乐舞有很大裨益，如书中所指敦煌乐舞基本可以分为：（1）经变画中的乐舞，主要以巾舞、鼓舞、琵琶舞及反弹琵琶舞姿和绳舞、盘舞等组成；（2）壁画里的民俗歌舞场面则主要由供养人礼佛舞、宴饮舞与敦煌舞谱、出行舞、祭祀舞与拟兽舞和剑器舞组成；（3）特色鲜明的民族舞蹈主要以胡旋舞、胡腾舞、柘枝舞为代表；（4）生动活泼的童子舞由莲花童子舞、百戏童子舞和火宅童子舞构成。以上所述，基本涵盖了敦煌舞蹈的全部种类和形式，可使读者深刻地领略敦煌乐舞的形式美和内在审美意蕴。

　　另外，根据敦煌艺术史家的研究，敦煌壁画舞蹈图像大致可以分为早、中、晚三个阶段：早期——北凉及北朝时期。此时的舞蹈壁画构图单一，多为单身的乐舞动作再现，人物形象稚朴，体态粗壮，动作奔放，带有明显西域风格，如（图18）北凉第272窟西壁佛龛两侧就表现坐在莲花上的菩萨扭动腰肢，伸展手臂，作出不同的舞蹈动作。中期——隋唐时期。此时的舞蹈壁画主要以大型经变画为主，气势宏大，富丽堂皇，题材和表现内容都有较大的变化，民族性、地域性显著；晚期——五代、西夏、宋、元时期。舞蹈壁画基本呈衰落之势，创新较少，艺术感染力降低。在莫高窟的壁画中，几乎每个洞窟都有舞蹈形象。这些舞蹈形象分为人们臆想与传说中神佛世界的天宫乐舞与人世间

---

① 王克芬、柴剑虹：《箫管霓裳——敦煌乐舞》，甘肃教育出版社2007年版，第3页。

② 郑汝中：《敦煌壁画乐伎》，《敦煌研究》1998年第4期。

的民俗乐舞两大类。天宫乐舞包括天宫乐伎、飞天乐伎、化生乐伎、经
变画乐伎以及各种护法神（如金刚力士、药叉、迦陵频伽等）等具有
舞蹈感的形象；民俗乐舞则包括供养人行列的乐舞场面和佛传故事画里
生活气息浓烈的舞蹈画面——出行、农耕、宴饮、嫁娶、祭祀、节日庆
典中的舞蹈形象，真实地反映了当时社会生活的舞蹈形式。

　　在此，我们将天宫乐
舞和民俗乐舞各举例来分
析。天宫乐舞从北凉至唐
以前，处于一种从西域式
豪放、粗犷向中原温婉、
柔美转变的过程：至唐时，
由于最高统治者的热爱和
极力推崇，乐舞在国内达
到了一种前所未有的高度，

图18　北凉第272窟菩萨

敦煌壁画中的乐舞艺术也随之迎来了它艺术上的辉煌时刻。唐代舞蹈有
软舞与健舞之分，① 在敦煌壁画中可以看到有的身披铠甲、舞姿雄健
者，有的动作舒缓、情调柔和者。大多数的舞蹈者都以长巾为道具，随
着舞蹈的动作，长巾飘动，圆转流畅。有的舞蹈者身体呈"S"形扭
曲，颇有印度舞蹈特色，如第205窟北壁西方净土变中的软舞风格的双
人巾舞（如图19），二人相对而舞，手作弹指状，侧面出胯，使身体形
成"三道弯。"有的则旋转奔放，如唐代文献所记"胡旋舞"，如初唐
第220窟北壁有两对舞伎（如图20—22），都各站在小圆毡上，东侧一
组，双臂张开，作飞速旋转状；西侧一组双手持巾一上一下，动作强
劲，给人以节奏感。②

　　敦煌壁画中的民俗歌舞场面，从内容上大致可以分为民间宴饮、嫁
娶、出行及宗教祭祀舞蹈等，一些壁画使我们能够看出具有西域民间舞
蹈的特色，各个人物的衣着打扮都有着不同民族的风格和特点，如莫高
窟第98窟北壁绘有五代时期的一幅《贤愚经变》，其中民间宴饮舞蹈的

---

① 常任侠：《丝绸之路与西域文化艺术》，上海文艺出版社1981年版，第78
页。

② 赵声良：《敦煌艺术十讲》，上海古籍出版社2007年版，第196页。

图 19   软舞风格的双人巾舞（莫高窟第 205 窟摹本）

图 20   第 220 窟北壁胡旋舞

图 21   第 220 窟胡旋舞摹本一

图 22　第 220 窟胡旋舞摹本二

场面较为典型（如图 23）：五位着常服的男子，围坐在放了菜肴的酒桌前；一位同样着常服的男子，则在桌前临时卷袖束衣，平展双臂，两手握拳，吸提右腿，似在做旋转而舞的动作；舞者左侧一人拍板为舞蹈击节，右侧一人则端盘而立，准备敬酒；沉浸在享受之中的形象，使我们可以了解到唐宋时代的一种社会风气。

图 23　宴席前舞蹈场面（第 98 窟北壁《贤愚经变》）

敦煌遗书中除了曲谱和"琵琶二十字谱"外，还发现了两个舞谱残卷。一为 P. 3501 残卷（如图 24），刘半农先生编入《敦煌掇琐》，开始用"舞谱"命名，至今仍在沿用；二为 S. 5643 残卷（如图 25）。

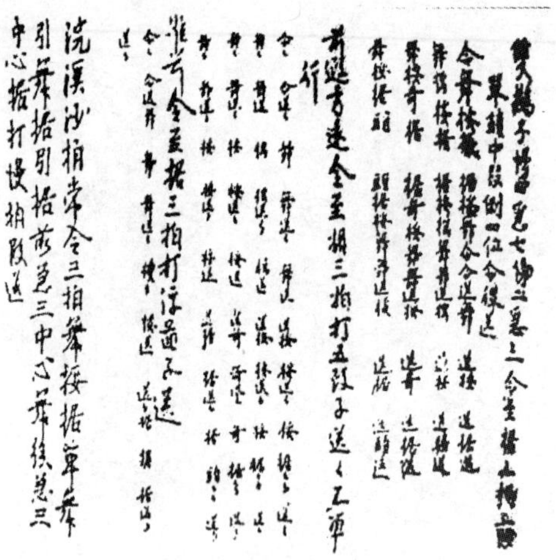

P.3501

图 24　敦煌舞谱残卷 P. 3501

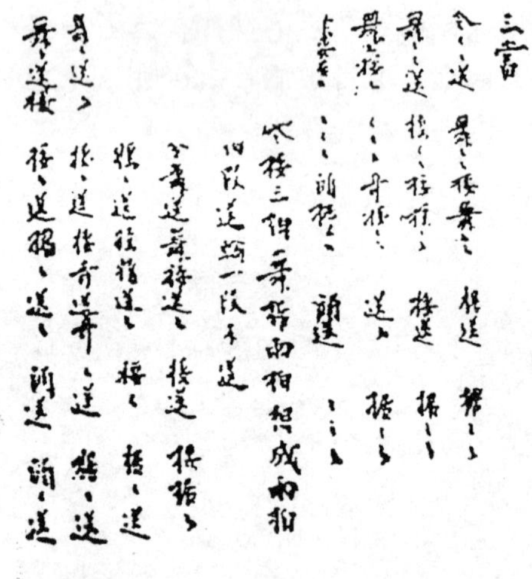

S.5643

图 25　敦煌舞谱残卷 P. 5643

　　以上两个舞谱残卷共录舞曲名七种，舞谱二十四篇。通过对这些舞谱的整理分析，可以明白其抄写格式和内容，即开头标明该谱所用的曲调名称（谱名）；中间为序词，它是一种提纲挈领的说明性文字，简练地说明该谱的节奏、节拍；最后为字组，它是由"合"、"舞"、"按"、

"据"等谱字按一定的节拍、节奏要求排列组合而成的字谱。这些舞谱残卷，究竟是唐人打令谱，还是大曲谱，或是宗教活动的舞谱，虽然学者们进行了许多有益的探索，但现在还无确定的说法。

总之，原生的敦煌乐舞艺术以宗教为主，但也包含其他非宗教的艺术题材。这些非宗教的乐舞就为后来再生艺术中的宗教意蕴的有无消长留下空间。

（二）从敦煌乐舞艺术再生的代表作品分析其宗教意蕴

通过上一小节的阐述，我们看出敦煌有着珍贵而丰富的壁画乐舞形象、曲谱、舞谱、曲子词、变文等，为研究乐舞和音乐文学提供了重要资料，极大地激发了艺术创作的灵感，重现了离我们远去的乐舞艺术。20 世纪中期，著名戏剧大师梅兰芳与舞蹈家戴爱莲就根据相关资料创作了《天女散花》、《飞天》等令人耳目一新的京剧、舞蹈。改革开放以来，由于敦煌历史文化知识的普及与敦煌学的发展，运用敦煌壁画中舞蹈形象创作的《丝路花雨》、《大梦敦煌》等新舞剧开始呈现在大众面前，本章结合音乐与舞蹈的不可分割性，选取经典舞剧、舞蹈作品来阐释敦煌乐舞艺术再生的宗教意蕴。

敦煌乐舞作为敦煌艺术再生中最主要、最典型的再生类型，是最能代表再生意义的艺术形式，敦煌舞也是创新出来的一个新的舞蹈流派，塑造出了一批生动的艺术形象，但是其中的故事和意境在现代社会中已与一千年前壁画中的意境有很大不同，原来那些宗教原义开始淡出现代文化，我们今天看到的敦煌乐舞重现的更多是一种对宗教艺术的欣赏，对现代语境下的"飞天"的美的欣赏。因此，探索现代敦煌舞剧的宗教意蕴，就更要立足于它的现代性特点。

1. 敦煌舞剧再生艺术的宗教意蕴

舞剧《丝路花雨》（如图 26）1979 年由甘肃省歌舞剧团上演，它通过复活敦煌舞来再现敦煌艺术文化的辉煌，反映了唐代西部地区的多民族与各国经济和文化交流的盛况，以唐代民间画工神笔张与爱女英娘悲欢离合的动人故事，突出弘扬正义、热爱和平、加强各族人民友谊的主题。

《丝路花雨》剧中人物神笔张和爱女英娘与莫高窟壁画中的"飞天"、"神女"朝夕相处，"飞天"和"神女"等神灵形象是神笔张和英娘艺术灵感的来源，他们对艺术的忠诚与热爱，在精神上形成了"人

图26 舞剧《丝路花雨》剧照

神合一"的境界，并构成"人画一体"的格局。剧中的许多戏剧场面和舞蹈片段，都因画而舞，因舞有画，画舞一体，相映生辉，如表演的百戏杂耍中的舞蹈、波斯花园中的刺绣舞、马铃舞、黑巾舞，梦幻中的柘枝舞、香音鸟舞，以及二十七国大会上的印度舞、土耳其舞、霓裳羽衣舞、新疆舞等，场面热烈而辉煌，色彩绚丽夺目，令人目不暇接又回味无穷。尤其是在序幕和尾声中"天衣飞扬，满壁风动"的"飞天"在太空中自由飞翔的形象，既具有浓郁的神奇色彩，又引起观众的无限遐想和万千思绪，使整个舞剧成为一幅色彩浓烈的画卷，被誉为"复活了的敦煌壁画"。虽然该剧主要反映各民族、各国家友谊的主题，尽管这种明朗的国际友谊主题和如此众多的世俗形象已经遮蔽了佛教形象，使其宗教气氛大为淡化，但剧中闪闪的佛光，无所不在的观音和飞天，以及救苦救难、大慈大悲的佛菩萨精神，却无疑构成了这些名剧艺术审美背后的极强的宗教意蕴。

《大梦敦煌》（如图27）被称为中国新时期经典舞剧《丝路花雨》的姊妹篇。它以敦煌艺术宝库的千百年创造历史为背景，以青年画师莫高与大将军之女月牙的感情历程为线索，演绎了一段可歌可泣的爱情故事——青年画师莫高

图27 舞剧《大梦敦煌》剧照

为追求艺术的最高境界前往敦煌。在穿越大漠的艰难中生命垂危，被偶然路过的女子月牙所救。不久，他们再次在敦煌相逢，萌生爱情，却遭月牙之父大将军反对，逼迫月牙在王公巨贾中招亲。月牙为爱而星夜出逃，与莫高在洞窟相会；大将军率军包围。在血与火的面前，月牙以生

命为代价再次拯救了莫高。月牙走了，化成一泓清泉；莫高以泉润笔，在巨大的悲怆中完成了艺术的绝唱。这一题材和主题表面上看是表现爱情的，是反宗教的，但人死后的生命转换却是佛教永生精神的表现。月牙死了，但是她化作清泉和莫高相依，这个美丽的传说有了宗教轮回转世的依托。尽管这种宗教表现是审美化了的宗教，但毕竟是有底蕴的，因而超越了俗浅，走向了深沉和伟大。

《丝路花雨》和《大梦敦煌》反映的故事，集中显现了当时的敦煌文化繁荣、经济发达，对外交流频繁，故事矛盾冲突所体现出的人们对正义的坚持和对邪恶的毫不畏惧，以及对邻国友谊的歌颂和对爱情的追求，是其意蕴的第一个层面：社会意义层。正如兰州歌舞剧院院长苏孝林说："立足地域文化厚土，找到历史与当今、民族性与时代感的结合点，让作品与观众产生心灵共鸣，这就是创作《大梦敦煌》的艺术追求。"① 但是，更深入地思考这两部舞剧，就可以发掘出其所具有的第二个意蕴层面：宗教文化层。这两部舞剧都是以敦煌为背景展开的，在"华戎所交一都会"的敦煌，佛教是当时广大民众的主要宗教信仰，其宗教思想根深蒂固，人们虽生活于现实生活中，但更向往佛教所宣扬的西方极乐境界。这种向往提升了世俗的人性、爱情、自由，使之具有宗教的、审美的高度。

2. 敦煌舞蹈再生艺术的宗教意蕴

中国残疾人艺术团演出的舞蹈作品《千手观音》（如图 28），来源于佛教绘像中的千手千眼观世音菩萨形象，现已成为舞蹈中的经典之作。在 2008 年春晚上演的集体舞蹈《飞天》（如图 29），以敦煌壁画中的飞天为创作来源，再现了敦煌灿烂悠久的民族文

图 28　2005 年春晚舞蹈节目《千手观音》剧照

① 孙勇、朱建军：《大梦敦煌——地域文化厚土上奏响的时代强音》，《人民法院报》2005 年 1 月 20 日。

图29　2008年春晚舞蹈节目《飞天》剧照

化，再一次将美的敦煌形象植入观众心中。

（1）《千手观音》作品中的宗教意蕴。

《千手观音》是2005年春晚上最受观众欢迎的节目之一，是根据佛教中的"千手观音"形象创作的舞蹈作品。"千手观音"又称千手千眼观世音，是阿弥陀佛的左胁侍，与阿弥陀佛、大势至菩萨（右胁侍）合称为"西方三圣"。敦煌艺术中，菩萨是儒、释、道融汇一体，是人们对美、爱和信仰的一致表达，在中国人的心目中具有不可替代的宗教地位。

佛教传入中国，经汉化后有四大著名菩萨：观音、文殊、普贤和地藏。菩萨，梵语为Bodhisattva，音译为"菩提萨埵"等，意译为求道求大觉之人。在大乘佛教中，菩萨地位仅次于佛，介于至尊的佛与信徒大众之间，充当引路的津梁，辅佐佛陀传经弘法，普度众生。其中尤以观世音菩萨为代表，以其为中心形成的菩萨信仰成为中国佛教的一大特色。

观音菩萨，意译为"观世音"，唐时讳太宗李世民名，去掉"世"字，称"观音"。莫高窟中菩萨的塑像数量非常多，一般不太容易分辨出其名号，因为这些单像或群像，大多数情况下不依照具体的佛经塑成，也不叙说什么故事和情节，所以艺术家们在塑造这些菩萨时在艺术手法上更显自如，在对菩萨的塑造中渗透自己对美的理解和追求，因而它们就更具有了艺术的气息，更富有了形式美的意味，在众多的菩萨中，观音菩萨是一个非常具有代表性的形象。

观音菩萨在佛教中被定位为大慈大悲的菩萨，众生有难，只要念其名号，她便前往解救，充满着浓浓的人情味。观音菩萨亦常常被人尊称为"东方的维纳斯"，其实也是人们想借此来表达一种东方美学愿望的诉求。观音菩萨兼具着佛、母亲与美神的角色，"在中国人眼中，菩萨是被当成英雄，当成救世主来看待的。敦煌艺术非常真切地反映了这种心理，菩萨（尤其是观音菩萨）被雕塑和绘画成美神，她承袭了希腊艺术创造的'对偶倒列'的美的形式，向人们展示着自己肢体的婀娜多姿和洋溢着的生命力、激荡着的性感力量"。① 敦煌石窟中有许多菩萨雕像，她们是中国的美神，如初唐时期第205窟佛坛上南侧的坐式菩萨（如图30）和盛唐时期第45窟西龛内北侧的菩萨（如图31）被世人誉为"东方维纳斯"。

图30　第205窟须弥坛南侧断臂菩萨像　　　图31　第45窟龛北侧菩萨

第45窟的菩萨头偏向右，右侧臂和腋窝间的躯干内收，臀向右送出，右腿由上而下向左斜收；相反，左边躯干保持松弛，左腿虽没有像尼多斯的阿芙洛蒂忒那样向后收，作出准备提腿迈步的样子，但人们似感到她的左脚跟轻轻提起，没有负重感，似乎是只要她愿意，随时都会挪步从神坛上走下来。"同时她也被雕塑和绘画成中国人心中理想的母亲：她们被塑成贵夫人，秉赋着温柔、慈祥的母性气质，表现了中国人生身母亲的另一面，寄托了人们希望自己的生母应该有、但在现实生活中却难得有的外在的和内在的一切品质。"②

① 穆纪光：《艺术的再生：敦煌艺术史研究的一个重要命题》，《西北师范大学学报》（社会科学版）2009年第1期。
② 同上。

　　菩萨具有亲切感，富有人情味，大众对观音菩萨能够帮助他们解决生活中的具体困难寄予强烈希望，这远远超过了他们对文殊、维摩诘智慧的欣赏，超过了对普贤菩萨完善道德的羡慕，故观音菩萨在中国文化中已经充分功利化、"工具"化，人们有什么样的需求就有什么样的观音菩萨被创造出来。① 如果说佛对个体注重的是终极关怀，而观音菩萨则对人、对个体在现实生活层面进行全方位、全时空的关怀。观音在中国的老百姓中间，禀赋着一种博大的开放性，禀赋着可以让人们尽情加以创造的艺术气质，不论是千年前洞窟中的菩萨形象，还是当代舞台表演中的千手观音形象，都秉承着中国人对美的无限追求，把她由神绘成人，由男性绘成女性，绘成美妇，绘成少女，她是中国人心目中的美神。无论是从敦煌艺术的壁画中，还是从艺术再生的舞蹈《千手观音》中，我们都可以深切地感知到，观音菩萨已然成为现代社会人们对美的一种理解和认可，不论是舞动的观音之美，还是静坐在画中的观音之韵，都是中国人心目中的美神。

　　佛教要求人们在面对逆境时，用一种恬静自然的心态忘却苦难，求得解脱。以邰丽华为首的这些残疾演员在舞蹈中所显现出的那种恬静与自然正符合了这种处逆如顺的精神。这种精神也触发了观众内心的渴望，现实生活纷纷扰扰、物欲横流，人们经常会遇到"逆"的情况，《千手观音》的演员们给了人们解决这种困惑的方法，那就是佛教中所说的：处逆如顺，用一种恬静、淡泊的心态去生活，忘却痛苦，求得解脱。

　　也正是由于以邰丽华为首的来自无声世界的特殊群体，才使"千手观音"真正具有了佛陀的静与深邃。她们用心灵与真情塑造的"慈悲向善"、"纯净肃穆"的观音形象，唤醒了人们心中久久渴望的对美与自由的需求，也唤醒了我们心中沉寂已久的对美的感知能力，拂去了我们每个人心上的岁月积尘，使我们的心灵从枯燥单调、有气无力的节律中重新应和美的激情节拍。佛教文化中"千手观音"承载着宗教的普世情怀，而缘于宗教文化又超越了宗教文化的艺术形象"千手千眼观音"再生后向现代社会传递的是宗教与审美的多重蕴含。对宗教文化的审美超越让观众从宗教的沉思滑入艺术的想象与陶醉中，而这种审美超

---

　　①　穆纪光：《敦煌艺术哲学》，商务印书馆 2007 年版，第 194 页。

越又时时处处离不开佛教普世精神的制约和牵引，从而使宗教的底蕴更加深厚，使艺术的魅力更加强大，宗教与艺术在这里达到了绝妙的结合。

（2）《飞天》作品中的宗教意蕴。

《飞天》是 2008 年春晚上的一部舞蹈作品，直接取材于敦煌飞天，所演绎的飞天形象深深吸引了广大观众。《飞天》创造性的采用、融汇了"飞升不倒"的大胆技巧与中国古典舞身韵之美的形式，将"敦煌飞天"的形象表现得淋漓尽致，同时也在最大的想象空间里完成了对敦煌飞天文化意蕴的阐释。

"敦煌飞天"是我国古代文明的一大骄傲，这部作品就舞蹈类型而言，用中国古典舞来表现最为合适。一方面，古典舞具有国家或民族舞蹈的代表性、传统性和典范性。另一方面，古典舞讲究"形、神、劲、律"的身韵美，其完美呈现能产生变幻莫测的美感。整体而言，《飞天》可谓"刚中有柔"、"急中有缓"，产生人体动作千变万化、扑朔迷离、瞬息万变的动感，将敦煌壁画中的飞天表现得淋漓尽致。再次，从舞蹈创新而言，现代设计的"飞升不倒"既成为表演的支撑，也成为一个悬念吸引众多观众去解疑。"敦煌飞天"是不长翅膀、不生羽毛、没有圆光、借助彩云而不依靠彩云，主要凭借飘曳的衣裙、飞舞的彩带而凌空翱翔。要将这种飞升完美呈现必然要借助外力，舞编采用大胆方法让舞者把膝盖以下绑在铁管上固定住，用身体自由的倾斜去对抗地球引力，以固定的表演空间呈现变幻多姿的艺术空间，以这种方式来融汇中国古典舞蹈之身韵美，将现代设计融入传统民族文化之中，达到唯美的效果。

《飞天》这部舞蹈作品中除上述的舞蹈美之外，其实还有着深厚的宗教意蕴。

首先，飞天体现了中国人对佛的宗教情结。中华文化是一种审美文化。审美文化的中心是艺术，而中华艺术的主体脉络又以"乐舞精神"为基本线索。飞天在中国的存在并不是一种偶然，中国传统审美文化在漫长的历史进程中，兼收并蓄亦有不断创新，民间艺术家们凭借想象所作的创造性发挥，从"天人合一"、有翼的天神图像及道教的"羽人"中不断汲取营养，终于演化出了"飞天"这具有中国特色的特殊艺术形象。图 32 和图 33 就是其中部分壁画中飞天的形象。

图 32　榆林窟第 15 窟中唐伎乐飞天　　　图 33　敦煌窟第 158 窟中唐飞天

佛教艺术中，飞天在形象上最具有自由形式，是最能表达艺术精神的天神之一。"飞天"一词，佛教典籍中并无直接的出现，它是研究佛教艺术的现代人，根据佛窟中的绘画形象，为乾闼婆等起的艺名而已。常书鸿先生在《敦煌飞天》一文中，指出飞天"在印度，梵音叫乾闼婆，又名香音神，是佛教图像中众神之一"。① 其后段文杰先生在论文中更直接地确认了飞天就是天龙八部中说的乾闼婆和紧那罗，认为"他们是有特殊职能的'天人'，而不是泛指六欲诸天和一切能飞的鬼神"②。这一看法作为"敦煌飞天"的词目解释，写入了 1998 年出版的《敦煌学大辞典》。飞天的神位虽较低，但角色却非常鲜明，同艺术最沾边，并最具有与人相沟通的性质。在莫高窟中，飞天飞得自由、飘逸，让后世之人艳羡。

飞天在印度是通过乘坐马车、孔雀等飞起来的，到犍陀罗时期则有了双翼，到了敦煌之后，飞天的"飞"则发生了质的变化，成为人体的直接飞翔，并被赋予更多的精神内容。飞天似乎成了敦煌的代名词，大众通过飞天这个标识来认识敦煌。飞天在石窟中把中国人的生活负载

---

① 常书鸿：《敦煌飞天》，中国旅游出版社 1982 年版，第 81 页。
② 段文杰：《飞天——乾闼婆和紧那罗》，《敦煌研究》1987 年第 1 期。

通过飞翔加以消解，塑造轻灵、欢快、自由的完美形象，在中国人的心目中具有很高的地位。飞天将佛法的世界渲染得美轮美奂，为佛法的宣讲起到众香云集、烘云托月和畅意表达的效果。这里，尽管佛教所宣扬的苦难人生被淡化了，佛的神秘和庄严被世俗化了，但飞天仍以一种轻松的话语对佛国世界作了轻快的诠释，以其完美的表达深入每一个中国人的心中。

其次，我们以现代人的身份去观照飞天，它代表着中国人借助于宗教而表达的自由精神。飞天代表了民间艺术家们为摆脱汉魏以来传统礼教的束缚，在宗教艺术的国度里驰骋他们的想象力。飞天虽然是在宗教艺术作品中出现，但"飞"却代表了匠师们在精神上渴望解放的一种思想。艺术家们用豪放的笔力，对比的色调，在行云舒卷、流水有声的画面上，向现代人倾吐着千百年来被压迫、被屈辱的发自内心的呼声，向现代人展现着从宗教艺术中自然流露出来的自由精神意蕴。中国的文人、艺术家追求精神自由、精神解放，张扬个性的无拘无束，所以，在他们的"飞"中，寄托的不仅仅是个人的际遇，而是从个人的际遇中升华起来，包含了对普遍的人性的弘扬，对压抑人性的政治制度、伦理规范的反驳；值得注意的是，飞天艺术作为一种佛教艺术，却并未体现出一种对宗教狂热和盲目的追求，它始终闪烁着一种中华传统的含蓄。这种精神使敦煌艺术避免了出于盲目而倾向于追随流行的错误，始终以清醒的怀疑态度和审慎的眼光对流行观念发出挑战，而不附会世俗的喧嚣，不随波逐流。同时这种含蓄精神在对美与自由的不懈追求中还始终表现出一种澎湃着的生命激情。含蓄精神给予艺术家一种反思的力量，给予他们一种自觉按照美的规律建造世界的力量，它使人类能够严肃地认清人之为人和神之为神的本质属性，了解自身种种欲望和冲动，领悟自身与诸神世界的各种关系，以及如何审美地通往理解和超越之途。

以上是敦煌艺术再生舞剧、舞蹈的经典代表作品所表现出的宗教意蕴，其他的作品还有乐舞《敦煌韵》、《敦煌古乐》，以及罗秉钰编导的古典女子独舞《敦煌彩塑》等，其中的宗教意蕴都是如影随形的。限于篇幅，在此不再一一赘述。

二 敦煌绘画艺术再生的宗教意蕴

（一）敦煌绘画艺术概况

1. 魏晋以前的中国绘画艺术概述

中国绘画艺术，历史悠久、遗存丰富，其独特的风格是中国艺术遗产的重要组成部分。目前大多数人普遍认为明清时期充满人文意识的山水、花鸟及人物画才是中国的传统绘画，而在见到敦煌壁画这样的绘画时，就认为这些艺术不是绘画，殊不知像敦煌壁画这样在民间影响广泛、深受各阶层人们喜爱的绘画才是中国绘画艺术的重要组成部分，而以山水、花鸟及人物为主要题材，以写意的水墨为主要形式的绘画仅占中国绘画艺术的一部分。所以，了解敦煌壁画也就有助于我们更好地了解中国绘画艺术。

中国绘画在先秦时期依附于工艺和实用美术，春秋战国时期，绘画从工艺范畴分化出来并成为独立的艺术品，出现了以线条为主要造型手段的楚国帛画《夔凤人物》和《御龙人物》等作品，奠定了我国绘画的基础。汉代，绘画题材和表现手法均呈现繁荣态势，尤以宫殿和墓室上的绘画作品为胜，内容真实、生动地反映了当时汉代的社会生活。魏晋时期佛教在国内得到长足发展，出于宣传教义的需要，佛教借助绘画这种特殊的艺术形式，变抽象的说教为形象的教义宣传去打动人们的心灵，以此扩大佛教在民间的传播和影响。同时，此时的美术正处于继往开来的新时代，佛教艺术也随着文化交流传播开来，加之外来不同风格艺术的影响，促使中国绘画从内容到形式都开始进行新的探索。绘画场所由宫殿、墓室走向石窟、寺庙；绘画内容从直接表现统治者的生活与权威，转向麻痹人民、维护统治的宗教题材，使绘画在更为广泛的范围内和人民群众发生着联系。这些都为这一时期美术的变革准备了条件。

魏晋时期的美术变革，使一大批知识分子专业画家在继承汉画传统的基础上，探索新的绘画技巧与理论，促进了绘画艺术的发展，并多与佛画结下不解之缘。如曹不兴最早接受西域佛画影响，被称作中国佛像画的始祖；顾恺之所画维摩诘壁画，与戴逵所塑佛像、狮子国王像，被当时称为瓦棺寺三绝；其后的刘宋陆探微、萧梁张僧繇都以画佛知名当世。但这一时期专业画家的作品已多不存世，而民间画工创作的石窟壁画，却是我们了解同时期绘画的珍贵资料。如国内现存最早的开凿于3世纪的新疆克孜尔石窟，壁画内容生动描绘佛本生故事和佛涅槃故事等，技巧明显带有西域民族特色，反映了印度佛教艺术在新疆形成独特面貌的情况及相互之间的联系。

此时，中国绘画开始融入以佛教为主流的宗教思想和内容，绘画的内容和表达的含义都明显带有宗教色彩。

2. 魏晋以后的敦煌壁画艺术概述

敦煌地接东西，是西域与中原两种佛教艺术的交汇处。敦煌十六国和北魏早期壁画中，两种风格并存，主要以前者为主。诸如新疆本生故事画的主体形象、人物造型特征、明暗晕染法及装饰等，与西域佛教艺术多有相同之处。北魏晚期敦煌壁画，明显受中原"秀骨清像"佛教艺术风格影响。在佛菩萨形象及故事画中，出现了大量中原汉装或南朝名士形象，出现了眉目舒朗、清癯潇洒的精神风貌，与原有西域风格形成鲜明对比。中原佛教艺术在敦煌石窟引发的变化，标志着突破了西域佛教艺术的规范，形成了中国式的佛教艺术体系。

唐代，佛教壁画向世俗化转变。以吴道子和周昉为代表的初盛唐和中晚唐画风，都以创作"满壁风动"的寺观壁画而载誉史册。唐代壁画是绘画艺术的主流，石窟、寺观、宫廷、墓室壁画，成为众多画家竞相献艺的场所，敦煌的唐代壁画，其实就是一部中国唐代绘画史的缩影。敦煌唐代壁画以大幅经变画为主，各种净土变（《西方净土变》、《东方药师净土变》、《弥勒净土变》）以及其他内容的经变，都以经变的形式来讴歌佛国的欢乐与美。我们在这里看到的，已不完全是佛菩萨的威严，而是盛唐气象及画家的审美标准与美的理想。同时，大量的壁画还表现了唐代社会风俗，有农事、渔猎等生产活动；有人物衣冠服饰、少数民族和各国人物；有亭台楼阁、塔寺阙观等建筑场景；有婚丧、杂技等生活画面；还有《张议潮统军图》、《张议潮夫妇出行图》、《宋国夫人出行图》等规模宏伟的历史画卷。

（二）敦煌绘画再生艺术的宗教意蕴

1. 临摹的敦煌绘画再生艺术

段文杰先生认为，临摹是一种再创作，也是临摹者艺术修养和表现手法的全面反映。临摹又是理论研究的前提和基础，非其如此，理论研究必然流于空泛苍白。① 由于千余年来受时间、环境等诸多因素影响，敦煌壁画在本质上已发生了许多变化，其原初风貌已改变，故对壁画临摹使原作再生就成为向人们展示壁画风貌的手段之一。临摹是对壁画作品的再现，也是壁画在新的技法运用下在当代的再生，它使现代人从临品中对敦煌艺术有了直观的理解，更从临品中对原作有了审美的观照，从而更好地解读古代艺术家的审美理想和精神诉求。

在研究敦煌绘画艺术再生方面，临摹是主要的表现形式。临摹的目的，首先是通过临摹而学习掌握古代绘画的技法，进而创作出有时代特色的新艺术；其次是为了给壁画留下副本，同时也便于壁画在外地展出，因为壁画本身是不能移动的，只有通过临品才能把敦煌艺术的形象传达给没有来过敦煌的人们。如何使临品不仅在形式上体现出原作的风貌，且在临品中表现出原作的时代精神和意蕴表达，是非常重要的。

敦煌壁画临摹的过程可以分为以下几个时间段：1938 年到 1949 年，以李丁陇、张大千等为代表的艺术家们克服时局动荡、资金短缺、环境恶劣等诸多困难，将自己的精力完全投入对壁画的临摹工作中，同时，先后在重庆、兰州、南京、上海等地举办展览，向社会广泛介绍敦煌艺术的辉煌成果。虽然临摹是在极度艰难的状况下进行的，各种条件的制约不能像后来的临摹那样到位，但通过大量的临摹和各种方法的积极探索，寻找到了正确的临摹研究方法。

1951 年到 1985 年，在常书鸿、段文杰、史苇湘、李承仙、万庚育、李振甫等一代代艺术家的努力下，通过利用幻灯技术，不仅使临品更加准确，并逐渐形成了形式整齐的临摹式样和较为突出的个人风格。其中吴曼英、李才秀、刘恩伯的白描集《敦煌舞姿》，较为全面地反映了敦煌舞姿的特殊风貌。

从 1986 年起，以中央美术学院定向专业培训的特培生和艺术院校的毕业生为代表的学生，继承了第二时期已成熟的临摹技法。在此基础上，敦煌研究院又于 20 世纪 90 年代前后派部分人员赴日本研修日式临摹方法，派部分人员赴中央美术学院等地学习矿物颜料的运用方法，并不断地从临摹实践中总结经验，积累创新，绘制出了以整窟复制为代表

---

① 雒青之：《把毕生献给敦煌艺术——记著名敦煌艺术史论学者、敦煌研究院院长段文杰》，《美术史论家》1994 年第 7 期。

的敦煌壁画临摹作品。①

通过这些不断临摹的过程，我国目前对敦煌壁画的临摹已经达到了一个较高的水平，艺术家们为了忠实于原作，查阅大量历史资料，对原作的时代背景、人物特征、画面的组织结构、人物的精神刻画、原画制作过程、起稿的程序、人物晕染方法、线描的特色、布色的先后等一一作深入细致的考证研究，在"物必有证"的基础上再现了原作的风貌及所蕴含的精神。再现的临品结合古代和现代的绘画技法，更完整地再现了作品的原貌和精神主旨，同时又比原作更容易移动，极大地方便了科学研究。

2. 敦煌绘画再生艺术的宗教意蕴

敦煌再生艺术中绘画摹本作品是其中的一种，相比较舞台艺术（敦煌舞剧）而言，绘画摹本作品这种再生形式的最大特点是：再生作品和原生作品之间的变化不是巨大的，因为原来的敦煌乐舞我们无法看到，只是通过文字和图片等抽象的资料进行创作，再生后的形式却感性、生动，这是绘画摹本作品无法相比的。而敦煌壁画摹本作品却是尽量重现原始画作，并不要求在绘画技术、色彩、意蕴表达方面进行比之原作更多的创新。就其宗教意蕴方面而言，我认为摹本作品的宗教意蕴要比敦煌乐舞中的宗教意蕴更浓厚一些，也更明显一些。原因即在于它是仿真而不是创新。但由于临摹画家更多地追求审美性和艺术性，因此，它更多的是表达宗教审美性，让我们再次体会到那种宗教的力量和对美的追求，对佛教所宣扬的真善美的感悟，以及对人自身的精神存在、自由和谐、终极价值的追求。

在临摹方面有成就的大师很多，在此仅选取张大千和常书鸿两位先生的作品作一了解和把握。

（1）张大千临摹代表作品分析。

张大千是驰名中外的绘画大师，40多岁时赴敦煌考察石窟壁画，并对莫高窟重新进行编号，是为莫高窟编号的第一个中国人。他摹绘北魏、隋、唐、五代壁画达2年6个月，临摹壁画260件，其中《观无量寿经变》、《反弹琵琶》等为临摹精品。"反弹琵琶"是敦煌壁画天宫乐

---

① 侯黎明：《敦煌壁画临摹法要述——兼谈日本壁画临摹法》，《敦煌研究》2005年第5期。

伎中的经典形象，它集丰厚的民族文化积淀和多元文化冲击于一体，是艺术家们的灵感在现实中变为艺术美神的代表。据佛经讲，凡佛国上界，一切从事乐舞活动的菩萨、神众，都可称之为天宫乐伎。在敦煌艺术中，天宫乐伎的造型生动、质朴，无固定模式，姿态变化各不相同，或持各种乐器，或持彩带、花环，或以手势及身体的扭动呈歌舞状。

"反弹琵琶"形象在莫高窟中出现频率较高，最为夺目的当属中唐第112窟中的作品，张大千对其临摹作品在图 34 中可见一斑。图中伎乐菩萨形象优美，身姿律动性强，神情专注。她左手高扬按弦，右手反抬拨弦，富有质感的纤腰与丰隆的胸、臀形成画面中心，构成标准的"三围"起伏曲线，左足踏地，右足吸腿反弹，足弓与大趾应和跳动，仿佛能感觉到神经与肌肉之间形成的张力。图像线条流畅，色彩和谐，画面充满韵律与动感，活脱脱一个唐代宫廷中绝美舞伎。①

图 34 《反弹琵琶》张大千临摹作品

伎乐菩萨在原生敦煌壁画中主要是愉佛的，通过她衬托出佛国世界安宁、祥和的气氛，加深信徒对佛教所渲染的极乐世界的向往。但在再生临摹作品中，伎乐菩萨则被艺术家赋予了神韵和灵气，具有了生命情感的形式。从舞剧塑造的手持琵琶跳舞的英娘来看，她双臂反别于后，时而表现"轻捻慢拢"，时而显示"骤雨乍泻"；再加上旋、跳、蹲、卧各种舞姿与技巧，壁画上的舞姿便鲜活地展示在世人眼前，形象独特，美不胜收。

在这里，在再生艺术作品中，"反弹琵琶"浸透着作者对生命本原的感悟。伎乐菩萨反举琵琶，凌空起舞的姿态，显现着中国神话传说中精卫填海、女娲补天、田螺姑娘等的影子，在西域传来的宗教信仰的影响下，更是将"飞"的精神理想以中国人的方式表露于方寸画卷之上，

---

① 易存国：《敦煌艺术美学——以壁画研究为中心》，上海人民出版社 2006 年版，第 194 页。

形象灵动而不刻板，将禅的空灵表现得淋漓尽致。同时"反弹琵琶"又带给人们视觉的审美与人体的艺术美，她符合中华民族的审美趣味，是对传统禁锢的一种突破，更是对自由和崇高的一种向往；她是与客观的自然世界人物相互融合的产物，已然达到了"道法自然"、"天人合一"的哲学思想境界。

（2）常书鸿临摹代表作品分析。

常书鸿，著名敦煌学家、知名画家，共选绘壁画摹本800多幅，如第257窟《鹿王本生》、第285窟《作战图》、第249窟《狩猎图》、第428窟《萨埵那本生》、第217窟的《幻城喻品》等。

摹本作品《萨埵那本生》（如图35）是佛的一个本生故事，故事的大意是：摩诃国有三位王子同行出游，见一母虎产幼虎数只后异常衰弱，迫于饥饿，欲食幼虎。于是萨埵太子将其他两位太子支走，脱去衣服赤身置于虎前，但母虎因力衰无法唼食。萨埵便走上山冈用尖锐的干竹将身体

图35　《萨埵那本生》常书鸿临摹作品

刺破，跳下山崖。母虎舐其血食其肉恢复了体力。萨埵太子的二位兄长返回后见弟弟被母虎食后只剩下了尸骨，便回宫告知父王母后，几人来到山林抱尸痛哭。随后便收拾遗骨，起塔供养。敦煌壁画中有很多反映释迦牟尼前生累世修行的故事，这是宣传佛教灵魂不灭、因果报应、轮回转世的思想，通过这些悲惨的苦难，衬托出了灵魂的善良与美丽，更体现了宗教某些行为所蕴含的原初意义。

舍身是佛教故事里一个很重要的主题。自六朝梁武帝始，人们便以

各种方式实践着舍身这个主题。但这类的舍身早已失去其原初意义，变异为要么是简单的一种对于舍身的现实行为模仿，要么是布施者一次虚荣心的满足，舍身原有的宗教意蕴被遮蔽了。我们认为，舍身真正的内涵应该是：启示凡众破除执障、理会空有。① 舍身的目的是什么？是"唯识无境"。舍身其实也就是舍心，佛祖舍身，就是为了启示凡众破除执障、理会空有。只有基于此的舍身，才具有意义。

敦煌壁画作为宗教的内容无疑是庄严神圣的，它担负着普及、传播和教化的职责，但其在深层次上渗透的宗教意蕴和美学内涵，才是我们需要挖掘和研究的主要部分。舍身的故事背后并不是教化现代人简单的模仿，而是通过这些临摹的本生故事作品，引导人们去思考自身存在的价值和意义。这些空和有的哲学命题会给现代人带来一些现实的生命意义，启发现代人对自我存在产生一些思考，让物欲横流的物质社会有更多的精神追求。我认为，这些就是这些敦煌摹本作品的直接的宗教意蕴和可能的现实意义。

从本节中可以看出，敦煌壁画的绘画艺术中表现出了丰富的内容，临摹艺术家们通过临摹，将这些作品所蕴含的佛教精神和理念以及中国人的审美精神以尊重原作的态度如实地表达了出来。临摹不仅是对原作的学习和在现代社会的完善，也是将作品的内在意蕴向更广泛的范围传播的手段，它显现原作异常丰厚的文化底蕴和历史积淀，引发现代人对生命的思考，以及对美、自由精神的追求。

总之，本章主要分析了敦煌艺术再生中乐舞、绘画摹本作品及其宗教意蕴。敦煌艺术再生的种类除此两类之外，还有影视传播作品、文化艺术品和商标三类。这三类作品在目前的发展状况来看，偏重于商业应用和经济增值，而忽略了其中深厚的文化底蕴和应当肩负的文化使命，如现有的影视传播作品就未能很好地反映敦煌艺术的宗教意蕴，缺乏艺术审美创造，不能满足大众的审美情趣和精神追求，过多追求商业价值而缺少对敦煌艺术再生的深层意蕴展现。文化艺术品和商标同样也是注重经济效益而忽略文化内涵，它们在宣传敦煌历史、打造民族品牌、旅游开发等方面都产生了很大作用，但都不是敦煌艺术再生的高层次，因而不作为本章的重点研究对象。

---

① 王耕：《舍心无倦——摩诃萨本生之美学解读》，《西域研究》2002 年第 4 期。

第六章

宗教意义消弭背景下的敦煌艺术再生

一 现代语境中的敦煌艺术再生

学者叶舒宪在《谁破译了〈达·芬奇密码〉?》一文中通过对西方基督教文明的重新审视提出:过去"充斥着强烈宗教信仰的时代已经结束,当时人类不会自己思考;现在的理念是人类掌握真理,会独立思考"了①,说明人们在现代社会对过去由宗教来统治一切的一种反叛及对现代性的一种思考。因此,如何正确理解和把握现代社会与宗教之间的张力,显得尤为重要。结合我们所研究的敦煌艺术可以知道,敦煌艺术在过去只是被当作宗教的副产品来看待,这种艺术的出现是局限于特定的时代并为政治服务的。在现代社会及语境下,敦煌艺术从其作为宗教副产品的影子中走出,不断再生出新的艺术理念、闪耀新的艺术亮点是时代的必然。

众所周知,任何艺术形式(包括宗教艺术)都是对社会生活的反映,生活是艺术的源泉,艺术来源于生活而又高于生活。敦煌艺术作为一种伟大的艺术遗产,它也是社会生活的反映。当然,艺术也有其自身的规律性,特别在艺术形式方面具有不可重复性和完整意义上的复原性,在当前发达的科技条件下,为使现有艺术遗产的生命力得以延续,给后继之人以审美享受和有益的启示,这就需要我们去挖掘这些艺术可以再生的魅力,让伟大的艺术放射出新的光芒。如前所述,我们欣慰地看到了许多研究人员在研究敦煌艺术时呈现出的创造性成就,如舞蹈方面的《飞天》、《敦煌彩塑》;舞剧方面的《丝路花雨》、《大梦敦煌》

---

① 叶舒宪:《谁破译了〈达·芬奇密码〉?》,《读书》2005 年第 1 期。

等；绘画方面的《敦煌乐舞油画集》；电影方面的纪录影片《敦煌艺术》、动画片《九色鹿》；音乐方面的唐曲破译；邮票、瓷器、信用卡等上的敦煌风格设计，等等。半个世纪以来，敦煌文物研究所的研究人员以高度的敬业精神，对大量壁画、彩塑进行了临摹复制，在国内外展出。如 2008 年 1 月 19 日至 3 月 21 日在北京中国美术馆举行的"盛世和光——敦煌艺术大展"，展品绝大部分来自敦煌研究院提供的魏晋南北朝到元代最具代表性的作品，计有精美复原洞窟 10 个、敦煌彩塑复制品 13 尊、敦煌壁画临本 120 幅、敦煌彩塑真品 9 尊、敦煌藏经洞出土文献真迹 10 件、敦煌花砖 10 件；同时还进行了系统的敦煌石窟艺术基本资料的记录和整理，编辑出版了《敦煌莫高窟内容总录》和大型画册《敦煌莫高窟壁画》、《敦煌彩塑》、《敦煌唐代图案选》，等等，这些都使敦煌石窟艺术从石窟中走了出来，从墙壁上走了下来，以一种新的姿态面向国内外。正如王建疆先生所言："《丝路花雨》、《大梦敦煌》、《敦煌韵》、《敦煌古乐》、电影《敦煌》、敦煌艺术动画、作为城市象征和著名品牌标志的飞天和菩萨的雕塑、敦煌艺术工艺品，以及无数的中外艺术大师和创作者都从这个大漠石窟的灵感之源获得赏赐的事实说明，敦煌艺术没有死亡而且也不可能死亡，不但不会死亡，而且还会随着全球化的进程进一步发扬光大。正是在这个意义上我们说，敦煌艺术绝不是莫高石窟中的几尊泥雕和几幅壁画，而是在全球化背景下，在现代性中不断生成的中华艺术传统，是不尽的中华文艺之流，是一部打开的艺术宝藏。同时，也是一部永远读不完的艺术巨著和不尽的文化之旅。这部宝藏和巨著中的至宝不是它的作为物理存在的历史遗迹，而是作为灵思之源的精神启迪，是一个不断生成新的艺术创作的生命体。这种生命体的强大功能就在于它不受作为物理存在的敦煌石窟艺术品的时空有限性的制约，甚至在未来的有一天，因了不可抗拒的历史和自然原因，石窟艺术品终于会在荒漠中消失的时候，敦煌艺术作为中华文化传统的现代生成，其艺术的启迪作用仍然会长存人间。"①

　　另一方面，敦煌艺术是产生于我国古代封建社会的佛教艺术，在其 1600 多年的不间断历史中，融汇着强烈的美学思想和艺术家的审美意

---

　　① 王建疆：《全球化背景下的敦煌文化、艺术和美学》，《西北师范大学学报》（社会科学版）2004 年第 6 期。

识，造窟主和真正的石窟艺术创造者虽属不同阶级，但都绝对受佛教思想影响，在这里艺术的目的就是为了宣扬佛教。莫高窟在历史上所起的宗教作用已属过去，宗教功能已无可奈何地让位于世界性的观赏和学术研究。由此，可以说产生敦煌艺术的年代早已一去不复返了，它在过去宗教和神学意识形态占统治地位的社会条件下所起的作用也已经消失了。今天慕名去敦煌的人们，虔诚的信徒已然很少，大部分是热衷于该艺术文化的研究人员、学者或一些纯粹的旅游者。在民主思潮迫使宗教退出政治，科学思潮迫使宗教退出科学之时，新的艺术总是在继承和创新中不断发展壮大，这就是原生艺术与再生艺术、传统和创新的关系，也是敦煌艺术在今天所起的主要作用，它属于今天，也属于未来。

（一）宗教意义的消弭

宗教作为一种社会历史现象，它广泛存在于人类社会生活的各个领域，从国家政治制度、社会生活、文化习俗到思维方式、行为习惯都可以或多或少地触及宗教问题。宗教有自己产生、发展和消亡的历史及运行规律。任何宗教观点，都以神灵观念作为其神道信仰的思想基础，而神灵观念则是包括诸如"灵魂"、"鬼神"、"天命"和"上帝"等观念的集合概念。

在科技高度发达的今天，很多人已开始不再相信神灵真实地存在于我们之上，如"上帝保佑"一词已经不是虔诚的祷告，而仅仅表示一种良好的祝愿。据有关统计数据表明，目前在美国约有95%的人声明有宗教信仰，但对"你是否相信上帝个人"这个问题时，约有三分之一的人回答是否定的，他们并不相信有上帝，而只是说，人没有信仰便不能生活。如前所述，敦煌曾经多种宗教并存，每一种宗教随着时间的推移都发生了不同的变化，原先严密的宗教仪式和神秘的宗教表现形态在宗教为了自身存在和继续发展下，进行着不断的改革和取舍，原有的宗教教义逐渐淡出人们的视野，人们把宗教教义只看作一种文化的倾向，从而引导人们摆脱宗教的束缚从更广泛的角度理性地看待宗教，并将之不断融入世俗之中。

古典宗教是以神为本的宗教，现代宗教却正在逐步地适应以人为本这一现代社会的现实，这种适应和转变使得原有的宗教意义逐渐出现消弭的迹象。当人类进入工业社会以后，人们改造自然和社会的能力得到了空前的提高，促使人类的自我意识也相应地得到了极大的提高，并由此而导致了欧洲文艺复兴时代人文主义和人本主义的出现，要求改变过去那种以神为本的社会，从而建立以人为本的社会，这是人的世俗化的核心。① 敦煌艺术向世俗的转变是原有宗教意义消弭的真实体现。敦煌地区原有的一些古老宗教如摩尼教、景教和祆教已全部消失，其曾经产生的宗教影响也不为现代人知晓，繁杂、严密的宗教仪轨除了研究的学者外，更鲜为人知。即便是保留至今的佛教与道教，在现代社会也仅仅是一种大众的信仰，不再带有和显现过去时代普遍和狂热的宗教色彩，原有的部分宗教仪式也已演化为民俗生活的重要内容。如过去人们为了祭祀祷告和祈禳发愿，就会请来僧人或道士进行预兆、占卜、巫术，等等，而现代社会虽然也有此类遗存，但大多数人更愿意将自己的前途和命运寄托于科学的不断发展，宗教的作用变得越来越微乎其微。

（二）宗教艺术面临的困境

人的存在，需要用各种方式去表达，而艺术，正是表现人的存在的一种方式。在现实世界中，人制定了诸多的规范来表达自己真实的存在，同时人又必须为这种规范而负责。但是，人对自己的现实很不满意，现实的庞杂和生硬使人觉得厌恶，此时，人便通过艺术为自己创造一个虚幻的世界，将现实世界的秩序重新结构，将自己的情感寄托在虚幻的世界中，甚至将这种虚幻的世界当成真实的存在，达到一种生命的审美境界。

宗教也是人为自己创造的虚幻的世界。从宗教的描述中，我们通常可以看到天国里不仅物质丰富，而且人与人（神与神）的关系是和谐的。但宗教的虚幻世界与艺术的虚幻世界又有本质的不同，它们对空间的理解、对存在方式的认知及对这个虚幻空间有无强迫性的认识是不同的。这种本质的不同应如何去解决，"宗教艺术"便成为一个很好的沟通的桥梁。

宗教资料的源头，其实就是人的幻想构筑的神话。当神话衍化为宗教时，人便不自觉地对宗教的神有了敬畏与恐惧。比如佛教，最早没有佛的形象，信徒只是对着一根柱子顶礼膜拜。后来，人们为佛塑出了人的形象，为佛创造了艺术形式、艺术符号，不自觉地把佛的神性人性化

---

① 陈麟书：《现代宗教世俗化趋势的革新意义》，《宗教学研究》1996 年第 3 期。

了。再后，佛菩萨被塑造得越来越美，渐渐成为一种审美的对象。故人面对宗教艺术，是面对神，还是面对人，这个界限已不太分明，而敦煌艺术，敦煌佛教艺术，非常鲜明地说明了上述的道理。

宗教艺术通常蕴含着无比深刻的情感与意识，它使人们有了对力量的惊叹，对无限的想象和对崇高的向往，从而进入一种忘我的境界、一种艺术的境界和一种审美的境界，达到更好地阐释宗教的目的。过去人们对艺术和审美的理解与当代是有差异的，正是因为有了宗教意蕴，其衍生出的艺术和审美才越来越受到人们的重视和认可，从而上升到美的境界。就我们所说的敦煌艺术再生而言，因为宗教的因素贯穿敦煌艺术，故敦煌艺术再生也总是与艺术和审美纠缠在一起，不断强调着宗教意蕴对敦煌艺术再生的重要性。

但是，由于全球化时代步伐的加快，加之当前语境对宗教的稀释，宗教在传统文化中所占的分量正越来越少，宗教艺术中蕴涵的宗教意蕴更是若隐若现。我们从对敦煌文献资料的研究中，可以得知敦煌地区的宗教在当时主要是为统治阶级政权服务的，当权者利用宗教麻痹人民达到统治的目的。北魏开窟崇佛是为了巩固政权，唐代吹捧武则天为弥勒下世的说法，更是为"当代李唐，入主天下"做出政治意义上的铺垫，北大像就是在这次崇佛政治的浪潮中，以最为显赫的气势，坐进了香火兴旺的敦煌千佛洞。现如今，敦煌地区的宗教遗留下来的仅是一些文化和艺术的东西，政治意义基本消失，所蕴含的宗教意蕴逐渐淡出人们的视野，宗教艺术缺少一种信仰的支撑。

前面我们说过，宗教能执行世俗制度所难于完成的任务，例如道德的教化、人格的升华。如在敦煌壁画中的佛本生故事画"舍身饲虎"、"割肉贸鸽"、"九色鹿本生"、"睒子本生"等，主要是绘述释迦牟尼前生累世修行、忍辱牺牲、救世度人的各种善行故事，告知信众佛祖前生经历过无数次的善行转世方成正果、最后成佛的道理，佛弟子和善男信女应以佛的各种善行为自己的目标，在实践中弘扬佛法，帮助别人，普化大众。但在当代，我们已不可能直接取材这些宗教故事作为研究敦煌艺术再生的主要手段，而必须借助其深层次的宗教意蕴使敦煌艺术再生，在精神的空间中将敦煌艺术永久地保存下来。《丝路花雨》、《大梦敦煌》、《千手观音》、《飞天》堪称敦煌艺术再生中蕴含宗教意蕴的范例，它们不仅表现出宗教的特征，更将一种美带给普通大众，表现中国人对美的理解，但这些也显得略有不足。我们必须明确：敦煌艺术再生，宗教意蕴长存，真实体现对人的终极价值的思考，必须借助信仰的支撑，用哲学的方法开启敦煌艺术再生宗教意蕴研究的全新之门。

二 敦煌艺术再生的哲学思考

宗教经典中存在很多的哲学思想，例如佛教哲学中的宇宙生成论、知识论和人生论，具体讲就是"缘起性空"的宇宙论或宇宙生成论、"般若无知"的知识论或宇宙本体论以及"觉悟成佛"的人生论或"涅槃佛性论"；道教哲学中的生与气、道与心四个概念是道教哲学的核心范畴。

对敦煌艺术而言，目前国内对其艺术哲学方面的研究屈指可数，主要为穆纪光等发表的《敦煌艺术哲学论要——从百年敦煌艺术研究的演变说起》、《"艺术、艺术哲学、敦煌艺术哲学"散论》两篇文章和其专著《敦煌艺术哲学》一书。文章和专著从艺术、艺术哲学的发生和流变展开，探寻宗教与艺术之间相通的性质，将敦煌艺术作为最典型的例证，清晰地理出系统的世俗存在的符号（包括儒和道的概念、范畴）、艺术的符号和佛的符号，以及这些符号是如何在敦煌艺术这个统一的系统中相互对立、相互转换又相互融和的。敦煌艺术再生的概念提出后，穆纪光先生又发表了《艺术的再生：敦煌艺术史研究的一个重要命题》[①] 一文，从艺术研究史中的许多重要命题如艺术起源、艺术流变、艺术终结和艺术复兴等概念出发，重新解读敦煌艺术，将这些概念联系起来表达敦煌艺术再生的连绵过程，对现代社会研究敦煌艺术再生的宗教哲学意蕴是有较大启发的。

（一）敦煌再生艺术的永恒之魂：慈悲

慈悲精神就是"与乐拔苦"的菩萨精神，是佛教思想体系的核心概念，是佛法之根本。慈悲是梵语 Maitri – Karuna 的意译，"慈"是慈爱众生，给予快乐，"悲"是悲悯众生，拔除痛苦，二者合称为慈悲，简言之，慈悲就是"与乐拔苦"。佛教认为，慈从悲来，悲必为慈。"悲"

---

① 穆纪光：《艺术的再生：敦煌艺术史研究的一个重要命题》，《西北师范大学学报》（社会科学版）2009 年第 1 期。

原意为痛苦，由痛苦而生悲情。一个人深刻感受到自身的痛苦，也就能对他人的痛苦感同身受，产生悲情，自然地由衷地衍生出对他人的友情，并扩展为对一切众生的普遍的平等的慈爱。慈与悲相辅相成，缺一不可。只有慈悲相连，才能产生"与乐拔苦"的践行和作用。①

慈悲理念以缘起论为哲学基础。缘起论认为，世界万事万物都由因（直接原因）缘（间接原因）和合而生，也由因缘散失而灭。这是佛教解释人生、社会和宇宙种种现象产生、变化和消亡的基本理论。从缘起论又推导出"无我"论：就人来说，也是由各种因缘聚会而生，即生理的、心理的多种成分的组合，并没有一个真正的独立的自我存在。既然人不能作为自身的主宰，人生无常，毕竟空无，这就构成了人生痛苦、一切皆苦的价值基础。人有生老病死的痛苦，有欲望和追求得不到满足与实现的痛苦。这就形成人生的一种根本的需要——抚慰痛苦，缓解痛苦，祓除痛苦。佛教慈悲理念的重要性和必要性由此被凸显出来。

敦煌艺术以佛教艺术为主，我们在前述中，曾把佛菩萨说成是一种符号的象征，佛菩萨将救度一切众生作为最高愿望。建立在缘起论哲学基础上的"慈悲"观与这个符号互为一体，无论是原生的敦煌艺术还是再生的敦煌艺术都蕴含着慈悲精神，只要谈及佛菩萨，便有慈悲精神。原生敦煌艺术中的"舍身饲虎"、"割肉贸鸽"等本生故事体现了佛在前世以一种大无畏的精神实践慈悲精神，他救世度人的各种慈悲行为，旨在告知信众应以佛的各种善行为自己的目标，在实践中弘扬佛法，帮助别人，普化大众；再生敦煌艺术中具有代表性的舞蹈《千手观音》的演员们通过舞蹈手姿的不断变换，生动、形象地表达菩萨上求菩提，下化众生，用千手、千眼来庇护和普度一切众生达于圆满，完美地表现了观音菩萨这个在中国人心中以慈悲作为化身的形象。至尊的佛和即将成为佛的菩萨，都因有了慈悲精神而显出浓浓的人情味，给人以温暖的感觉。

敦煌艺术在千余年后的今天，仍以其不朽的艺术魅力吸引着全球的观众，敦煌艺术再生则更是以独到的视角阐释了敦煌艺术在新的时代背景下出现的艺术价值增值，宗教与艺术，宗教与审美，在现代社会结合

---

① 方立天：《中国佛教慈悲理念的特质及其现代意义》，《文史哲》2004 年第 4 期。

得更加紧密。佛菩萨在过去是人们顶礼膜拜的对象，信徒们在信仰中感知着慈悲对人的精神的浸润。在现代，在再生的敦煌艺术中，佛菩萨虽已不是现代人尊崇的主体，但从其身上释放着的、连绵不绝的慈悲精神，却昭示着现代人在慈悲精神的感召下运用平等博爱的思想去无私奉献、济世利人、扶危济困，从而提升国民的道德素质；学会从佛的慈悲精神中，以关怀、尊重生命价值为理念，实现一种跨种族、跨宗教、跨国界的博爱文化，进而维护世界的和平与安全；从佛的慈悲精神中学会尊重他者、尊重异类、尊重动植物的生命，反对滥杀滥伐，破坏生态平衡，建立完整的生态伦理学，推动经济的可持续发展。这不仅是慈悲精神具有的现实意义，而且是敦煌再生艺术宗教意蕴的旨归，更是敦煌艺术再生的永恒之魂。

（二）敦煌再生艺术的永恒之美：自由

艺术是人类精神的升华。中国人追求自由的精神在敦煌飞天的形象中得到升华。在敦煌艺术再生作品中，不论是舞剧还是绘画摹本作品，飞天是最常出现的形象。飞天最早出现是印度犍陀罗佛教艺术中出现的带翼的天神（提婆），后期传入中国后结合中原传统的羽人而进一步成为抽象的文化符号，它成为中国人确证自己存在价值的特殊成分。"老庄哲学、玄学、般若学、禅宗学说的精义，使敦煌飞天一步步抽象化、哲学化，使之成为中国人精神自由的象征。"①

飞天在印度提婆时代是借助于物质的东西而凌空飞翔的，如马车、天鹅、孔雀或天鹰等。飞天在印度佛教犍陀罗艺术发展初期出现时多为男性，飞天"飞"入中国，首先到了新疆，然后到敦煌，由敦煌至中原后，受中原南朝文化氛围的熏陶继而又影响到敦煌。飞天受南朝极大影响是因为，中国汉末魏晋六朝，正处于中国政治上最混乱、苦痛的时代，但这却也是精神史上极自由、解放和热情的时代。玄学兴起之时，其代表人主要讲老庄之学，东晋时，玄学却与佛学日益合流。因为老庄的重"情"、重"养生"和对有限与无限的思考，在当时已逐渐显示出它的局限性。在此种情形下，般若学便兴起了。般若是佛教能视一切皆空即可达于涅槃的"智慧"，受到人们普遍欢迎。后来禅宗强调佛性就在心中，见性成佛，顿悟成佛的思想在一般群众中广为流传，在士大夫

---

① 穆纪光：《敦煌艺术哲学》，商务印书馆 2007 年版，第 347 页。

及知识分子中影响更深。由以上得知，名家们在经过老庄哲学、玄学、般若学及禅宗学说的精义熏陶后，将抽象的、哲学的思想在社会上传播开来，这样也就使敦煌的飞天变得进一步抽象化，变为了一种精神的符号，产生了质的变化。它已成为人体的自由飞翔，虽有飘带或衣裙的物理浮力作用，但已缺少了如其前期印度提婆时的重量感，力图从精神上为中国人"减负"或加以消解，从而飞得更加轻灵、欢快，表现出完美的艺术形象来。

从另一个方面来考虑，飞天也代表着中国人渴望自由"飞翔"的特殊情结。无论是从神话传说中的女娲、西王母、织女等的"飞"，还是中国古代如庄周所渴望的以大鹏为代表的精神化的"飞"、李白在自我性情编织的自由空间中的"飞"，都表现了中国人对"飞"的不同理解和对精神自由的弘扬，以及对以经史为代表的传统文化的反驳与批判，为飞天的飞在不同时代注入不同的文化含义。

飞天从以上各种思想和精神中吸取了自由的因子，其实它作为一种艺术形象，它的产生要比我们上述论述复杂得多，中国的道学和玄学对当时的社会影响非常巨大，形成了非常大的张力阻碍着中国人向上飞的冲动。但佛教又要求中国人从这种张力下完全解放出来，于是，飞天作为中国人渴求精神自由的代表，在借助有强烈中国色彩的北传佛教般若学的主客两界的对立消融和空的思想下，冲破了一切重力和张力的阻碍，在莫高窟的窟顶，飞起来了。尤其到了唐代，莫高窟的飞天更是以对形式美的追求和浪漫情怀的叙述，产生了此前所没有的空灵气质，飞的轻盈，飞的灵动，在愉佛的同时，更让中国人的精神在天国自由徜徉。

如上所述，敦煌原生艺术的魅力源自其固有的宗教精神，而敦煌再生艺术的价值则离不开其宗教意蕴。这种宗教意蕴通过具体的再生艺术表现形式，在信仰或信念的支撑下，最后聚焦于慈悲和自由，这不仅使敦煌再生艺术中贯穿了佛菩萨的慈悲精神，更将中国人对"飞"的一种渴望和对自由精神的深切向往包含了进去，使敦煌艺术在新的时代焕发出无比耀眼的艺术光芒，宗教意蕴的哲学性也就顺理成章成为现代语境下敦煌再生艺术的精神支柱。

三　小结

释迦牟尼于两千多年前创立了佛教。两汉之际，佛教开始传入中国。公元 366 年，莫高窟开凿了第一个石窟，距今已 1600 多年。敦煌艺术历久弥新，在不同的时代经人们的理解而不断阐释出新的意义。

敦煌艺术是中国本土文化与希腊、波斯、印度艺术相互融汇而产生的具有独特风格的艺术形态，包纳了历史、地域、内容和风格四个层面的内容，显现出非常高的文化意义和历史价值，代表着中国中古世纪西部文化圈的最高成就，同时也代表着中国佛教艺术的巅峰。

敦煌艺术和宗教二者相互融合。敦煌艺术再生问题的研究，是对敦煌艺术另一维度的思考，也是对新的文化意义生成过程和价值增值过程的思考。通过对敦煌艺术再生宗教意蕴的研究，我们试图在现代宗教精神下，在多样文化中寻找一种令我们感受到自我的宁静和愉悦，这并不是佛教徒的理想，而是现代人在科技社会中的精神家园，我们的《丝路花雨》、《大梦敦煌》、《千手观音》、《飞天》，已不再是静止的壁画，也不是我们心中的一个佛，而是一个符号，蕴含着宁静与热情，审美与科学，现实与理想，自由与信仰。

参 考 文 献

论著

［1］李泽厚：《美学论集》，上海文艺出版社 1980 年版。

［2］季羡林：《敦煌学研究丛书》，甘肃教育出版社 2002 年版。

［3］李泽厚、刘纲纪：《中国美学史》，中国社会科学出版社 1990 年版。

［4］苏珊·朗格：《艺术问题》，中国社会科学出版社 1983 年版。

［5］黑格尔：《美学》，商务印书馆 1979 年版。

［6］彭锋：《西方美学与艺术》，北京大学出版社 2005 年版。

［7］苏秉琦：《中国文明起源新探》，生活·读书·新知三联书店 1999 年版。

［8］易存国：《乐神舞韵——华夏美学艺术研究》，黑龙江人民出版社 2002 年版。

［9］颜廷亮：《敦煌文化》，光明日报出版社 2000 年版。

［10］岑家梧：《中国艺术论集》，上海书店出版社 1991 年版。

［11］姜伯勤：《敦煌艺术——宗教与礼乐文明》，中国社会科学出版 1996 年版。

［12］谢稚柳：《敦煌艺术叙录》，上海古籍出版社 1996 年版。

［13］宁强：《敦煌佛教艺术》，台湾高雄复文图书出版社 1992 年版。

［14］宗白华：《宗白华全集》，安徽教育出版社 1994 年版。

［15］柴剑虹：《敦煌吐鲁番学论稿·西域飞天与"天人合一"》，浙江教育出版社 2000 年版。

［16］谢林：《艺术哲学》，中国社会出版社 1996 年版。

［17］阿诺德·豪泽尔：《艺术社会学》，学林出版社 1987 年版。

［18］金秋：《古丝绸之路乐舞文化交流史》，上海音乐出版社 2002 年版。

［19］资华筠：《影响世界的中国乐舞》，文化艺术出版社 2003 年版。

［20］琨吾：《中国早期艺术与宗教》，东方出版社 1998 年版。

［21］彭书麟：《西部审美文化寻踪》，湖北教育出版社 1999 年版。

［22］徐复观：《中国艺术精神》，春风文艺出版社 1987 年版。

［23］段文杰：《敦煌艺术论文集》，甘肃人民出版社 1994 年版。

［24］吴曼英、李才秀、刘恩伯：《敦煌舞姿》，天津人民出版社 1995 年版。

［25］东方美：《中国人的艺术理想》，中国广播电视出版社 1993 年版。

［26］高金荣：《敦煌舞蹈》，敦煌文艺出版社 1993 年版。

［27］董锡玖：《敦煌舞蹈》，中国新疆美术摄影出版社 1993 年版。

［28］刘墨：《中国艺术美学》，江苏教育出版社 1993 年版。

［29］杨雄：《敦煌艺术与以形写神》，甘肃文化出版社 1995 年版。

［30］王克芬：《敦煌舞蹈壁画研究》，人民音乐出版社 2002 年版。

［31］赵声良：《敦煌艺术十讲》，上海古籍出版社 2007 年版。

［32］汪以平：《舞蹈艺术通论》，南京大学出版社社 2006 年版。

［33］朱立元：《天人合一》，上海文艺出版社 1998 年版。

［34］吴晓邦：《舞蹈新论》，上海文艺出版社 1985 年版。

［35］袁禾：《中国舞蹈意象论》，文化艺术出版社 1994 年版。

［36］易存国：《敦煌艺术美学》，上海人民出版社 2006 年版。

［37］穆纪光：《敦煌艺术哲学》，商务印书馆 2007 年版。

［38］张法：《中西美学与文化精神》，北京大学出版社 1997 年版。

［39］邱紫华：《悲剧精神与民族意识》，华中师范大学出版社 2000 年版。

［40］［日］长广敏雄：《飞天艺术》，朝日新闻社 1949 年版。

［41］［美］克里斯蒂安·乔基姆：《中国的宗教精神》，中国华侨出版公司 1991 年版。

［42］［俄］舍尔巴茨基：《大乘佛学——佛教的涅槃概念》，中国社会科学出版社 1994 年版。

［43］［英］玛丽·帕特·费舍尔：《亲历宗教（东方卷）》，东方出版社 2005 年版。

［44］［英］弗雷泽：《金枝》，徐育新、汪培基、张泽石译，新世界出版社 2006 年版。

［45］［德］汉斯·昆：《世界宗教寻踪》，生活·读书·新知三联书店 2007 年版。

［46］常任侠：《丝绸之路与西域文化艺术》，上海文艺出版社 1981年版。

［47］常书鸿：《敦煌飞天》，中国旅游出版社 1982 年版。

［48］赵养挺等主编：《陇原物华》，人民日报出版社 1988 年版。

［49］高国藩：《敦煌民俗学》，上海文艺出版社 1989 年版。

［50］立人译：《大乘佛学》，中国社会科学出版社 1995 年版。

［51］刘锋：《宗教与中国传统文化》，山东教育出版社 1997 年版。

［52］梁·释慧皎：《高僧传》，中华书局 1997 年版。

［53］段文杰撰，"敦煌飞天"条，《敦煌学大辞典》，上海辞书出版社 1998 年版。

［54］樊锦诗撰，"第 158 窟涅槃像"条，《敦煌学大辞典》，上海辞书出版社 1998 年版。

［55］郑汝中：《敦煌壁画乐器研究》，甘肃教育出版社 2002 年版。

［56］李泽厚：《美学三书》，天津社会科学院出版社 2003 年版。

［57］阴法鲁：《中国古代佛教寺院的音乐活动》，中华书局 2005年版。

［58］丁明夷：《佛教与中国雕塑》，中华书局 2005 年版。

［59］范鹏：《甘肃宗教：理论分析、文化透视、历史追踪、现状扫描》，甘肃民族出版社 2006 年版。

［60］宗白华：《美学散步》，上海人民出版社 2006 年版。

［61］王克芬、柴剑虹：《箫管霓裳——敦煌乐舞》，甘肃教育出版社 2007 年版。

［62］杨富学：《印度宗教文化与回鹘民间文学》，民族出版社 2007年版。

［63］王建疆：《修养　境界　审美——儒释道修养美学解读》，中国社会科学出版社 2007 年版。

［64］王建疆：《审美学教程》，复旦大学出版社 2007 年版。

论文

［1］王建疆：《全球化背景下的敦煌艺术再生问题研究》，《西北师范大学学报》2007 年第 3 期。

［2］王建疆：《全球化背景下敦煌文化、艺术和美学》，《西北师范大学学报》2004 年第 6 期。

［3］王建疆：《反思全球化背景下的"传统"和"话语霸权"》，《学术月刊》2006 年第 9 期。

［4］宗白华：《艺术与中国社会》，《学识》1947 年第 10 期。

［5］高金荣：《敦煌舞风格浅谈》，《阳关》1982 年第 5 期。

［6］吕大吉：《关于宗教本质问题的思考》，《中国社会科学》1987 年第 5 期。

［7］张世英：《略论中西哲学思想的区别与结合》，《学术月刊》1992 年第 2 期。

［8］傅振伦：《敦煌艺术论略》，《民主与科学》1945 年第 4 期。

［9］宗白华：《略谈敦煌艺术的意义与价值》，《观察》1948 年第 4 期。

［10］何达：《敦煌艺术概论》，《文物参考资料》1951 年第 4 期。

［11］常书鸿：《我对于敦煌艺术之看法》，《文物参考资料》1951 年第 4 期。

［12］陈梦家：《敦煌在中国考古艺术史上的重要性》，《文物参考资料》1951 年第 4 期。

［13］吴作人：《谈敦煌艺术》，《文物参考资》1951 年第 4 期。

［14］常书鸿：《敦煌莫高窟艺术》，《文物》1978 年第 12 期。

［15］李泽厚：《形象的历史》，《兰州大学学报》1980 年第 2 期。

［16］何达：《敦煌佛教艺术之源及其在中国艺术史上的地位》，《敦煌学编》1981 年第 2 期。

［17］段文杰：《试论敦煌壁画的传神艺术》，《敦煌研究（试刊）》

1982 年第 1 期。

　　［18］郎绍君：《早期敦煌壁画的美学性格》，《文艺研究》1983 年第 1 期。

　　［19］陈骁：《敦煌美学谈（1—3）》，《阳关》1983 年第 2 期。

　　［20］陈骁：《敦煌美学谈（1—3）》，《阳关》1983 年第 4 期。

　　［21］陈骁：《敦煌美学谈（1—3）》，《阳关》1983 年第 5 期。

　　［22］陈骁：《敦煌美学谈（1—3）》，《阳关》1984 年第 5 期。

　　［23］史苇湘：《信仰与审美——石窟艺术研究随笔之一》，《敦煌研究》1987 年第 2 期。

　　［24］史苇湘：《产生敦煌佛教艺术审美的社会因素》，《敦煌研究》1988 年第 2 期。

　　［25］史苇湘：《再论敦煌佛教艺术审美的社会因素》，《敦煌研究》1989 年第 1 期。

　　［26］史苇湘：《从晚唐石窟论敦煌佛教艺术的审美特征》，《敦煌研究》1987 年第 10 期。

　　［27］孙宜生：《敦煌石窟艺术中有待探讨的美学艺术学的几个问题》，《敦煌研究》1988 年第 2 期。

　　［28］李浴：《儒家思想及其审美观点对敦煌艺术的作用》，《敦煌研究》1988 年第 2 期。

　　［29］陈允吉：《敦煌壁画飞天及其审美意识之历史变迁》，《复旦大学学报》1990 年第 1 期。

　　［30］谢成水：《敦煌艺术美学巡礼》，《美学研究》1991 年第 2 期。

　　［31］穆纪光：《宗白华与敦煌艺术研究——兼谈敦煌艺术研究的哲学方法》，《敦煌研究》1996 年第 4 期。

　　［32］穆纪光：《艺术、艺术哲学、敦煌艺术散论》，《甘肃社科》1996 年第 6 期。

　　［33］方健荣：《敦煌石窟艺术和美学特征》，《丝绸之路》1997 年第 6 期。

　　［34］庄壮：《试论敦煌壁画音乐艺术的美学观》，《敦煌研究》2000 年第 4 期。

　　［35］郎绍君：《唐风论纲——从莫高窟看唐代艺术风格》，《敦煌

研究》1988 年第 2 期。

［36］尹国均：《西方壁画史论》，《美术史论》1992 年第 1 期。

［37］垣丁：《当代敦煌舞蹈溯源——西域与中原乐舞文化的交流与影响》，《新疆艺术》1998 年第 2 期。

［38］金秋：《寻找敦煌舞蹈的源头》，《敦煌研究》2001 年第 2 期。

［39］段文杰：《飞天——乾闼婆与紧那罗——再谈敦煌飞天》，《敦煌研究》1987 年第 2 期。

［40］段文杰：《唐代前期的敦煌艺术》，《文艺研究》1983 年第 3 期。

［41］段文杰：《真实的虚构——谈舞剧《丝路花雨》的一些历史依据》，《文艺研究》1980 年第 2 期。

［42］李浴：《简谈敦煌壁画的艺术本质及其现实意义》，《美苑》1983 年第 3 期。

［43］陈允吉：《儒家之踪迹与审美》，《复旦大学学报》1987 年第 3 期。

［44］段文杰：《飞天——乾闼婆和紧那罗》，《敦煌研究》1987 年第 1 期。

［45］庄壮：《拓宽敦煌音乐研究的路子》，《敦煌研究》1994 年第 2 期。

［46］雒青之：《把毕生献给敦煌艺术——记著名敦煌艺术史论学者、敦煌研究院院长段文杰》，《美术史论家》1994 年第 7 期。

［47］陈应时：《敦煌乐谱〈水鼓子〉》《中国音乐》1995 年第 2 期。

［48］陈麟书：《现代宗教世俗化趋势的革新意义》，《宗教学研究》1996 年第 3 期。

［49］郑汝中：《敦煌壁画乐伎》，《敦煌研究》》1998 年第 4 期。

［50］周维平：《从敦煌遗书看敦煌道教》，《西北民族研究》1999 年第 2 期。

［51］周国黎：《对宗教学研究主题的反思》，《世界宗教研究》2000 年第 4 期。

［52］王耕：《舍心无倦——摩诃萨本生之美学解读》，《西域研究》

2004 年第 4 期。

[53] 周有光:《传统宗教的现代意义》,《群言》2002 年第 2 期。

[54] 王贵瑜:《试论宗教在当代社会中的嬗变》,《贵州大学学报》(社会科学版) 2003 年第 6 期。

[55] 方立天:《中国佛教慈悲理念的特质及其现代意义》,《文史哲》2004 年第 4 期。

[56] 孙勇、朱建军:《大梦敦煌——地域文化厚土上奏响的时代强音》,《人民法院报》2005 年 1 月 20 日。

[57] 叶舒宪:《谁破译了〈达·芬奇密码〉?》,《读书》2005 年第 1 期。

[58] 侯黎明:《敦煌壁画临摹法要述——兼谈日本壁画临摹法》,《敦煌研究》2005 年第 5 期。

[59] 朱志先:《略论佛教的生死观》,《理论月刊》2007 年第 8 期。

[60] 刘登科:《和谐世界语境中的宗教伦理》,《青海社会科学》2008 年第 1 期。

[61] 黄怀璞:《敦煌艺术影视传播之可行途径论略》,《西北师范大学学报》(社会科学版) 2009 年第 1 期。

[62] 穆纪光:《艺术的再生:敦煌艺术史研究的一个重要命题》,《西北师范大学学报》(社会科学版) 2009 年第 1 期。

[63] 王建疆:《突破:从研究敦煌艺术再生开始》,《西北师范大学学报》(社会科学版) 2009 年第 1 期。

索　引

民族精神

影视传播